ŒUVRES COMPLÈTES

DE

ALFRED DE MUSSET

ÉDITION ORNÉE DE 28 GRAVURES

D'APRÈS LES DESSINS DE BIDA

D'UN PORTRAIT GRAVÉ PAR FLAMENG D'APRÈS L'ORIGINAL DE LANDELLE

ET ACCOMPAGNÉE D'UNE NOTICE SUR ALFRED DE MUSSET PAR SON FRÈRE

TOME CINQUIÈME

COMÉDIES
III

PARIS

ÉDITION CHARPENTIER

L. HÉBERT, LIBRAIRE

7, RUE PERRONET, 7

1888

ŒUVRES COMPLÈTES

DE

ALFRED DE MUSSET

TOME V

Imprimeries réunies, **B**, rue Mignon, 2.

UN CAPRICE

COMÉDIE EN UN ACTE

PUBLIÉE EN 1837, REPRESENTÉE EN 1847.

PERSONNAGES.	ACTEURS QUI ONT CRÉÉ LES RÔLES.
M. DE CHAVIGNY.	M. BRINDEAU.
MATHILDE.	Mmes JUDITH.
MADAME DE LÉRY.	ALLAN-DESPRÉAUX.

La scène se passe dans la chambre à coucher de Mathilde.

LE CAPRICE

UN CAPRICE

SCÈNE PREMIÈRE

MATHILDE, seule, travaillant au filet.

Encore un point, et j'ai fini.

Elle sonne; un domestique entre.

Est-on venu de chez Janisset?

LE DOMESTIQUE.

Non, madame, pas encore.

MATHILDE.

C'est insupportable; qu'on y retourne; dépêchez-vous.

Le domestique sort.

J'aurais dû prendre les premiers glands venus; il est huit heures; il est à sa toilette; je suis sûre qu'il va venir ici avant que tout soit prêt. Ce sera encore un jour de retard.

Elle se lève.

Faire une bourse en cachette à son mari, cela passerait aux yeux de bien des gens pour un peu plus que romanesque. Après un an de mariage ! Qu'est-ce que madame de Léry, par exemple, en dirait si elle le savait ? Et lui-même, qu'en penserait-il ? Bon ! il rira peut-être du mystère, mais il ne rira pas du cadeau. Pourquoi ce mystère, en effet ? Je ne sais ; il me semble que je n'aurais pas travaillé de si bon cœur devant lui ; cela aurait eu l'air de lui dire : Voyez comme je pense à vous ; cela ressemblerait à un reproche ; tandis qu'en lui montrant mon petit travail fini, ce sera lui qui se dira que j'ai pensé à lui.

LE DOMESTIQUE, rentrant.

On apporte cela à madame de chez le bijoutier.

Il donne un petit paquet à Mathilde.

MATHILDE.

Enfin !

Elle se rassoit.

Quand M. de Chavigny viendra, prévenez-moi.

Le domestique sort.

Nous allons donc, ma chère petite bourse, vous faire votre dernière toilette. Voyons si vous serez coquette avec ces glands-là ? Pas mal. Comment serez-vous reçue maintenant ? Direz-vous tout le plaisir qu'on a eu à vous faire, tout le soin qu'on a pris de votre petite personne ? On ne s'attend pas à vous, mademoiselle. On n'a voulu vous montrer que dans tous vos atours. Aurez-vous un baiser pour votre peine ?

Elle baise sa bourse et s'arrête.

Pauvre petite ! tu ne vaux pas grand'chose ; on ne

te vendrait pas deux louis. Comment se fait-il qu'il me semble triste de me séparer de toi? N'as-tu pas été commencée pour être finie le plus vite possible? Ah! tu as été commencée plus gaiement que je ne t'achève. Il n'y a pourtant que quinze jours de cela; que quinze jours, est-ce possible? Non, pas davantage; et que de choses en quinze jours! Arrivons-nous trop tard, petite?... Pourquoi de telles idées? On vient, je crois; c'est lui; il m'aime encore.

UN DOMESTIQUE, entrant.

Voilà monsieur le comte, madame.

MATHILDE.

Ah, mon Dieu! je n'ai mis qu'un gland et j'ai oublié l'autre. Sotte que je suis! Je ne pourrai pas encore lui donner aujourd'hui! Qu'il attende un instant, une minute, au salon; vite, avant qu'il entre...

LE DOMESTIQUE.

Le voilà, madame.

<small>Il sort. Mathilde cache sa bourse.</small>

SCÈNE II

MATHILDE, CHAVIGNY.

CHAVIGNY.

Bonsoir, ma chère; est-ce que je vous dérange?
<small>Il s'assoit.</small>

MATHILDE.

Moi, Henri? quelle question!

CHAVIGNY.

Vous avez l'air troublé, préoccupé. J'oublie toujours, quand j'entre chez vous, que je suis votre mari, et je pousse la porte trop vite.

MATHILDE.

Il y a là un peu de méchanceté; mais comme il y a aussi un peu d'amour, je ne vous en embrasserai pas moins.

Elle l'embrasse.

Qu'est-ce que vous croyez donc être, monsieur, quand vous oubliez que vous êtes mon mari?

CHAVIGNY.

Ton amant, ma belle; est-ce que je me trompe?

MATHILDE.

Amant et ami, tu ne te trompes pas.

A part.

J'ai envie de lui donner la bourse comme elle est.

CHAVIGNY.

Quelle robe as-tu donc? Tu ne sors pas?

MATHILDE.

Non, je voulais... j'espérais que peut-être?...

CHAVIGNY.

Vous espériez?... Qu'est-ce que c'est donc?

MATHILDE.

Tu vas au bal? tu es superbe.

CHAVIGNY.

Pas trop; je ne sais si c'est ma faute ou celle du tailleur, mais je n'ai plus ma tournure du régiment.

MATHILDE.

Inconstant! vous ne pensez pas à moi en vous mirant dans cette glace.

CHAVIGNY.

Bah! à qui donc? Est-ce que je vais au bal pour danser? Je vous jure bien que c'est une corvée, et que je m'y traîne sans savoir pourquoi.

MATHILDE.

Eh bien! restez, je vous en supplie. Nous serons seuls, et je vous dirai...

CHAVIGNY.

Il me semble que ta pendule avance; il ne peut pas être si tard.

MATHILDE.

On ne va pas au bal à cette heure-ci, quoi que puisse dire la pendule. Nous sortons de table il y a un instant.

CHAVIGNY.

J'ai dit d'atteler; j'ai une visite à faire.

MATHILDE.

Ah! c'est différent. Je... je ne savais pas,... j'avais cru...

CHAVIGNY.

Eh bien?

MATHILDE.

J'avais supposé,... d'après ce que tu disais... Mais la pendule va bien; il n'est que huit heures. Accordez-moi un petit moment. J'ai une petite surprise à vous faire.

CHAVIGNY, se levant.

Vous savez, ma chère, que je vous laisse libre et que vous sortez quand il vous plaît. Vous trouverez juste que ce soit réciproque. Quelle surprise me destinez-vous ?

MATHILDE.

Rien ; je n'ai pas dit ce mot-là, je crois.

CHAVIGNY.

Je me trompe donc, j'avais cru l'entendre. Avez-vous là ces valses de Strauss ? Prêtez-les-moi, si vous n'en faites rien.

MATHILDE.

Les voilà ; les voulez-vous maintenant ?

CHAVIGNY.

Mais, oui, si cela ne vous gêne pas. On me les a demandées pour un ou deux jours. Je ne vous en priverai pas longtemps.

MATHILDE.

Est-ce pour madame de Blainville ?

CHAVIGNY, prenant les valses.

Plaît-il ? Ne parlez-vous pas de madame de Blainville ?

MATHILDE.

Moi ! non. Je n'ai pas parlé d'elle.

CHAVIGNY.

Pour cette fois j'ai bien entendu.
_{Il se rassoit.}

Qu'est-ce que vous dites de madame de Blainville ?

MATHILDE.

Je pensais que mes valses étaient pour elle.

SCÈNE II.

CHAVIGNY.

Et pourquoi pensiez-vous cela?

MATHILDE.

Mais parce que... parce qu'elle les aime.

CHAVIGNY.

Oui, et moi aussi; et vous aussi, je crois? Il y en a une surtout; comment est-ce donc? Je l'ai oubliée... Comment dit-elle donc?

MATHILDE.

Je ne sais pas si je m'en souviendrai.

Elle se met au piano et joue.

CHAVIGNY.

C'est cela même! C'est charmant, divin, et vous la jouez comme un ange, ou, pour mieux dire, comme une vraie valseuse.

MATHILDE.

Est-ce aussi bien qu'elle, Henri?

CHAVIGNY.

Qui, elle? madame de Blainville? Vous y tenez, à ce qu'il paraît.

MATHILDE.

Oh! pas beaucoup. Si j'étais homme, ce n'est pas elle qui me tournerait la tête.

CHAVIGNY.

Et vous auriez raison, madame, Il ne faut jamais qu'un homme se laisse tourner la tête, ni par une femme ni par une valse.

MATHILDE.

Comptez-vous jouer ce soir, mon ami?

CHAVIGNY.

Eh! ma chère, quelle idée avez-vous? On joue, mais on ne compte pas jouer.

MATHILDE.

Avez-vous de l'or dans vos poches?

CHAVIGNY.

Peut-être bien. Est-ce que vous en voulez?

MATHILDE.

Moi, grand Dieu! que voulez-vous que j'en fasse?

CHAVIGNY.

Pourquoi pas? Si j'ouvre votre porte trop vite, je n'ouvre pas du moins vos tiroirs, et c'est peut-être un double tort que j'ai.

MATHILDE.

Vous mentez, monsieur; il n'y a pas longtemps que je me suis aperçue que vous les aviez ouverts, et vous me laissez beaucoup trop riche.

CHAVIGNY.

Non pas, ma chère, tant qu'il y aura des pauvres. Je sais quel usage vous faites de votre fortune, et je vous demande de me permettre de faire la charité par vos mains.

MATHILDE.

Cher Henri! que tu es noble et bon! Dis-moi un peu : te souviens-tu d'un jour où tu avais une petite

SCÈNE II.

dette à payer, et où tu te plaignais de n'avoir pas de bourse?

CHAVIGNY.

Quand donc? Ah! c'est juste. Le fait est que, quand on sort, c'est une chose insupportable de se fier à des poches qui ne tiennent à rien...

MATHILDE.

Aimerais-tu une bourse rouge avec un filet noir?

CHAVIGNY.

Non, je n'aime pas le rouge. Parbleu! tu me fais penser que j'ai justement là une bourse toute neuve d'hier; c'est un cadeau. Qu'en pensez-vous?

Il tire une bourse de sa poche.

Est-ce de bon goût?

MATHILDE.

Voyons; voulez-vous me la montrer?

CHAVIGNY.

Tenez.

Il la lui donne; elle la regarde, puis la lui rend.

MATHILDE.

C'est très joli. De quelle couleur est-elle?

CHAVIGNY, riant.

De quelle couleur? La question est excellente.

MATHILDE.

Je me trompe... Je veux dire... Qui est-ce qui vous l'a donnée?

CHAVIGNY.

Ah! c'est trop plaisant! sur mon honneur! vos distractions sont adorables.

UN DOMESTIQUE, annonçant.

Madame de Léry!

MATHILDE.

J'ai défendu ma porte en bas.

CHAVIGNY.

Non, non, qu'elle entre. Pourquoi ne pas la recevoir?

MATHILDE.

Eh bien! enfin, monsieur, cette bourse, peut-on savoir le nom de l'auteur?

SCÈNE III

MATHILDE, CHAVIGNY, MADAME DE LÉRY,
en toilette de bal.

CHAVIGNY.

Venez, madame, venez, je vous en prie; on n'arrive pas plus à propos. Mathilde vient de me faire une étourderie qui, en vérité, vaut son pesant d'or. Figurez-vous que je lui montre cette bourse...

MADAME DE LÉRY.

Tiens! c'est assez gentil. Voyons donc.

CHAVIGNY.

Je lui montre cette bourse; elle la regarde, la tâte,

SCÈNE III.

la retourne, et, en me la rendant, savez-vous ce qu'elle me dit? Elle me demande de quelle couleur elle est!

MADAME DE LÉRY.

Eh bien! elle est bleue.

CHAVIGNY.

Eh oui! elle est bleue... C'est bien certain,... et c'est précisément le plaisant de l'affaire... Imaginez-vous qu'on le demande?

MADAME DE LÉRY.

C'est parfait. Bonsoir, chère Mathilde; venez-vous ce soir à l'ambassade?

MATHILDE.

Non, je compte rester.

CHAVIGNY.

Mais vous ne riez pas de mon histoire?

MADAME DE LÉRY.

Mais si. Et qui est-ce qui a fait cette bourse? Ah! je la reconnais, c'est madame de Blainville. Comment! vraiment vous ne bougez pas?

CHAVIGNY, brusquement.

A quoi la reconnaissez-vous, s'il vous plaît?

MADAME DE LÉRY.

A ce qu'elle est bleue justement. Je l'ai vue traîner pendant des siècles; on a mis sept ans à la faire, et vous jugez si pendant ce temps-là elle a changé de destination. Elle a appartenu en idée à trois personnes de ma connaissance. C'est un trésor que vous avez là, monsieur de Chavigny; c'est un vrai héritage que vous avez fait.

CHAVIGNY.

On dirait qu'il n'y a qu'une bourse au monde.

MADAME DE LÉRY.

Non, mais il n'y a qu'une bourse bleue. D'abord, moi, le bleu m'est odieux; ça ne veut rien dire, c'est une couleur bête. Je ne peux pas me tromper sur une chose pareille; il suffit que je l'aie vue une fois. Autant j'adore le lilas, autant je déteste le bleu.

MATHILDE.

C'est la couleur de la constance.

MADAME DE LÉRY.

Bah! c'est la couleur des perruquiers. Je ne viens qu'en passant, vous voyez, je suis en grand uniforme; il faut arriver de bonne heure dans ce pays-là; c'est une cohue à se casser le cou. Pourquoi donc n'y venez-vous pas? Je n'y manquerais pas pour un monde.

MATHILDE.

Je n'y ai pas pensé, et il est trop tard à présent.

MADAME DE LÉRY.

Laissez donc, vous avez tout le temps. Tenez, chère, je vais sonner. Demandez une robe. Nous mettrons M. de Chavigny à la porte avec son petit meuble. Je vous coiffe, je vous pose deux brins de fleurettes, et je vous enlève dans ma voiture. Allons, voilà une affaire bâclée.

SCÈNE III.

MATHILDE.

Pas pour ce soir; je reste décidément.

MADAME DE LÉRY.

Décidément! est-ce un parti pris? Monsieur de Chavigny, amenez donc Mathilde.

CHAVIGNY, sèchement.

Je ne me mêle des affaires de personne.

MADAME DE LÉRY.

Oh! oh! vous aimez le bleu, à ce qu'il paraît. Eh bien! écoutez, savez-vous ce que je vais faire? Donnez-moi du thé, je vais rester ici.

MATHILDE.

Que vous êtes gentille, chère Ernestine! Non, je ne veux pas priver ce bal de sa reine. Allez me faire un tour de valse, et revenez à onze heures, si vous y pensez; nous causerons seules au coin du feu, puisque M. de Chavigny nous abandonne.

CHAVIGNY.

Moi? pas du tout : je ne sais si je sortirai.

MADAME DE LÉRY.

Eh bien! c'est convenu, je vous quitte. A propos, vous savez mes malheurs; j'ai été volée comme dans un bois.

MATHILDE.

Volée! qu'est-ce que vous voulez dire?

MADAME DE LÉRY.

Quatre robes, ma chère, quatre amours de robes qui me venaient de Londres, perdues à la douane. Si vous les aviez vues, c'est à en pleurer; il y en avait une perse et une puce; on ne fera jamais rien de pareil.

MATHILDE.

Je vous plains bien sincèrement. On vous les a donc confisquées?

MADAME DE LÉRY.

Pas du tout. Si ce n'était que cela, je crierais tant qu'on me les rendrait, car c'est un meurtre. Me voilà nue pour cet été. Imaginez qu'ils m'ont lardé mes robes; ils ont fourré leur sonde je ne sais par où dans ma caisse; ils m'ont fait des trous à y mettre un doigt. Voilà ce qu'on m'apporte hier à déjeuner.

CHAVIGNY.

Il n'y en avait pas de bleue, par hasard?

MADAME DE LÉRY.

Non, monsieur, pas la moindre. Adieu, belle; je ne fais qu'une apparition. J'en suis, je crois, à ma douzième grippe de l'hiver; je vais attraper ma treizième. Aussitôt fait, j'accours, et me plonge dans vos fauteuils. Nous causerons douane, chiffons, pas vrai? Non, je suis toute triste, nous ferons du sentiment. Enfin, n'importe! Bonsoir, monsieur de l'azur... Si vous me reconduisez, je ne reviens pas.

Elle sort.

SCÈNE IV.

CHAVIGNY, MATHILDE.

CHAVIGNY.

Quel cerveau fêlé que cette femme ! Vous choisissez bien vos amies !

MATHILDE.

C'est vous qui avez voulu qu'elle montât.

CHAVIGNY.

Je parierais que vous croyez que c'est madame de Blainville qui a fait ma bourse.

MATHILDE.

Non, puisque vous me dites le contraire.

CHAVIGNY.

Je suis sûr que vous le croyez.

MATHILDE.

Et pourquoi en êtes-vous sûr ?

CHAVIGNY.

Parce que je connais votre caractère : madame de Léry est votre oracle ; c'est une idée qui n'a pas le sens commun.

MATHILDE.

Voilà un beau compliment que je ne mérite guère.

CHAVIGNY.

Oh ! mon Dieu, si ; et j'aimerais tout autant vous voir franche là-dessus que dissimulée.

MATHILDE.

Mais, si je ne le crois pas, je ne puis feindre de le croire pour vous paraître sincère.

CHAVIGNY.

Je vous dis que vous le croyez; c'est écrit sur votre visage.

MATHILDE.

S'il faut le dire pour vous satisfaire, eh bien! j'y consens; je le crois.

CHAVIGNY.

Vous le croyez? et quand cela serait vrai, quel mal y aurait-il?

MATHILDE.

Aucun, et par cette raison je ne vois pas pourquoi vous le nieriez.

CHAVIGNY.

Je ne le nie pas; c'est elle qui l'a faite.

Il se lève.

Bonsoir; je reviendrai peut-être tout à l'heure prendre le thé avec votre amie.

MATHILDE.

Henri, ne me quittez pas ainsi!

CHAVIGNY.

Qu'appelez-vous *ainsi?* Sommes-nous fâchés? Je ne vois là rien que de très simple : on me fait une bourse, et je la porte; vous demandez qui, et je vous le dis. Rien ne ressemble moins à une querelle.

MATHILDE.

Et si je vous demandais cette bourse, m'en feriez-vous le sacrifice?

CHAVIGNY.

Peut-être; à quoi vous servirait-elle?

MATHILDE.

Il n'importe; je vous la demande.

CHAVIGNY.

Ce n'est pas pour la porter, je suppose? Je veux savoir ce que vous en feriez.

MATHILDE.

C'est pour la porter.

CHAVIGNY.

Quelle plaisanterie! Vous porteriez une bourse faite par madame de Blainville?

MATHILDE.

Pourquoi non? Vous la portez bien.

CHAVIGNY.

La belle raison! Je ne suis pas femme.

MATHILDE.

Eh bien! si je ne m'en sers pas, je la jetterai au feu.

CHAVIGNY.

Ah! ah! vous voilà donc enfin sincère. Eh bien! très sincèrement aussi, je la garderai, si vous le permettez.

MATHILDE.

Vous en êtes libre, assurément; mais je vous avoue qu'il m'est cruel de penser que tout le monde sait qui vous l'a faite, et que vous allez la montrer partout.

CHAVIGNY.

La montrer! Ne dirait-on pas que c'est un trophée!

MATHILDE.

Ecoutez-moi, je vous en prie, et laissez-moi votre main dans les miennes.

<small>Elle l'embrasse.</small>

M'aimez-vous, Henri? Répondez.

CHAVIGNY.

Je vous aime, et je vous écoute.

MATHILDE.

Je vous jure que je ne suis pas jalouse; mais si vous me donnez cette bourse de bonne amitié, je vous remercierai de tout mon cœur. C'est un petit échange que je vous propose, et je crois, j'espère du moins, que vous ne trouverez pas que vous y perdez.

CHAVIGNY.

Voyons votre échange; qu'est-ce que c'est?

MATHILDE.

Je vais vous le dire, si vous y tenez; mais si vous me donniez la bourse auparavant, sur parole, vous me rendriez bien heureuse.

CHAVIGNY.

Je ne donne rien sur parole.

MATHILDE.

Voyons, Henri, je vous en prie.

CHAVIGNY.

Non.

SCÈNE V.

MATHILDE.

Eh bien ! je t'en supplie à genoux.

CHAVIGNY.

Levez-vous, Mathilde, je vous en conjure à mon tour ; vous savez que je n'aime pas ces manières-là. Je ne peux pas souffrir qu'on s'abaisse, et je le comprends moins ici que jamais. C'est trop insister sur un enfantillage ; si vous l'exigiez sérieusement, je jetterais cette bourse au feu moi-même, et je n'aurais que faire d'échange pour cela. Allons, levez-vous, et n'en parlons plus. Adieu ; à ce soir ; je reviendrai.

Il sort.

SCÈNE V

MATHILDE, seule.

Puisque ce n'est pas celle-là, ce sera donc l'autre que je brûlerai.

Elle va à son secrétaire et en tire la bourse qu'elle a faite.

Pauvre petite, je te baisais tout à l'heure ; et te souviens-tu de ce que je te disais ? Nous arrivons trop tard, tu le vois. Il ne veut pas de toi, et ne veut plus de moi.

Elle s'approche de la cheminée.

Qu'on est folle de faire des rêves ! ils ne se réalisent jamais. Pourquoi cet attrait, ce charme invincible qui nous fait caresser une idée ? Pourquoi tant de plaisir à la suivre, à l'exécuter en secret ? A quoi bon tout cela ?

A pleurer ensuite. Que demande donc l'impitoyable hasard? Quelles précautions, quelles prières faut-il donc pour mener à bien le souhait le plus simple, la plus chétive espérance? Vous avez bien dit, monsieur le comte, j'insiste sur un enfantillage, mais il m'était doux d'y insister; et vous, si fier ou si infidèle, il ne vous eût pas coûté beaucoup de vous prêter à cet enfantillage. Ah! il ne m'aime plus, il ne m'aime plus. Il vous aime, madame de Blainville!

Elle pleure.

Allons! il n'y faut plus penser. Jetons au feu ce hochet d'enfant qui n'a pas su arriver assez vite; si je le lui avais donné ce soir, il l'aurait peut-être perdu demain. Ah! sans nul doute, il l'aurait fait; il laisserait ma bourse traîner sur sa table, je ne sais où, dans ses rebuts, tandis que l'autre le suivra partout, tandis qu'en jouant, à l'heure qu'il est, il la tire avec orgueil; je le vois l'étaler sur le tapis, et faire résonner l'or qu'elle renferme. Malheureuse! je suis jalouse; il me manquait cela pour me faire haïr!

Elle va jeter sa bourse au feu, et s'arrête.

Mais qu'as-tu fait? Pourquoi te détruire, triste ouvrage de mes mains? Il n'y a pas de ta faute; tu attendais, tu espérais aussi! Tes fraîches couleurs n'ont point pâli durant cet entretien cruel; tu me plais, je sens que je t'aime; dans ce petit réseau fragile, il y a quinze jours de ma vie; ah! non, non, la main qui t'a faite ne te tuera pas; je veux te conserver, je veux t'achever; tu seras pour moi une relique, et je te porterai sur mon cœur; tu m'y feras en même temps du bien et du mal ; tu me rappelleras mon amour pour lui, son oubli, ses caprices; et qui sait? cachée à cette place, il reviendra peut-être t'y chercher.

Elle s'assoit et attache le gland qui manquait.

SCÈNE VI

MATHILDE, MADAME DE LÉRY.

MADAME DE LÉRY, *derrière la scène.*

Personne nulle part! qu'est-ce que ça veut dire? on entre ici comme dans un moulin.

Elle ouvre la porte et crie en riant :

Madame de Léry!

Elle entre. Mathilde se lève.

Rebonsoir, chère; pas de domestiques chez vous ; je cours partout pour trouver quelqu'un. Ah! je suis rompue !

Elle s'assoit.

MATHILDE.

Débarrassez-vous de vos fourrures.

MADAME DE LÉRY.

Tout à l'heure; je suis gelée. Aimez-vous ce renard-là? on dit que c'est de la martre d'Éthiopie, je ne sais quoi; c'est M. de Léry qui me l'a apporté de Hollande.

Moi, je trouve ça laid, franchement; je le porterai trois fois, par politesse, et puis je le donnerai à Ursule.

MATHILDE.

Une femme de chambre ne peut pas mettre cela.

MADAME DE LÉRY.

C'est vrai; je m'en ferai un petit tapis.

MATHILDE.

Eh bien! ce bal était-il beau?

MADAME DE LÉRY.

Ah! mon Dieu, ce bal! mais je n'en viens pas. Vous ne croiriez jamais ce qui m'arrive.

MATHILDE.

Vous n'y êtes donc pas allée?

MADAME DE LÉRY.

Si fait, j'y suis allée, mais je n'y suis pas entrée. C'est à mourir de rire. Figurez-vous une queue,... une queue...

Elle éclate de rire.

Ces choses-là vous font-elles peur, à vous?

MATHILDE.

Mais oui; je n'aime pas les embarras de voitures.

MADAME DE LÉRY.

C'est désolant quand on est seule. J'avais beau crier au cocher d'avancer, il ne bougeait pas; j'étais d'une colère! j'avais envie de monter sur le siège; je vous réponds bien que j'aurais coupé leur queue. Mais c'est si bête d'être là, en toilette, vis-à-vis d'un carreau mouillé; car, avec cela, il pleut à verse. Je me suis divertie une demi-heure à voir patauger les passants, et puis j'ai dit de retourner. Voilà mon bal. — Ce feu me fait un plaisir ! je me sens renaître !

Elle ôte sa fourrure. Mathilde sonne, et un domestique entre.

MATHILDE.

Le thé.

Le domestique sort.

MADAME DE LÉRY.

M. de Chavigny est donc parti ?

MATHILDE.

Oui ; je pense qu'il va à ce bal, et il sera plus obstiné que vous.

MADAME DE LÉRY.

Je crois qu'il ne m'aime guère, soit dit entre nous.

MATHILDE.

Vous vous trompez, je vous assure ; il m'a dit cent fois qu'à ses yeux vous étiez une des plus jolies femmes de Paris.

MADAME DE LÉRY.

Vraiment ? c'est très poli de sa part ; mais je le mérite, car je le trouve fort bien. Voulez-vous me prêter une épingle ?

MATHILDE.

Vous en avez à côté de vous.

MADAME DE LÉRY.

Cette Palmire vous fait des robes, on ne se sent pas des épaules ; on croit toujours que tout va tomber. Est-ce elle qui vous fait ces manches-là ?

MATHILDE.

Oui.

MADAME DE LÉRY.

Très jolies, très bien, très jolies. Décidément il n'y a que les manches plates; mais j'ai été longtemps à m'y faire; et puis je trouve qu'il ne faut pas être trop grasse pour les porter, parce que sans cela on a l'air d'une cigale, avec un gros corps et de petites pattes.

MATHILDE.

J'aime assez la comparaison.

On apporte le thé.

MADAME DE LÉRY.

N'est-ce pas? Regardez mademoiselle Saint-Ange. Il ne faut pourtant pas être trop maigre non plus, parce qu'alors il ne reste plus rien. On se récrie sur la marquise d'Ermont; moi, je trouve qu'elle a l'air d'une potence. C'est une belle tête, si vous voulez, mais c'est une madone au bout d'un bâton.

MATHILDE, riant.

Voulez-vous que je vous serve, ma chère?

MADAME DE LÉRY.

Rien que de l'eau chaude, avec un soupçon de thé et un nuage de lait.

MATHILDE, versant le thé.

Allez-vous demain chez madame d'Egly? Je vous prendrai, si vous voulez.

MADAME DE LÉRY.

Ah! madame d'Égly! en voilà une autre! avec sa

frisure et ses jambes, elle me fait l'effet de ces grands balais pour épousseter les araignées.

Elle boit.

Mais, certainement, j'irai demain. Non, je ne peux pas; je vais au concert.

MATHILDE.

Il est vrai qu'elle est un peu drôle.

MADAME DE LÉRY.

Regardez-moi donc, je vous en prie.

MATHILDE.

Pourquoi?

MADAME DE LÉRY.

Regardez-moi en face, là, franchement.

MATHILDE.

Que me trouvez-vous d'extraordinaire?

MADAME DE LÉRY.

Eh! certainement, vous avez les yeux rouges; vous venez de pleurer, c'est clair comme le jour. Qu'est-ce qui se passe donc, ma chère Mathilde?

MATHILDE.

Rien, je vous jure. Que voulez-vous qu'il se passe?

MADAME DE LÉRY.

Je n'en sais rien, mais vous venez de pleurer; je vous dérange, je m'en vais.

MATHILDE.

Au contraire, chère; je vous supplie de rester.

MADAME DE LÉRY.

Est-ce bien franc? Je reste, si vous voulez; mais vous me direz vos peines.

Mathilde secoue la tête.

Non? Alors je m'en vais, car vous comprenez que du moment que je ne suis bonne à rien, je ne peux que nuire involontairement.

MATHILDE.

Restez, votre présence m'est précieuse, votre esprit m'amuse, et s'il était vrai que j'eusse quelque souci, votre gaieté le chasserait.

MADAME DE LÉRY.

Tenez, je vous aime. Vous me croyez peut-être légère; personne n'est si sérieux que moi pour les choses sérieuses. Je ne comprends pas qu'on joue avec le cœur, et c'est pour cela que j'ai l'air d'en manquer. Je sais ce que c'est que de souffrir, on me l'a appris bien jeune encore. Je sais aussi ce que c'est que de dire ses chagrins. Si ce qui vous afflige peut se confier, parlez hardiment : ce n'est pas la curiosité qui me pousse.

MATHILDE.

Je vous crois bonne, et surtout très sincère; mais dispensez-moi de vous obéir.

MADAME DE LÉRY.

Ah, mon Dieu! j'y suis! c'est la bourse bleue. J'ai fait une sottise affreuse en nommant madame de

SCÈNE VI.

Blainville. J'y ai pensé en vous quittant; est-ce que M. de Chavigny lui fait la cour?

> *Mathilde se lève, ne pouvant répondre, se détourne et porte son mouchoir à ses yeux.*

MADAME DE LÉRY.

Est-il possible?

> *Un long silence. Mathilde se promène quelque temps, puis va s'asseoir à l'autre bout de la chambre. Madame de Léry semble réfléchir. Elle se lève et s'approche de Mathilde; celle-ci lui tend la main.*

MADAME DE LÉRY.

Vous savez, ma chère, que les dentistes vous disent de crier quand ils vous font mal. Moi, je vous dis : Pleurez! pleurez! Douces ou amères, les larmes soulagent toujours.

MATHILDE.

Ah! mon Dieu!

MADAME DE LÉRY.

Mais c'est incroyable, une chose pareille! On ne peut pas aimer madame de Blainville; c'est une coquette à moitié perdue, qui n'a ni esprit ni beauté. Elle ne vaut pas votre petit doigt; on ne quitte pas un ange pour un diable.

MATHILDE, sanglotant.

Je suis sûre qu'il l'aime, j'en suis sûre.

MADAME DE LÉRY.

Non, mon enfant, ça ne se peut pas; c'est un caprice, une fantaisie. Je connais M. de Chavigny plus qu'il ne pense; il est méchant, mais il n'est pas mauvais. Il aura agi par boutade ; avez-vous pleuré devant lui ?

MATHILDE.

Oh ! non, jamais !

MADAME DE LÉRY.

Vous avez bien fait ; il ne m'étonnerait pas qu'il en fût bien aise.

MATHILDE.

Bien aise ? bien aise de me voir pleurer ?

MADAME DE LÉRY.

Eh ! mon Dieu, oui. J'ai vingt-cinq ans d'hier, mais je sais ce qui en est sur bien des choses. Comment tout cela est-il venu ?

MATHILDE.

Mais... je ne sais...

MADAME DE LÉRY.

Parlez. Avez-vous peur de moi ? je vais vous rassurer tout de suite ; si, pour vous mettre à votre aise, il faut m'engager de mon côté, je vais vous prouver que j'ai confiance en vous et vous forcer à l'avoir en moi ; est-ce nécessaire ? je le ferai. Qu'est-ce qu'il vous plaît de savoir sur mon compte ?

MATHILDE.

Vous êtes ma meilleure amie ; je vous dirai tout, je me fie à vous. Il ne s'agit de rien de bien grave ; mais j'ai une folle tête qui m'entraîne. J'avais fait à M. de Chavigny une petite bourse en cachette que je comptais lui offrir aujourd'hui ; depuis quinze jours, je le vois à peine; il passe ses journées chez madame de Blainville. Lui offrir ce petit cadeau, c'était lui faire un doux reproche de son absence et lui montrer qu'il me laissait seule. Au moment où j'allais lui donner ma bourse, il a tiré l'autre.

MADAME DE LÉRY.

Il n'y a pas là de quoi pleurer.

MATHILDE.

Oh! si, il y a de quoi pleurer, car j'ai fait une grande folie; je lui ai demandé l'autre bourse.

MADAME DE LÉRY.

Aïe! ce n'est pas diplomatique.

MATHILDE.

Non, Ernestine, et il m'a refusé... Et alors... Ah! j'ai honte...

MADAME DE LÉRY.

Eh bien?

MATHILDE.

Eh bien! je l'ai demandée à genoux. Je voulais qu'il me fît ce petit sacrifice, et je lui aurais donné ma bourse en échange de la sienne. Je l'ai prié,... je l'ai supplié...

MADAME DE LÉRY.

Et il n'en a rien fait; cela va sans dire. Pauvre innocente! il n'est pas digne de vous!

MATHILDE.

Ah! malgré tout, je ne le croirai jamais!

MADAME DE LÉRY.

Vous avez raison, je m'exprime mal. Il est digne de vous et vous aime; mais il est homme et orgueilleux. Quelle pitié! Et où est donc votre bourse?

MATHILDE.

La voilà ici sur la table.

MADAME DE LÉRY, prenant la bourse.

Cette bourse-là? Eh bien! ma chère, elle est quatre fois plus jolie que la sienne. D'abord elle n'est pas bleue, ensuite elle est charmante. Prêtez-la-moi, je me charge bien de la lui faire trouver de son goût.

MATHILDE.

Tâchez. Vous me rendrez la vie.

MADAME DE LÉRY.

En être là après un an de mariage, c'est inouï! Il faut qu'il y ait de la sorcellerie là-dedans. Cette Blainville, avec son indigo, je la déteste des pieds à la tête. Elle a les yeux battus jusqu'au menton. Mathilde, voulez-vous faire une chose? Il ne nous en coûte rien d'essayer. Votre mari viendra-t-il ce soir?

MATHILDE.

Je n'en sais rien, mais il me l'a dit.

MADAME DE LÉRY.

Comment étiez-vous quand il est sorti?

MATHILDE.

Ah! j'étais bien triste, et lui bien sévère.

MADAME DE LÉRY.

Il viendra. Avez-vous du courage? Quand j'ai une

SCÈNE VI.

idée, je vous en avertis, il faut que je me saisisse au vol; je me connais, je réussirai.

MATHILDE.

Ordonnez donc, je me soumets.

MADAME DE LÉRY.

Passez dans ce cabinet, habillez-vous à la hâte et jetez-vous dans ma voiture. Je ne veux pas vous envoyer au bal, mais il faut qu'en rentrant vous ayez l'air d'y être allée. Vous vous ferez mener où vous voudrez, aux Invalides ou à la Bastille; ce ne sera peut-être pas très divertissant, mais vous serez aussi bien là qu'ici pour ne pas dormir. Est-ce convenu? Maintenant, prenez votre bourse, et enveloppez-la dans ce papier, je vais mettre l'adresse. Bien, voilà qui est fait. Au coin de la rue, vous ferez arrêter; vous direz à mon groom d'apporter ici ce petit paquet, de le remettre au premier domestique qu'il rencontrera, et de s'en aller sans autre explication.

MATHILDE.

Dites-moi du moins ce que vous voulez faire.

MADAME DE LÉRY.

Ce que je veux faire, enfant, est impossible à dire, et je vais voir si c'est possible à faire. Une fois pour toutes, vous fiez-vous à moi?

MATHILDE.

Oui, tout au monde pour l'amour de lui.

MADAME DE LÉRY.

Allons, preste! Voilà une voiture.

MATHILDE.

C'est lui; j'entends sa voix dans la cour.

MADAME DE LÉRY.

Sauvez-vous! Y a-t-il un escalier dérobé par là?

MATHILDE.

Oui, heureusement. Mais je ne suis pas coiffée, comment croira-t-on à ce bal?

MADAME DE LÉRY, ôtant la guirlande qu'elle a sur la tête et la donnant à Mathilde.

Tenez, vous arrangerez cela en route.

Mathilde sort.

SCENE VII

MADAME DE LÉRY, seule.

A genoux! une telle femme à genoux! Et ce monsieur-là qui la refuse! Une femme de vingt ans, belle comme un ange et fidèle comme un lévrier! Pauvre enfant, qui demande en grâce qu'on daigne accepter une bourse faite par elle, en échange d'un cadeau de madame de Blainville! Mais quel abîme est donc le cœur de l'homme! Ah! ma foi! nous valons mieux qu'eux.

Elle s'assoit et prend une brochure sur la table. Un instant après, on frappe à la porte.

Entrez.

SCÈNE VIII

MADAME DE LÉRY, CHAVIGNY.

MADAME DE LÉRY, lisant d'un air distrait.

Bonsoir, comte. Voulez-vous du thé?

CHAVIGNY.

Je vous rends grâces. Je n'en prends jamais.

Il s'assoit et regarde autour de lui.

MADAME DE LÉRY.

Était-il amusant, ce bal?

CHAVIGNY.

Comme cela. N'y étiez-vous pas?

MADAME DE LÉRY.

Voilà une question qui n'est pas galante. Non, je n'y étais pas; mais j'y ai envoyé Mathilde, que vos regards semblent chercher.

CHAVIGNY.

Vous plaisantez, à ce que je vois?

MADAME DE LÉRY.

Plaît-il? je vous demande pardon, je tiens un article d'une *Revue* qui m'intéresse beaucoup.

Un silence. Chavigny, inquiet, se lève et se promène.

CHAVIGNY.

Est-ce que vraiment Mathilde est à ce bal?

MADAME DE LÉRY.

Mais oui; vous voyez que je l'attends.

CHAVIGNY.

C'est singulier; elle ne voulait pas sortir lorsque vous le lui avez proposé.

MADAME DE LÉRY.

Apparemment qu'elle a changé d'idée.

CHAVIGNY.

Pourquoi n'y est-elle pas allée avec vous?

MADAME DE LÉRY.

Parce que je ne m'en suis plus souciée.

CHAVIGNY.

Elle s'est donc passée de voiture?

MADAME DE LÉRY.

Non, je lui ai prêté la mienne. Avez-vous lu ça, monsieur de Chavigny?

CHAVIGNY.

Quoi?

MADAME DE LÉRY.

C'est la *Revue des Deux Mondes*; un article très joli de madame Sand sur les orangs-outangs.

CHAVIGNY.

Sur les?...

MADAME DE LÉRY.

Sur les orangs-outangs. Ah! je me trompe, ce n'est pas d'elle, c'est celui d'à côté; c'est très amusant*.

---

* Au moment d'écrire ces mots, l'auteur, qui avait sur sa table de travail plusieurs livraisons de la *Revue des Deux Mondes*, en ouvrit deux au hasard. La première, du 15 mars 1837, contenait un article de M. Roulin sur les orangs-outangs; la seconde, du 1er avril sui-

SCÈNE VIII.

CHAVIGNY.

Je ne comprends rien à cette idée d'aller au bal sans me prévenir. J'aurais pu du moins la ramener.

MADAME DE LÉRY.

Aimez-vous les romans de madame Sand?

CHAVIGNY.

Non, pas du tout. Mais si elle y est, comment se fait-il que je ne l'aie pas trouvée?

MADAME DE LÉRY.

Quoi? la *Revue?* Elle était là-dessus.

CHAVIGNY.

Vous moquez-vous de moi, madame?

MADAME DE LÉRY.

Peut-être; c'est selon à propos de quoi.

CHAVIGNY.

C'est de ma femme que je vous parle.

MADAME DE LÉRY.

Est-ce que vous me l'avez donnée à garder?

CHAVIGNY.

Vous avez raison; je suis très ridicule; je vais de ce pas la chercher.

MADAME DE LÉRY.

Bah! vous allez tomber dans la queue.

---

vant, contenait un chapitre de *Mauprat,* par George Sand. L'étrange confusion que fait madame de Léry prouve qu'elle ne lit que des yeux et qu'elle est toute à son plan de campagne.

CHAVIGNY.

C'est vrai ; je ferai aussi bien d'attendre, et j'attendrai.

<small>Il s'approche du feu et s'assoit.</small>

MADAME DE LÉRY, <small>quittant sa lecture.</small>

Savez-vous, monsieur de Chavigny, que vous m'étonnez beaucoup ? Je croyais vous avoir entendu dire que vous laissiez Mathilde parfaitement libre, et qu'elle allait où bon lui semblait.

CHAVIGNY.

Certainement ; vous en voyez la preuve.

MADAME DE LÉRY.

Pas tant ; vous avez l'air furieux.

CHAVIGNY.

Moi ? par exemple ! pas le moins du monde.

MADAME DE LÉRY.

Vous ne tenez pas sur votre fauteuil. Je vous croyais un tout autre homme, je l'avoue, et, pour parler sérieusement, je n'aurais pas prêté ma voiture à Mathilde si j'avais su ce qui en est.

CHAVIGNY.

Mais je vous assure que je le trouve tout simple, et je vous remercie de l'avoir fait.

MADAME DE LÉRY.

Non, non, vous ne me remerciez pas ; je vous assure, moi, que vous êtes fâché. A vous dire vrai, je crois que, si elle est sortie, c'était un peu pour vous rejoindre.

SCÈNE VIII.

CHAVIGNY.

J'aime beaucoup cela! Que ne m'accompagnait-elle?

MADAME DE LÉRY.

Eh oui! c'est ce que je lui ai dit. Mais voilà comme nous sommes, nous autres; nous ne voulons pas, et puis nous voulons. Décidément, vous ne prenez pas de thé?

CHAVIGNY.

Non, il me fait mal.

MADAME DE LÉRY.

Eh bien! donnez-m'en.

CHAVIGNY.

Plaît-il, madame?

MADAME DE LÉRY.

Donnez-m'en.

<small>Chavigny se lève et remplit une tasse qu'il offre à madame de Léry.</small>

MADAME DE LÉRY.

C'est bon; mettez ça là. [Avons-nous un ministère ce soir?

CHAVIGNY.

Je n'en sais rien.

MADAME DE LÉRY.

Ce sont de drôles d'auberges que ces ministères. On y entre et on en sort sans savoir pourquoi; c'est une procession de marionnettes.]

CHAVIGNY.

Prenez donc ce thé à votre tour; il est déjà à moitié froid.

MADAME DE LÉRY.

Vous n'y avez pas mis assez de sucre. Mettez-m'en un ou deux morceaux.

CHAVIGNY.

Comme vous voudrez ; il ne vaudra rien.

MADAME DE LÉRY.

Bien ; maintenant, encore un peu de lait.

CHAVIGNY.

Êtes-vous satisfaite ?

MADAME DE LÉRY.

Une goutte d'eau chaude à présent. Est-ce fait ? Donnez-moi la tasse.

CHAVIGNY, lui présentant la tasse.

La voilà ; mais il ne vaudra rien.

MADAME DE LÉRY.

Vous croyez ? En êtes-vous sûr ?

CHAVIGNY.

Il n'y a pas le moindre doute.

MADAME DE LÉRY.

Et pourquoi ne vaudrait-il rien ?

CHAVIGNY.

Parce qu'il est froid et trop sucré.

MADAME DE LÉRY.

Eh bien ! s'il ne vaut rien, ce thé, jetez-le.

Chavigny est debout, tenant la tasse ; madame de Léry le regarde en riant.

MADAME DE LÉRY.

Ah ! mon Dieu ! que vous m'amusez ! Je n'ai jamais rien vu de si maussade.

SCÈNE VIII.

CHAVIGNY, impatienté, vide la tasse dans le feu, puis il se promène à grands pas, et dit avec humeur :

Ma foi, c'est vrai, je ne suis qu'un sot.

MADAME DE LÉRY.

Je ne vous avais jamais vu jaloux, mais vous l'êtes comme un Othello.

CHAVIGNY.

Pas le moins du monde ; je ne peux pas souffrir qu'on se gêne, ni qu'on gêne les autres en rien. Comment voulez-vous que je sois jaloux ?

MADAME DE LÉRY.

Par amour-propre, comme tous les maris.

CHAVIGNY.

Bah ! propos de femme. On dit : « Jaloux par amour-propre, » parce que c'est une phrase toute faite, comme on dit : « Votre très humble serviteur. » Le monde est bien sévère pour ces pauvres maris.

MADAME DE LÉRY.

Pas tant que pour ces pauvres femmes.

CHAVIGNY.

Oh ! mon Dieu, si. Tout est relatif. Peut-on permettre aux femmes de vivre sur le même pied que nous ? C'est d'une absurdité qui saute aux yeux. Il y a mille choses très graves pour elles, qui n'ont aucune importance pour un homme.

MADAME DE LÉRY.

Oui, les caprices, par exemple.

CHAVIGNY.

Pourquoi pas? Eh bien! oui, les caprices. Il est certain qu'un homme peut en avoir, et qu'une femme...

MADAME DE LÉRY.

En a quelquefois. Est-ce que vous croyez qu'une robe est un talisman qui en préserve?

CHAVIGNY.

C'est une barrière qui doit les arrêter.

MADAME DE LÉRY.

A moins que ce ne soit un voile qui les couvre. J'entends marcher. C'est Mathilde qui rentre.

CHAVIGNY.

Oh! que non; il n'est pas minuit.

Un domestique entre, et remet un petit paquet à M. de Chavigny.

CHAVIGNY.

Qu'est-ce que c'est? Que me veut-on?

LE DOMESTIQUE.

On vient d'apporter cela pour monsieur le comte.

Il sort. Chavigny défait le paquet, qui renferme la bourse de Mathilde.

MADAME DE LÉRY.

Est-ce encore un cadeau qui vous arrive? A cette heure-ci, c'est un peu fort.

CHAVIGNY.

Que diable est-ce que ça veut dire? Hé! François, hé! qui est-ce qui a apporté ce paquet?

LE DOMESTIQUE, rentrant.

Monsieur?

SCÈNE VIII.

CHAVIGNY.

Qui est-ce qui a apporté ce paquet?

LE DOMESTIQUE.

Monsieur, c'est le portier qui vient de monter.

CHAVIGNY.

Il n'y a rien avec? pas de lettre?

LE DOMESTIQUE.

Non, monsieur.

CHAVIGNY.

Est-ce qu'il avait ça depuis longtemps, ce portier?

LE DOMESTIQUE.

Non, monsieur; on vient de le lui remettre.

CHAVIGNY.

Qui le lui a remis?

LE DOMESTIQUE.

Monsieur, il ne sait pas.

CHAVIGNY.

Il ne sait pas! Perdez-vous la tête? Est-ce un homme ou une femme?

LE DOMESTIQUE.

C'est un domestique en livrée, mais il ne le connaît pas.

CHAVIGNY.

Est-ce qu'il est en bas, ce domestique?

LE DOMESTIQUE.

Non, monsieur; il est parti sur-le-champ.

CHAVIGNY.

Il n'a rien dit?

LE DOMESTIQUE.

Non, monsieur.

CHAVIGNY.

C'est bon.

Le domestique sort.

MADAME DE LÉRY.

J'espère qu'on vous gâte, monsieur de Chavigny. Si vous laissez tomber votre argent, ce ne sera pas la faute de ces dames.

CHAVIGNY.

Je veux être pendu si j'y comprends rien.

MADAME DE LÉRY.

Laissez donc! vous faites l'enfant.

CHAVIGNY.

Non; je vous donne ma parole d'honneur que je ne devine pas. Ce ne peut être qu'une méprise.

MADAME DE LÉRY.

Est-ce que l'adresse n'est pas dessus?

CHAVIGNY.

Ma foi! si, vous avez raison. C'est singulier; je connais l'écriture.

MADAME DE LÉRY.

Peut-on voir?

CHAVIGNY.

C'est peut-être une indiscrétion à moi de vous la montrer; mais tant pis pour qui s'y expose. Tenez. J'ai certainement vu de cette écriture-là quelque part.

SCÈNE VIII.

MADAME DE LÉRY.

Et moi aussi, très certainement.

CHAVIGNY.

Attendez donc... Non, je me trompe. Est-ce en bâtarde ou en coulée?

MADAME DE LÉRY.

Fi donc! c'est une anglaise pur sang. Regardez-moi comme ces lettres-là sont fines. Oh! la dame est bien élevée.

CHAVIGNY.

Vous avez l'air de la connaître.

MADAME DE LÉRY, avec une confusion feinte.

Moi! pas du tout.

Chavigny, étonné, la regarde, puis continue à se promener.

MADAME DE LÉRY.

Où en étions-nous donc de notre conversation? — Eh! mais il me semble que nous parlions caprice. Ce petit poulet rouge arrive à propos.

CHAVIGNY.

Vous êtes dans le secret, convenez-en.

MADAME DE LÉRY.

Il y a des gens qui ne savent rien faire; si j'étais de vous, j'aurais déjà deviné.

CHAVIGNY.

Voyons! soyez franche; dites-moi qui c'est.

MADAME DE LÉRY.

Je croirais assez que c'est madame de Blainville.

CHAVIGNY.

Vous êtes impitoyable, madame; savez-vous bien que nous nous brouillerons?

MADAME DE LÉRY.

Je l'espère bien, mais pas cette fois-ci.

CHAVIGNY.

Vous ne voulez pas m'aider à trouver l'énigme?

MADAME DE LÉRY.

Belle occupation! Laissez donc cela; on dirait que vous n'y êtes pas fait. Vous ruminerez lorsque vous serez couché, quand ce ne serait que par politesse.

CHAVIGNY.

Il n'y a donc plus de thé? J'ai envie d'en prendre.

MADAME DE LÉRY.

Je vais vous en faire; dites donc que je ne suis pas bonne!

Un silence.

CHAVIGNY, se promenant toujours.

Plus je cherche, moins je trouve.

MADAME DE LÉRY.

Ah çà! dites donc, est-ce un parti pris de ne penser qu'à cette bourse? Je vais vous laisser à vos rêveries.

CHAVIGNY.

C'est qu'en vérité je tombe des nues.

MADAME DE LÉRY.

Je vous dis que c'est madame de Blainville. Elle a réfléchi sur la couleur de sa bourse, et elle vous en envoie une autre par repentir. Ou mieux encore : elle veut vous tenter, et voir si vous porterez celle-ci ou la sienne.

CHAVIGNY.

Je porterai celle-ci sans aucun doute. C'est le seul moyen de savoir qui l'a faite.

MADAME DE LÉRY.

Je ne comprends pas ; c'est trop profond pour moi.

CHAVIGNY.

Je suppose que la personne qui me l'a envoyée me la voie demain entre les mains ; croyez-vous que je m'y tromperais ?

MADAME DE LÉRY, éclatant de rire.

Ah ! c'est trop fort ; je n'y tiens pas.

CHAVIGNY.

Est-ce que ce serait vous, par hasard ?
Un silence.

MADAME DE LÉRY.

Voilà votre thé, fait de ma blanche main, et il sera meilleur que celui que vous m'avez fabriqué tout à l'heure. Mais finissez donc de me regarder. Est-ce que vous me prenez pour une lettre anonyme ?

CHAVIGNY.

C'est vous, c'est quelque plaisanterie. Il y a un complot là-dessous.

MADAME DE LÉRY.

C'est un petit complot assez bien tricoté.

CHAVIGNY.

Avouez donc que vous en êtes.

MADAME DE LÉRY.

Non.

CHAVIGNY.

Je vous en prie.

MADAME DE LÉRY.

Pas davantage.

CHAVIGNY.

Je vous en supplie.

MADAME DE LÉRY.

Demandez-le à genoux, je vous le dirai.

CHAVIGNY.

A genoux? tant que vous voudrez.

MADAME DE LÉRY.

Allons! voyons!

CHAVIGNY.

Sérieusement?

<small>Il se met à genoux en riant devant madame de Léry.</small>

MADAME DE LÉRY, sèchement.

J'aime cette posture, elle vous va à merveille; mais je vous conseille de vous relever, afin de ne pas trop m'attendrir.

CHAVIGNY, se relevant.

Ainsi, vous ne direz rien, n'est-ce pas?

MADAME DE LÉRY.

Avez-vous là votre bourse bleue?

CHAVIGNY.

Je n'en sais rien, je crois que oui.

SCÈNE VIII.

MADAME DE LÉRY.

Je crois que oui aussi. Donnez-la-moi, je vous dirai qui a fait l'autre.

CHAVIGNY.

Vous le savez donc?

MADAME DE LÉRY.

Oui, je le sais.

CHAVIGNY.

Est-ce une femme?

MADAME DE LÉRY.

A moins que ce ne soit un homme, je ne vois pas...

CHAVIGNY.

Je veux dire : est-ce une jolie femme?

MADAME DE LÉRY.

C'est une femme qui, à vos yeux, passe pour une des plus jolies femmes de Paris.

CHAVIGNY.

Brune ou blonde?

MADAME DE LÉRY.

Bleue.

CHAVIGNY.

Par quelle lettre commence son nom?

MADAME DE LÉRY.

Vous ne voulez pas de mon marché? Donnez-moi la bourse de madame de Blainville.

CHAVIGNY.

Est-elle petite ou grande?

MADAME DE LÉRY.

Donnez-moi la bourse.

CHAVIGNY.

Dites-moi seulement si elle a le pied petit.

MADAME DE LÉRY.

La bourse ou la vie!

CHAVIGNY.

Me direz-vous le nom si je vous donne la bourse?

MADAME DE LÉRY.

Oui.

CHAVIGNY, tirant la bourse bleue.

Votre parole d'honneur?

MADAME DE LÉRY.

Ma parole d'honneur.

CHAVIGNY semble hésiter; madame de Léry tend la main; il la regarde attentivement. Tout à coup il s'assoit à côté d'elle, et dit gaiement:

Parlons caprice. Vous convenez donc qu'une femme peut en avoir?

MADAME DE LÉRY.

Est-ce que vous en êtes à le demander?

CHAVIGNY.

Pas tout à fait; mais il peut arriver qu'un homme marié ait deux façons de parler, et, jusqu'à un certain point, deux façons d'agir.

MADAME DE LÉRY.

Eh bien! et ce marché, est-ce qu'il s'envole? je croyais qu'il était conclu.

CHAVIGNY.

Un homme marié n'en reste pas moins homme; la bénédiction ne le métamorphose pas, mais elle l'oblige quelquefois à prendre un rôle et à en donner les répliques. Il ne s'agit que de savoir, dans ce monde, à qui les gens s'adressent quand ils vous parlent, si c'est au réel ou au convenu, à la personne ou au personnage.

MADAME DE LÉRY.

J'entends, c'est un choix qu'on peut faire; mais où s'y reconnaît le public?

CHAVIGNY.

Je ne crois pas que, pour un public d'esprit, ce soit long ni bien difficile.

MADAME DE LÉRY.

Vous renoncez donc à ce fameux nom? Allons! voyons! donnez-moi cette bourse.

CHAVIGNY.

Une femme d'esprit, par exemple (une femme d'esprit sait tant de choses!), ne doit pas se tromper, à ce que je crois, sur le vrai caractère des gens : elle doit bien voir, au premier coup d'œil....

MADAME DE LÉRY.

Décidément, vous gardez la bourse?

CHAVIGNY.

Il me semble que vous y tenez beaucoup. Une femme d'esprit, n'est-il pas vrai, madame, doit savoir faire la part du mari, et celle de l'homme par conséquent?

Comment êtes-vous donc coiffée? Vous étiez toute en fleurs ce matin.

MADAME DE LÉRY.

Oui; ça me gênait, je me suis mise à mon aise. Ah! mon Dieu! mes cheveux sont défaits d'un côté.

Elle se lève et s'ajuste devant la glace.

CHAVIGNY.

Vous avez la plus jolie taille qu'on puisse voir. Une femme d'esprit comme vous...

MADAME DE LÉRY.

Une femme d'esprit comme moi se donne au diable quand elle a affaire à un homme d'esprit comme vous.

CHAVIGNY.

Qu'à cela ne tienne; je suis assez bon diable.

MADAME DE LÉRY.

Pas pour moi, du moins, à ce que je pense.

CHAVIGNY.

C'est qu'apparemment quelque autre me fait tort.

MADAME DE LÉRY.

Qu'est-ce que ce propos-là veut dire?

CHAVIGNY.

Il veut dire que, si je vous déplais, c'est que quelqu'un m'empêche de vous plaire.

MADAME DE LÉRY.

C'est modeste et poli; mais vous vous trompez : personne ne me plaît, et je ne veux plaire à personne.

CHAVIGNY.

Avec votre âge et ces yeux-là, je vous en défie.

SCÈNE VIII.

MADAME DE LÉRY.

C'est cependant la vérité pure.

CHAVIGNY.

Si je le croyais, vous me donneriez bien mauvaise opinion des hommes.

MADAME DE LÉRY.

Je vous le ferai croire bien aisément. J'ai une vanité qui ne veut pas de maître.

CHAVIGNY.

Ne peut-elle souffrir un serviteur?

MADAME DE LÉRY.

Bah! serviteurs ou maîtres, vous n'êtes que des tyrans.

CHAVIGNY, se levant.

C'est assez vrai, et je vous avoue que là-dessus j'ai toujours détesté la conduite des hommes. Je ne sais d'où leur vient cette manie de s'imposer, qui ne sert qu'à se faire haïr.

MADAME DE LÉRY.

Est-ce votre opinion sincère?

CHAVIGNY.

Très sincère; je ne conçois pas comment on peut se figurer que, parce qu'on a plu ce soir, on est en droit d'en abuser demain.

MADAME DE LÉRY.

C'est pourtant le chapitre premier de l'histoire universelle.

CHAVIGNY.

Oui, et si les hommes avaient le sens commun là-dessus, les femmes ne seraient pas si prudentes.

MADAME DE LÉRY.

C'est possible; les liaisons d'aujourd'hui sont des mariages, et quand il s'agit d'un jour de noce, cela vaut la peine d'y penser.

CHAVIGNY.

Vous avez mille fois raison; et, dites-moi, pourquoi en est-il ainsi? pourquoi tant de comédie et si peu de franchise? Une jolie femme qui se fie à un galant homme ne saurait-elle le distinguer? Il n'y a pas que des sots sur la terre.

MADAME DE LÉRY.

C'est une question en pareille circonstance.

CHAVIGNY.

Mais je suppose que, par hasard, il se trouve un homme qui, sur ce point, ne soit pas de l'avis des sots; et je suppose qu'une occasion se présente où l'on puisse être franc sans danger, sans arrière-pensée, sans crainte des indiscrétions.

Il lui prend la main.

Je suppose qu'on dise à une femme : Nous sommes seuls, vous êtes jeune et belle, et je fais de votre esprit et de votre cœur tout le cas qu'on en doit faire. Mille obstacles nous séparent, mille chagrins nous attendent, si nous essayons de nous revoir demain. Votre fierté ne veut pas d'un joug, et votre prudence ne veut pas d'un lien; vous n'avez à redouter ni l'un ni l'autre. On ne vous demande ni protestation, ni engagement, ni sacrifice, rien qu'un sourire de ces lèvres de rose et un regard de ces beaux yeux. Souriez pendant que cette porte est fermée: votre liberté est sur le seuil; vous la retrouverez en quittant cette chambre; ce qui s'offre à vous n'est pas le plaisir sans amour, c'est l'amour sans peine et sans amertume; c'est le caprice, puisque nous en parlons, non l'aveugle caprice des sens, mais celui du cœur, qu'un moment fait naître et dont le souvenir est éternel.

MADAME DE LÉRY.

Vous me parliez de comédie; mais il paraît qu'à l'occasion vous en joueriez d'assez dangereuses. J'ai quelque envie d'avoir un caprice, avant de répondre à ce discours-là. Il me semble que c'en est l'instant, puisque vous en plaidez la thèse. Avez-vous là un jeu de cartes?

CHAVIGNY.

Oui, dans cette table; qu'en voulez-vous faire?

MADAME DE LÉRY.

Donnez-le-moi, j'ai ma fantaisie, et vous êtes forcé d'obéir si vous ne voulez vous contredire.

Elle prend une carte dans le jeu.

Allons, comte, dites rouge ou noir.

CHAVIGNY.

Voulez-vous me dire quel est l'enjeu?

MADAME DE LÉRY.

L'enjeu est une discrétion*.

CHAVIGNY.

Soit. — J'appelle rouge.

MADAME DE LÉRY.

C'est le valet de pique; vous avez perdu. Donnez-moi cette bourse bleue.

CHAVIGNY.

De tout mon cœur, mais je garde la rouge, et quoique sa couleur m'ait fait perdre, je ne le lui reprocherai jamais; car je sais aussi bien que vous quelle est la main qui me l'a faite.

MADAME DE LÉRY.

Est-elle petite ou grande, cette main?

CHAVIGNY.

Elle est charmante et douce comme le satin.

MADAME DE LÉRY.

Lui permettez-vous de satisfaire un petit mouvement de jalousie?

Elle jette au feu la bourse bleue.

CHAVIGNY.

Ernestine, je vous adore!

MADAME DE LÉRY *regarde brûler la bourse. Elle s'approche de Chavigny et lui dit tendrement :*

Vous n'aimez donc plus madame de Blainville?

---

* On appelle *discrétion* un pari dans lequel le perdant s'oblige à donner au gagnant ce que celui-ci lui demande, à sa discrétion.

(*Note de l'auteur.*)

SCÈNE VIII.

CHAVIGNY.

Ah, grand Dieu ! je ne l'ai jamais aimée.

MADAME DE LÉRY.

Ni moi non plus, monsieur de Chavigny.

CHAVIGNY.

Mais qui a pu vous dire que je pensais à cette femme-là ? Ah ! ce n'est pas elle à qui je demanderai jamais un instant de bonheur ; ce n'est pas elle qui me le donnera !

MADAME DE LÉRY.

Ni moi non plus, monsieur de Chavigny. Vous venez de me faire un petit sacrifice, c'est très galant de votre part ; mais je ne veux pas vous tromper : la bourse rouge n'est pas de ma façon.

CHAVIGNY.

Est-il possible ? Qui est-ce donc qui l'a faite ?

MADAME DE LÉRY.

C'est une main plus belle que la mienne. Faites-moi la grâce de réfléchir une minute et de m'expliquer cette énigme à mon tour. Vous m'avez fait en bon français une déclaration très aimable ; vous vous êtes mis à deux genoux par terre, et remarquez qu'il n'y a pas de tapis ; je vous ai demandé votre bourse bleue, et vous me l'avez laissé brûler. Qui suis-je donc, dites-moi, pour mériter tout cela ? Que me trouvez-vous de si extraordinaire ? Je ne suis pas mal, c'est vrai ; je suis jeune ;

il est certain que j'ai le pied petit. Mais enfin ce n'est pas si rare. Quand nous nous serons prouvé l'un à l'autre que je suis une coquette et vous un libertin, uniquement parce qu'il est minuit et que nous sommes en tête à tête, voilà un beau fait d'armes que nous aurons à écrire dans nos mémoires ! C'est pourtant là tout, n'est-ce pas ? Et ce que vous m'accordez en riant, ce qui ne vous coûte pas même un regret, ce sacrifice insignifiant que vous faites à un caprice plus insignifiant encore, vous le refusez à la seule femme qui vous aime, à la seule femme que vous aimiez !

On entend le bruit d'une voiture.

CHAVIGNY.

Mais, madame, qui a pu vous instruire ?

MADAME DE LÉRY.

Parlez plus bas, monsieur, la voilà qui rentre, et cette voiture vient me chercher. Je n'ai pas le temps de vous faire ma morale ; vous êtes homme de cœur, et votre cœur vous la fera. Si vous trouvez que Mathilde a les yeux rouges, essuyez-les avec cette petite bourse que ses larmes reconnaîtront, car c'est votre bonne, brave et fidèle femme qui a passé quinze jours à la faire. Adieu ; vous m'en voudrez aujourd'hui, mais vous aurez demain quelque amitié pour moi, et, croyez-moi, cela vaut mieux qu'un caprice. Mais s'il vous en faut un absolument, tenez, voilà Mathilde, vous en avez un beau à vous passer ce soir. Il vous en fera, j'espère, oublier un autre que personne au monde, pas même elle, ne saura jamais.

> Mathilde entre, madame de Léry va à sa rencontre et l'embrasse;
> CHAVIGNY les regarde, il s'approche d'elles, prend sur la tête
> de sa femme la guirlande de fleurs de madame de Léry, et dit
> à celle-ci en la lui rendant :

Je vous demande pardon, madame, elle le saura, et je n'oublierai jamais qu'un jeune curé fait les meilleurs sermons.

FIN D'UN CAPRICE.

C'est à Saint-Pétersbourg, devant la cour de Russie, que cette comédie a été jouée pour la première fois par madame Allan-Despréaux, qui l'avait découverte après dix ans de publicité. Lorsque madame Allan revint en France, elle voulut faire sa rentrée au Théâtre-Français par le rôle de madame de Léry. On sait le succès prodigieux qu'elle y obtint. Le *Caprice*, représenté à Paris le 27 novembre 1847, jouit encore aujourd'hui de la même faveur que dans sa nouveauté. On peut le considérer désormais comme faisant partie du répertoire classique de la Comédie-Française.

IL FAUT

QU'UNE PORTE

SOIT OUVERTE OU FERMÉE

PROVERBE EN UN ACTE

PUBLIÉ EN 1845, REPRÉSENTÉ EN 1848

PERSONNAGES.	ACTEURS QUI ONT CRÉÉ LES RÔLES.
LE COMTE.	M. BRINDEAU.
LA MARQUISE.	Mme ALLAN-DESPRÉAUX.

La scène est à Paris.

IL FAUT QU'UNE PORTE

SOIT OUVERTE OU FERMÉE

Un petit salon.

LE COMTE, LA MARQUISE.

La marquise, assise sur un canapé, près de la cheminée, fait de la tapisserie. Le comte entre et salue.

LE COMTE.

Je ne sais pas quand je me guérirai de ma maladresse, mais je suis d'une cruelle étourderie. Il m'est impossible de prendre sur moi de me rappeler votre jour, et toutes les fois que j'ai envie de vous voir, cela ne manque jamais d'être un mardi.

LA MARQUISE.

Est-ce que vous avez quelque chose à me dire ?

LE COMTE.

Non ; mais, en le supposant, je ne le pourrais pas, car c'est un hasard que vous soyez seule, et vous allez avoir, d'ici à un quart d'heure, une cohue d'amis intimes qui me fera sauver, je vous en avertis.

LA MARQUISE.

Il est vrai que c'est aujourd'hui mon jour, et je ne sais trop pourquoi j'en ai un. C'est une mode qui a pourtant sa raison. Nos mères laissaient leur porte ouverte; la bonne compagnie n'était pas nombreuse, et se bornait, pour chaque cercle, à une fournée d'ennuyeux qu'on avalait à la rigueur. Maintenant, dès qu'on reçoit, on reçoit tout Paris; et tout Paris, au temps où nous sommes, c'est bien réellement Paris tout entier, ville et faubourgs. Quand on est chez soi, on est dans la rue. Il fallait bien trouver un remède; de là vient que chacun a son jour. C'est le seul moyen de se voir le moins possible, et quand on dit: Je suis chez moi le mardi, il est clair que c'est comme si on disait: Le reste du temps, laissez-moi tranquille.

LE COMTE.

Je n'en ai que plus de tort de venir aujourd'hui, puisque vous me permettez de vous voir dans la semaine.

LA MARQUISE.

Prenez votre parti et mettez-vous là. Si vous êtes de bonne humeur, vous parlerez; sinon, chauffez-vous. Je ne compte pas sur grand monde aujourd'hui, vous regarderez défiler ma petite lanterne magique. Mais qu'avez-vous donc? vous me semblez...

LE COMTE.

Quoi?

LA MARQUISE.

Pour ma gloire, je ne veux pas le dire.

LE COMTE.

Ma foi, je vous l'avouerai; avant d'entrer ici, je l'étais un peu.

LA MARQUISE.

Quoi? Je le demande à mon tour.

LE COMTE.

Vous fâcherez-vous si je vous le dis?

LA MARQUISE.

J'ai un bal ce soir où je veux être jolie : je ne me fâcherai pas de la journée.

LE COMTE.

Eh bien! j'étais un peu ennuyé. Je ne sais ce que j'ai; c'est un mal à la mode, comme vos réceptions. Je me désole depuis midi; j'ai fait quatre visites sans trouver personne. Je devais dîner quelque part; je me suis excusé sans raison. Il n'y a pas un spectacle ce soir. Je suis sorti par un temps glacé; je n'ai vu que des nez rouges et des joues violettes. Je ne sais que faire, je suis bête comme un feuilleton.

LA MARQUISE.

Je vous en offre autant; je m'ennuie à crier. C'est le temps qu'il fait, sans aucun doute.

LE COMTE.

Le fait est que le froid est odieux; l'hiver est une maladie. Les badauds voient le pavé propre, le ciel clair, et, quand un vent bien sec leur coupe les oreilles, ils appellent cela une belle gelée. C'est comme qui dirait une belle fluxion de poitrine. Bien obligé de ces beautés-là.

LA MARQUISE.

Je suis plus que de votre avis. Il me semble que mon ennui me vient moins de l'air du dehors, tout froid qu'il est, que de celui que les autres respirent. C'est peut-être que nous vieillissons. Je commence à avoir trente ans, et je perds le talent de vivre.

LE COMTE.

Je n'ai jamais eu ce talent-là, et ce qui m'épouvante, c'est que je le gagne. En prenant des années, on devient plat ou fou, et j'ai une peur atroce de mourir comme un sage.

LA MARQUISE.

Sonnez pour qu'on mette une bûche au feu; votre idée me gèle.

On entend le bruit d'une sonnette au dehors.

LE COMTE.

Ce n'est pas la peine; on sonne à la porte, et votre procession arrive.

LA MARQUISE.

Voyons quelle sera la bannière, et surtout, tâchez de rester.

LE COMTE.

Non; décidément je m'en vais.

LA MARQUISE.

Où allez-vous?

LE COMTE.

Je n'en sais rien.
<small>Il se lève, salue et ouvre la porte.</small>
Adieu, madame, à jeudi soir.

LA MARQUISE.

Pourquoi jeudi?

LE COMTE, <small>debout, tenant le bouton de la porte.</small>

N'est-ce pas votre jour aux Italiens? J'irai vous faire une petite visite.

LA MARQUISE.

Je ne veux pas de vous; vous êtes trop maussade. D'ailleurs, j'y mène M. Camus.

LE COMTE.

M. Camus, votre voisin de campagne?

LA MARQUISE.

Oui; il m'a vendu des pommes et du foin avec beaucoup de galanterie, et je veux lui rendre sa politesse.

LE COMTE.

C'est bien vous, par exemple! L'être le plus ennuyeux! on devrait le nourrir de sa marchandise. Et, à propos, savez-vous ce qu'on dit?

LA MARQUISE.

Non. Mais on ne vient pas : qui avait donc sonné?

LE COMTE, <small>regardant à la fenêtre.</small>

Personne, une petite fille, je crois, avec un carton, je ne sais quoi, une blanchisseuse. Elle est là, dans la cour, qui parle à vos gens.

LA MARQUISE.

Vous appelez cela je ne sais quoi; vous êtes poli, c'est mon bonnet. Eh bien! qu'est-ce qu'on dit de moi et de M. Camus? — Fermez donc cette porte... Il vient un vent horrible.

LE COMTE, fermant la porte.

On dit que vous pensez à vous remarier, que M. Camus est millionnaire, et qu'il vient chez vous bien souvent.

LA MARQUISE.

En vérité! pas plus que cela? Et vous me dites cela au nez tout bonnement?

LE COMTE.

Je vous le dis, parce qu'on en parle.

LA MARQUISE.

C'est une belle raison. Est-ce que je vous répète tout ce qu'on dit de vous aussi par le monde?

LE COMTE.

De moi, madame? Que peut-on dire, s'il vous plaît, qui ne puisse pas se répéter?

LA MARQUISE.

Mais vous voyez bien que tout peut se répéter, puisque vous m'apprenez que je suis à la veille d'être annoncée madame Camus. Ce qu'on dit de vous est au moins aussi grave, car il paraît malheureusement que c'est vrai.

LE COMTE.

Et quoi donc? Vous me feriez peur.

LA MARQUISE.

Preuve de plus qu'on ne se trompe pas.

LE COMTE.

Expliquez-vous, je vous en prie.

LA MARQUISE.

Ah! pas du tout; ce sont vos affaires.

LE COMTE, se rasseyant.

Je vous en supplie, marquise, je vous le demande en grâce. Vous êtes la personne du monde dont l'opinion a le plus de prix pour moi.

LA MARQUISE.

L'une des personnes, vous voulez dire.

LE COMTE.

Non, madame, je dis : la personne, celle dont l'esprit, le sentiment, la...

LA MARQUISE.

Ah, ciel! vous allez faire une phrase.

LE COMTE.

Pas du tout. Si vous ne voyez rien, c'est qu'apparemment vous ne voulez rien voir.

LA MARQUISE.

Voir quoi?

LE COMTE.

Cela s'entend de reste.

LA MARQUISE.

Je n'entends que ce qu'on me dit, et encore pas des deux oreilles.

LE COMTE.

Vous riez de tout ; mais, sincèrement, serait-il possible que, depuis un an, vous voyant presque tous les jours, faite comme vous êtes, avec votre esprit, votre grâce et votre beauté...

LA MARQUISE.

Mais mon Dieu! c'est bien pis qu'une phrase, c'est une déclaration que vous me faites là. Avertissez au moins : est-ce une déclaration, ou un compliment de bonne année?

LE COMTE.

Et si c'était une déclaration?

LA MARQUISE.

Oh! c'est que je n'en veux pas ce matin. Je vous ai dit que j'allais au bal, je suis exposée à en entendre ce soir; ma santé ne me permet pas ces choses-là deux fois par jour.

LE COMTE.

En vérité, vous êtes décourageante, et je me réjouirai de bon cœur quand vous y serez prise à votre tour.

LA MARQUISE.

Moi aussi, je m'en réjouirai. Je vous jure qu'il y a des instants où je donnerais de grosses sommes pour avoir seulement un petit chagrin. Tenez, j'étais comme cela pendant qu'on me coiffait, pas plus tard que tout à l'heure. Je poussais des soupirs à me fendre l'âme, de désespoir de ne penser à rien.

LE COMTE.

Raillez, raillez! Vous y viendrez.

LA MARQUISE.

C'est bien possible; nous sommes tous mortels. Si je suis raisonnable, à qui la faute? Je vous assure que je ne me défends pas.

LE COMTE.

Vous ne voulez pas qu'on vous fasse la cour?

LA MARQUISE.

Non. Je suis très bonne personne, mais quant à cela, c'est par trop bête. Dites-moi un peu, vous qui avez le sens commun, qu'est-ce que signifie cette chose-là : faire la cour à une femme?

LE COMTE.

Cela signifie que cette femme vous plaît, et qu'on est bien aise de le lui dire.

LA MARQUISE.

A la bonne heure; mais cette femme, cela lui plaît-il, à elle, de vous plaire? Vous me trouvez jolie, je suppose, et cela vous amuse de m'en faire part. Eh bien, après? Qu'est-ce que cela prouve? Est-ce une raison pour que je vous aime? J'imagine que, si quelqu'un me plaît, ce n'est pas parce que je suis jolie. Qu'y gagne-t-il à ces compliments? La belle manière de se faire aimer que de venir se planter devant une femme avec un lorgnon, de la regarder des pieds à la tête, comme une poupée dans un étalage, et de lui dire bien agréablement : Madame, je vous trouve charmante!

Joignez à cela quelques phrases bien fades, un tour de valse et un bouquet, voilà pourtant ce qu'on appelle faire sa cour. Fi donc! Comment un homme d'esprit peut-il prendre goût à ces niaiseries-là? Cela me met en colère, quand j'y pense.

LE COMTE.

Il n'y a pourtant pas de quoi se fâcher.

LA MARQUISE.

Ma foi, si. Il faut supposer à une femme une tête bien vide et un grand fonds de sottise, pour se figurer qu'on la charme avec de pareils ingrédients. Croyez-vous que ce soit bien divertissant de passer sa vie au milieu d'un déluge de fadaises, et d'avoir du matin au soir les oreilles pleines de balivernes? Il me semble, en vérité, que, si j'étais homme et si je voyais une jolie femme, je me dirais : Voilà une pauvre créature qui doit être bien assommée de compliments. Je l'épargnerais, j'aurais pitié d'elle, et, si je voulais essayer de lui plaire, je lui ferais l'honneur de lui parler d'autre chose que de son malheureux visage. Mais non, toujours : Vous êtes jolie, et puis : Vous êtes jolie, et encore jolie. Eh, mon Dieu! on le sait bien. Voulez-vous que je vous dise? vous autres hommes à la mode, vous n'êtes que des confiseurs déguisés.

LE COMTE.

Eh bien! madame, vous êtes charmante, prenez-le comme vous voudrez.

On entend la sonnette.

On sonne de nouveau ; adieu, je me sauve.
Il se lève et ouvre la porte.

LA MARQUISE.

Attendez donc, j'avais à vous dire,... je ne sais plus ce que c'était... Ah! passez-vous par hasard du côté de Fossin, dans vos courses?

LE COMTE.

Ce ne sera pas par hasard, madame, si je puis vous être bon à quelque chose.

LA MARQUISE.

Encore un compliment! Mon Dieu, que vous m'ennuyez! C'est une bague que j'ai cassée; je pourrais bien l'envoyer tout bonnement, mais c'est qu'il faut que je vous explique...

Elle ôte la bague de son doigt.

Tenez, voyez-vous, c'est le chaton. Il y a là une petite pointe, vous voyez bien, n'est-ce pas? Ça s'ouvrait de côté, par là; je l'ai heurté ce matin je ne sais où, le ressort a été forcé.

LE COMTE.

Dites donc, marquise, sans indiscrétion, il y avait des cheveux là dedans.

LA MARQUISE.

Peut-être bien. Qu'avez-vous à rire?

LE COMTE.

Je ne ris pas le moins du monde.

LA MARQUISE.

Vous êtes un impertinent; ce sont des cheveux de

mon mari. Mais je n'entends personne. Qui avait donc sonné encore?

LE COMTE, regardant à la fenêtre.

Une autre petite fille, et un autre carton. Encore un bonnet, je suppose. A propos, avec tout cela, vous me devez une confidence.

LA MARQUISE.

Fermez donc cette porte, vous me glacez.

LE COMTE.

Je m'en vais. Mais vous me promettez de me répéter ce qu'on vous a dit de moi, n'est-ce pas, marquise?

LA MARQUISE.

Venez ce soir au bal, nous causerons.

LE COMTE.

Ah, parbleu! oui, causer dans un bal! Joli endroit de conversation, avec accompagnement de trombones et un tintamarre de verres d'eau sucrée! L'un vous marche sur le pied, l'autre vous pousse le coude, pendant qu'un laquais tout poissé vous fourre une glace dans votre poche. Je vous demande un peu si c'est là...

LA MARQUISE.

Voulez-vous rester ou sortir? Je vous répète que vous m'enrhumez. Puisque personne ne vient, qu'est-ce qui vous chasse?

LE COMTE, fermant la porte et venant se rasseoir.

C'est que je me sens, malgré moi, de si mauvaise humeur, que je crains vraiment de vous excéder. Il faut décidément que je cesse de venir chez vous.

LA MARQUISE.

C'est honnête; et à propos de quoi?

LE COMTE.

Je ne sais pas, mais je vous ennuie, vous me le disiez vous-même tout à l'heure, et je le sens bien; c'est très naturel. C'est ce malheureux logement que j'ai là en face; je ne peux pas sortir sans regarder vos fenêtres, et j'entre ici machinalement, sans réfléchir à ce que j'y viens faire.

LA MARQUISE.

Si je vous ai dit que vous m'ennuyez ce matin, c'est que ce n'est pas une habitude. Sérieusement, vous me feriez de la peine; j'ai beaucoup de plaisir à vous voir.

LE COMTE.

Vous? Pas du tout. Savez-vous ce que je vais faire? Je vais retourner en Italie.

LA MARQUISE.

Ah! qu'est-ce que dira mademoiselle...

LE COMTE.

Quelle demoiselle, s'il vous plaît?

LA MARQUISE.

Mademoiselle je ne sais qui, mademoiselle votre protégée. Est-ce que je sais le nom de vos danseuses?

LE COMTE.

Ah! c'est donc là ce beau propos qu'on vous a tenu sur mon compte?

LA MARQUISE.

Précisément. Est-ce que vous niez?

LE COMTE.

C'est un conte à dormir debout.

LA MARQUISE.

Il est fâcheux qu'on vous ait vu très distinctement au spectacle avec un certain chapeau rose à fleurs, comme il n'en fleurit qu'à l'Opéra. Vous êtes dans les chœurs, mon voisin; cela est connu de tout le monde.

LE COMTE.

Comme votre mariage avec M. Camus.

LA MARQUISE.

Vous y revenez? Eh bien! pourquoi pas? M. Camus est un fort honnête homme; il est plusieurs fois millionnaire; son âge, bien qu'assez respectable, est juste à point pour un mari. Je suis veuve, et il est garçon; il est très bien quand il a des gants.

LE COMTE.

Et un bonnet de nuit : cela doit lui aller.

LA MARQUISE.

Voulez-vous bien vous taire, s'il vous plaît! Est-ce qu'on parle de choses pareilles?

LE COMTE.

Dame! à quelqu'un qui peut les voir.

LA MARQUISE.

Ce sont apparemment ces demoiselles qui vous apprennent ces jolies façons-là.

LE COMTE, *se levant et prenant son chapeau.*

Tenez, marquise, je vous dis adieu. Vous me feriez dire quelque sottise.

LA MARQUISE.

Quel excès de délicatesse !

LE COMTE.

Non, mais, en vérité, vous êtes trop cruelle. C'est bien assez de défendre qu'on vous aime, sans m'accuser d'aimer ailleurs.

LA MARQUISE.

De mieux en mieux. Quel ton tragique! Moi, je vous ai défendu de m'aimer?

LE COMTE.

Certainement, — de vous en parler, du moins.

LA MARQUISE.

Eh bien! je vous le permets; voyons votre éloquence.

LE COMTE.

Si vous le disiez sérieusement...

LA MARQUISE.

Que vous importe? pourvu que je le dise.

LE COMTE.

C'est que, tout en riant, il pourrait bien y avoir quelqu'un ici qui courût des risques.

LA MARQUISE.

Oh! oh! de grands périls, monsieur?

LE COMTE.

Peut-être, madame; mais, par malheur, le danger ne serait que pour moi.

LA MARQUISE.

Quand on a peur, on ne fait pas le brave. Eh bien!

voyons. Vous ne dites rien? Vous me menacez, je m'expose, et vous ne bougez pas? Je m'attendais à vous voir au moins vous précipiter à mes pieds comme Rodrigue, ou M. Camus lui-même. Il y serait déjà, à votre place.

LE COMTE.

Cela vous divertit donc beaucoup de vous moquer du pauvre monde?

LA MARQUISE.

Et vous, cela vous surprend donc bien de ce qu'on ose vous braver en face?

LE COMTE.

Prenez garde! Si vous êtes brave, j'ai été hussard, moi, madame, je suis bien aise de vous le dire, et il n'y a pas encore si longtemps.

LA MARQUISE.

Vraiment! Eh bien! à la bonne heure. Une déclaration de hussard, cela doit être curieux; je n'ai jamais vu cela de ma vie. Voulez-vous que j'appelle ma femme de chambre? Je suppose qu'elle saura vous répondre. Vous me donnerez une représentation.

On entend la sonnette.

LE COMTE.

Encore cette sonnerie! Adieu donc, marquise. Je ne vous en tiens pas quitte, au moins.

Il ouvre la porte.

LA MARQUISE.

A ce soir, toujours, n'est-ce pas? Mais qu'est-ce donc que ce bruit que j'entends?

LE COMTE, regardant à la fenêtre.

C'est le temps qui vient de changer. Il pleut et il grêle à faire plaisir. On vous apporte un troisième bonnet, et je crains bien qu'il n'y ait un rhume dedans.

LA MARQUISE.

Mais ce tapage-là, est-ce que c'est le tonnerre? en plein mois de janvier! Et les almanachs?

LE COMTE.

Non; c'est seulement un ouragan, une espèce de trombe qui passe.

LA MARQUISE.

C'est effrayant. Mais fermez donc la porte; vous ne pouvez pas sortir de ce temps-là. Qu'est-ce qui peut produire une chose pareille?

LE COMTE, fermant la porte.

Madame, c'est la colère céleste qui châtie les carreaux de vitre, les parapluies, les mollets des dames et les tuyaux de cheminée.

LA MARQUISE.

Et mes chevaux qui sont sortis!

LE COMTE.

Il n'y a pas de danger pour eux, s'il ne leur tombe rien sur la tête.

LA MARQUISE.

Plaisantez donc à votre tour! Je suis très propre, moi, monsieur, je n'aime pas à crotter mes chevaux.

C'est inconcevable! Tout à l'heure il faisait le plus beau ciel du monde.

LE COMTE.

Vous pouvez bien compter, par exemple, qu'avec cette grêle vous n'aurez personne. Voilà un jour de moins parmi vos jours.

LA MARQUISE.

Non pas, puisque vous êtes venu. Posez donc votre chapeau, qui m'impatiente.

LE COMTE.

Un compliment, madame! Prenez garde. Vous qui faites profession de les haïr, on pourrait prendre les vôtres pour la vérité.

LA MARQUISE.

Mais je vous le dis, et c'est très vrai. Vous me faites grand plaisir en venant me voir.

LE COMTE, se rasseyant près de la marquise.

Alors laissez-moi vous aimer.

LA MARQUISE.

Mais je vous le dis aussi, je le veux bien; cela ne me fâche pas le moins du monde.

LE COMTE.

Alors laissez-moi vous en parler.

LA MARQUISE.

A la hussarde, n'est-il pas vrai?

LE COMTE.

Non, madame; soyez convaincue qu'à défaut de cœur, j'ai assez de bon sens pour vous respecter. Mais il me semble qu'on a bien le droit, sans offenser une personne qu'on respecte...

LA MARQUISE.

D'attendre que la pluie soit passée, n'est-ce pas? Vous êtes entré ici tout à l'heure sans savoir pourquoi, vous l'avez dit vous-même; vous étiez ennuyé, vous ne saviez que faire, vous pouviez même passer pour assez grognon. Si vous aviez trouvé ici trois personnes, les premières venues, là, au coin de ce feu, vous parleriez, à l'heure qu'il est, littérature ou chemins de fer, après quoi vous iriez dîner. C'est donc parce que je me suis trouvée seule que vous vous croyez tout à coup obligé, oui, obligé, pour votre honneur, de me faire cette même cour, cette éternelle, insupportable cour, qui est une chose si inutile, si ridicule, si rebattue. Mais qu'est-ce que je vous ai donc fait? Qu'il arrive ici une visite, vous allez peut-être avoir de l'esprit; mais je suis seule, vous voilà plus banal qu'un vieux couplet de vaudeville; et vite, vous abordez votre thème, et si je voulais vous écouter, vous m'exhiberiez une déclaration, vous me réciteriez votre amour. Savez-vous de quoi les hommes ont l'air en pareil cas? De ces pauvres auteurs sifflés qui ont toujours un manuscrit dans leur poche, quelque tragédie inédite et injouable, et qui vous tirent cela pour vous en assommer, dès que vous êtes seul un quart d'heure avec eux.

LE COMTE.

Ainsi, vous me dites que je ne vous déplais pas, je

vous réponds que je vous aime, et puis c'est tout, à votre avis?

LA MARQUISE.

Vous ne m'aimez pas plus que le Grand Turc.

LE COMTE.

Oh! par exemple, c'est trop fort. Écoutez-moi un seul instant, et si vous ne me croyez pas sincère...

LA MARQUISE.

Non, non, et non! Mon Dieu! croyez-vous que je ne sache pas ce que vous pourriez me dire? J'ai très bonne opinion de vos études; mais, parce que vous avez de l'éducation, pensez-vous que je n'aie rien lu? Tenez, je connaissais un homme d'esprit qui avait acheté, je ne sais où, une collection de cinquante lettres, assez bien faites, très proprement écrites, des lettres d'amour, bien entendu. Ces cinquante lettres étaient graduées de façon à composer une sorte de petit roman, où toutes les situations étaient prévues. Il y en avait pour les déclarations, pour les dépits, pour les espérances, pour les moments d'hypocrisie où l'on se rabat sur l'amitié, pour les brouilles, pour les désespoirs, pour les instants de jalousie, pour la mauvaise humeur, même pour les jours de pluie comme aujourd'hui. J'ai lu ces lettres. L'auteur prétendait, dans une sorte de préface, en avoir fait usage pour lui-même, et n'avoir jamais trouvé une femme qui résistât plus tard que le trente-troisième numéro. Eh bien! j'ai résisté, moi, à toute la collection. Je vous demande si j'ai de la littérature, et si vous pourriez vous flatter de m'apprendre quelque chose de nouveau.

LE COMTE.

Vous êtes bien blasée, marquise.

LA MARQUISE.

Des injures? J'aime mieux cela; c'est moins fade que vos sucreries.

LE COMTE.

Oui, en vérité, vous êtes bien blasée.

LA MARQUISE.

Vous le croyez? Eh bien! pas du tout.

LE COMTE.

Comme une vieille Anglaise, mère de quatorze enfants.

LA MARQUISE.

Comme la plume qui danse sur mon chapeau. Vous vous figurez donc que c'est une science bien profonde que de vous savoir tous par cœur? Mais il n'y a pas besoin d'étudier pour apprendre; il n'y a qu'à vous laisser faire. Réfléchissez; c'est un calcul bien simple. Les hommes assez braves pour respecter nos pauvres oreilles, et pour ne pas tomber dans la sucrerie, sont extrêmement rares. D'un autre côté, il n'est pas contestable que, dans ces tristes instants où vous tâchez de mentir pour essayer de plaire, vous vous ressemblez tous comme des capucins de cartes. Heureusement pour nous, la justice du ciel n'a pas mis à votre disposition un vocabulaire très varié. Vous n'avez tous, comme on dit, qu'une chanson, en sorte que le seul fait d'entendre les mêmes phrases, la seule répétition des mêmes mots, des mêmes gestes apprêtés, des mêmes regards tendres, le spectacle seul de ces figures diverses qui peuvent être plus ou moins bien par elles-mêmes, mais qui prennent toutes, dans ces moments funestes, la même physionomie humblement conquérante, cela nous sauve par l'envie de rire, ou du moins par le simple ennui. Si j'avais une fille, et si je voulais la préserver de ces entreprises qu'on appelle dangereuses, je me garderais bien de lui défendre d'écouter les pastorales de ses valseurs. Je lui dirais seulement : N'en écoute pas un seul, écoute-les tous ; ne ferme pas le livre et ne marque pas la page ; laisse-le ouvert, laisse ces messieurs te raconter leurs petites drôleries. Si, par malheur, il y en a un qui te plaît, ne t'en défends pas, attends seulement ; il en viendra un autre tout pareil qui te dégoûtera de tous les deux. Tu as quinze ans, je suppose ; eh bien! mon enfant, cela ira ainsi jusqu'à trente, et ce sera toujours la même chose. Voilà mon histoire et ma science ; appelez-vous cela être blasée ?

LE COMTE.

Horriblement, si ce que vous dites est vrai ; et cela semble si peu naturel, que le doute pourrait être permis.

LA MARQUISE.

Qu'est-ce que cela me fait que vous me croyiez ou non ?

LE COMTE.

Encore mieux. Est-ce bien possible? Quoi! à votre âge, vous méprisez l'amour? Les paroles d'un homme qui vous aime vous font l'effet d'un méchant roman? Ses regards, ses gestes, ses sentiments vous semblent une comédie? Vous vous piquez de dire vrai, et vous ne voyez que mensonge dans les autres? Mais d'où revenez-vous donc, marquise? Qu'est-ce qui vous a donné ces maximes-là?

LA MARQUISE.

Je reviens de loin, mon voisin.

LE COMTE.

Oui, de nourrice. Les femmes s'imaginent qu'elles savent toute chose au monde; elles ne savent rien du tout. Je vous le demande à vous-même, quelle expérience pouvez-vous avoir? Celle de ce voyageur qui, à l'auberge, avait vu une femme rousse, et qui écrivait sur son journal : « Les femmes sont rousses dans ce pays-ci. »

LA MARQUISE.

Je vous avais prié de mettre une bûche au feu.

LE COMTE, mettant la bûche.

Être prude, cela se conçoit; dire non, se boucher les oreilles, haïr l'amour, cela se peut; mais le nier, quelle plaisanterie! Vous découragez un pauvre diable en lui disant : Je sais ce que vous allez me dire. Mais n'est-il pas en droit de vous répondre : Oui, madame, vous le savez peut-être; et moi aussi, je sais ce qu'on

dit quand on aime, mais je l'oublie en vous parlant !
Rien n'est nouveau sous le soleil ; mais je dis à mon
tour : Qu'est-ce que cela prouve ?

LA MARQUISE.

A la bonne heure, au moins! vous parlez très bien ;
à peu de chose près, c'est comme un livre.

LE COMTE.

Oui, je parle, et je vous assure que, si vous êtes telle
qu'il vous plaît de le paraître, je vous plains très sincèrement.

LA MARQUISE.

A votre aise ; faites comme chez vous.

LE COMTE.

Il n'y a rien là qui puisse vous blesser. Si vous avez
le droit de nous attaquer, n'avons-nous pas raison de
nous défendre? Quand vous nous comparez à des auteurs sifflés, quel reproche croyez-vous nous faire? Eh!
mon Dieu! si l'amour est une comédie...

LA MARQUISE.

Le feu ne va pas ; la bûche est de travers.

LE COMTE, arrangeant le feu.

Si l'amour est une comédie, cette comédie, vieille
comme le monde, sifflée ou non, est, au bout du
compte, ce qu'on a encore trouvé de moins mauvais.
Les rôles sont rebattus, j'y consens ; mais, si la pièce
ne valait rien, tout l'univers ne la saurait pas par
cœur ; — et je me trompe en disant qu'elle est vieille.
Est-ce être vieux que d'être immortel?

LA MARQUISE.

Monsieur, voilà de la poésie.

LE COMTE.

Non, madame; mais ces fadaises, ces balivernes qui vous ennuient, ces compliments, ces déclarations, tout ce radotage, sont de très bonnes anciennes choses, convenues, si vous voulez, fatigantes, ridicules parfois, mais qui en accompagnent une autre, laquelle est toujours jeune.

LA MARQUISE.

Vous vous embrouillez; qu'est-ce qui est toujours vieux, et qu'est-ce qui est toujours jeune?

LE COMTE.

L'amour.

LA MARQUISE.

Monsieur, voilà de l'éloquence.

LE COMTE.

Non, madame; je veux dire ceci : que l'amour est immortellement jeune, et que les façons de l'exprimer sont et demeureront éternellement vieilles. Les formes usées, les redites, ces lambeaux de romans qui vous sortent du cœur on ne sait pas pourquoi, tout cet entourage, tout cet attirail, c'est un cortège de vieux chambellans, de vieux diplomates, de vieux ministres, c'est le caquet de l'antichambre d'un roi; tout cela passe, mais ce roi-là ne meurt pas. L'amour est mort, vive l'amour!

LA MARQUISE.

L'amour?

LE COMTE.

L'amour. Et quand même on ne ferait que s'imaginer...

LA MARQUISE.

Donnez-moi l'écran qui est là.

LE COMTE.

Celui-là?

LA MARQUISE.

Non, celui de taffetas; voilà votre feu qui m'aveugle.

LE COMTE, donnant l'écran à la marquise.

Quand même on ne ferait que s'imaginer qu'on aime, est-ce que ce n'est pas une chose charmante?

LA MARQUISE.

Mais je vous dis, c'est toujours la même chose.

LE COMTE.

Et toujours nouveau, comme dit la chanson. Que voulez-vous donc qu'on invente? Il faut apparemment qu'on vous aime en hébreu. Cette Vénus qui est là sur votre pendule, c'est aussi toujours la même chose; en est-elle moins belle, s'il vous plaît? Si vous ressemblez à votre grand'mère, est-ce que vous en êtes moins jolie?

LA MARQUISE.

Bon, voilà le refrain: jolie. Donnez-moi le coussin qui est près de vous.

LE COMTE, prenant le coussin et le tenant à la main.

Cette Vénus est faite pour être belle, pour être aimée et admirée, cela ne l'ennuie pas du tout. Si le beau corps trouvé à Milo a jamais eu un modèle vivant, assurément cette grande gaillarde a eu plus d'amoureux qu'il ne lui en fallait, et elle s'est laissé aimer comme une autre, comme sa cousine Astarté, comme Aspasie et Manon Lescaut.

LA MARQUISE.

Monsieur, voilà de la mythologie.

LE COMTE, tenant toujours le coussin.

Non, madame; mais je ne puis dire combien cette indifférence à la mode, cette froideur qui raille et dédaigne, cet air d'expérience qui réduit tout à rien, me font peine à voir à une jeune femme. Vous n'êtes pas la première chez qui je les rencontre; c'est une maladie qui court les salons. On se détourne, on bâille, comme vous en ce moment, on dit qu'on ne veut pas entendre parler d'amour. Alors, pourquoi mettez-vous de la dentelle? Qu'est-ce que ce pompon-là fait sur votre tête?

LA MARQUISE.

Et qu'est-ce que ce coussin fait dans votre main? Je vous l'avais demandé pour mettre sous mes pieds.

LE COMTE.

Eh bien! l'y voilà, et moi aussi; et je vous ferai une déclaration, bon gré, mal gré, vieille comme les rues, et bête comme une oie; car je suis furieux contre vous.

Il pose le coussin à terre devant la marquise, et se met à genoux dessus.

LA MARQUISE.

Voulez-vous me faire la grâce de vous ôter de là, s'il vous plaît?

LE COMTE.

Non; il faut d'abord que vous m'écoutiez.

LA MARQUISE.

Vous ne voulez pas vous lever?

LE COMTE.

Non, non, et non! comme vous le disiez tout à l'heure, à moins que vous ne consentiez à m'entendre.

LA MARQUISE.

J'ai bien l'honneur de vous saluer.

Elle se lève.

LE COMTE, toujours à genoux.

Marquise, au nom du ciel! cela est trop cruel. Vous me rendrez fou, vous me désespérez.

LA MARQUISE.

Cela vous passera au *Café de Paris*.

LE COMTE, de même.

Non, sur l'honneur, je parle du fond de l'âme. Je conviendrai, tant que vous voudrez, que j'étais entré ici sans dessein; je ne comptais que vous voir en passant, témoin cette porte que j'ai ouverte trois fois pour m'en aller. La conversation que nous venons d'avoir, vos railleries, votre froideur même, m'ont entraîné plus loin qu'il ne fallait peut-être; mais ce n'est pas d'aujourd'hui seulement, c'est du premier jour où je vous ai vue, que je vous aime, que je vous adore... Je n'exagère pas en m'exprimant ainsi;... oui, depuis plus d'un an, je vous adore, je ne songe...

LA MARQUISE.

Adieu.

La marquise sort et laisse la porte ouverte.

LE COMTE, *demeuré seul, reste un moment encore à genoux, puis il se lève et dit :*

C'est la vérité que cette porte est glaciale.

Il va pour sortir, et voit la marquise.

LE COMTE.

Ah ! marquise, vous vous moquez de moi.

LA MARQUISE, *appuyée sur la porte entr'ouverte.*

Vous voilà debout ?

LE COMTE.

Oui, et je m'en vais pour ne plus jamais vous revoir.

LA MARQUISE.

Venez ce soir au bal, je vous garde une valse.

LE COMTE.

Jamais, jamais je ne vous reverrai ! je suis au désespoir, je suis perdu.

LA MARQUISE.

Qu'avez-vous ?

LE COMTE.

Je suis perdu, je vous aime comme un enfant. Je vous jure sur ce qu'il y a de plus sacré au monde...

LA MARQUISE.

Adieu.

Elle veut sortir.

LE COMTE.

C'est moi qui sors, madame; restez, je vous en supplie. Ah ! je sens combien je vais souffrir !

LA MARQUISE, d'un ton sérieux.

Mais, enfin, monsieur, qu'est-ce que vous me voulez ?

LE COMTE.

Mais, madame, je veux,... je désirerais...

LA MARQUISE.

Quoi ? car enfin vous m'impatientez. Vous imaginez-vous que je vais être votre maîtresse, et hériter de vos chapeaux roses ? Je vous préviens qu'une pareille idée fait plus que me déplaire, elle me révolte.

LE COMTE.

Vous, marquise ! grand Dieu ! s'il était possible, ce serait ma vie entière que je mettrais à vos pieds; ce serait mon nom, mes biens, mon honneur même que je voudrais vous confier. Moi, vous confondre un seul instant, je ne dis pas seulement avec ces créatures dont vous ne parlez que pour me chagriner, mais avec aucune femme au monde ! L'avez-vous bien pu supposer? me croyez-vous si dépourvu de sens? mon étourderie ou ma déraison a-t-elle donc été si loin, que de vous faire douter de mon respect? Vous qui me disiez tantôt que vous aviez quelque plaisir à me voir, peut-être quelque amitié pour moi (n'est-il pas vrai, marquise?), pouvez-vous penser qu'un homme ainsi distingué par vous, que vous avez pu trouver digne d'une si précieuse, d'une si douce indulgence, ne saurait pas ce que vous valez? Suis-je donc aveugle ou insensé? Vous, ma maîtresse! non pas, mais ma femme!

LA MARQUISE.

Ah! — Eh bien! si vous m'aviez dit cela en arrivant, nous ne nous serions pas disputés. — Ainsi, vous voulez m'épouser?

LE COMTE.

Mais certainement, j'en meurs d'envie, je n'ai jamais osé vous le dire, mais je ne pense pas à autre chose depuis un an; je donnerais mon sang pour qu'il me fût permis d'avoir la plus légère espérance...

LA MARQUISE.

Attendez donc, vous êtes plus riche que moi.

LE COMTE.

Oh, mon Dieu! je ne crois pas, et qu'est-ce que cela vous fait? Je vous en supplie, ne parlons pas de ces choses-là! Votre sourire, en ce moment, me fait frémir d'espoir et de crainte. Un mot, par grâce! ma vie est dans vos mains.

LA MARQUISE.

Je vais vous dire deux proverbes : le premier, c'est qu'il n'y a rien de tel que de s'entendre. Par conséquent, nous causerons de ceci.

LE COMTE.

Ce que j'ai osé vous dire ne vous déplaît donc pas ?

LA MARQUISE.

Mais non. Voici mon second proverbe : c'est qu'il faut qu'une porte soit ouverte ou fermée. Or, voilà trois quarts d'heure que celle-ci, grâce à vous, n'est ni l'un ni l'autre, et cette chambre est parfaitement gelée. Par conséquent aussi, vous allez me donner le bras pour aller dîner chez ma mère. Après cela, vous irez chez Fossin.

LE COMTE.

Chez Fossin, madame ? pour quoi faire ?

LA MARQUISE.

Ma bague.

LE COMTE.

Ah ! c'est vrai, je n'y pensais plus. Eh bien ! votre bague, marquise ?

LA MARQUISE.

Marquise, dites-vous ? Eh bien ! à ma bague, il y a justement sur le chaton une petite couronne de marquise ; et comme cela peut servir de cachet... Dites donc, comte, qu'en pensez-vous ? il faudra peut-être ôter les fleurons ? Allons, je vais mettre un chapeau.

LE COMTE.

Vous me comblez de joie!... comment vous exprimer...

LA MARQUISE.

Mais fermez donc cette malheureuse porte! cette chambre ne sera plus habitable.

FIN DE IL FAUT QU'UNE PORTE SOIT OUVERTE OU FERMÉE.

Le succès imprévu du *Caprice* donna l'idée aux artistes de la Comédie-Française de chercher parmi les ouvrages d'Alfred de Musset quelque autre pièce du même genre. Madame Allan-Despréaux et M. Brindeau choisirent le proverbe : *Il faut qu'une porte soit ouverte ou fermée*, publiée par la *Revue des Deux Mondes* en 1845. Ce petit acte, joué sans aucun changement par les mêmes artistes que le *Caprice*, fut écouté avec le même plaisir. Depuis le 7 avril 1848, qu'on l'a représenté pour la première fois, il est resté au répertoire du Théâtre-Français.

LOUISON

COMÉDIE EN DEUX ACTES

1849

PERSONNAGES.	ACTEURS QUI ONT CRÉÉ LES RÔLES.
LE DUC.	MM. BRINDEAU.
BERTHAUD.	RÉGNIER.
LA MARÉCHALE.	Mme MÉLINGUE.
LA DUCHESSE.	Mlles JUDITH.
LISETTE.	ANAÏS.
VALETS, UNE FEMME.	

Costumes du temps de Louis XVI.

A MADEMOISELLE ANAÏS

RONDEAU

Que rien ne puisse en liberté
Passer sous le sacré portique
Sans être quelque peu heurté
Par les bornes de la critique,
C'est un axiome authentique.

Pourquoi tant de sévérité ?
Grétry disait avec gaîté :
« J'aime mieux un peu de musique
    Que rien. »

A ma Louison ce mot s'applique.
Sur le théâtre elle a jeté
Son petit bouquet poétique.
Pourvu que vous l'ayez porté,
Le reste est moins, en vérité,
    Que rien.

LOUISON

LOUISON

ACTE PREMIER

SCÈNE PREMIÈRE

LISETTE, seule.

Me voilà bien chanceuse; il n'en faut plus qu'autant.
Le sort est, quand il veut, bien impatientant.
Que les honnêtes gens se mettent à ma place,
Et qu'on me dise un peu ce qu'il faut que je fasse.
Voici tantôt vingt ans que je vivais chez nous;
Dieu m'a faite pour rire et pour planter des choux.
J'avais pour précepteur le curé du village;
J'appris ce qu'il savait, même un peu davantage.
Je vivais sur parole, et je trouvais moyen
D'avoir des amoureux sans qu'il m'en coûtât rien.
Mon père était fermier; j'étais sa ménagère.
Je courais la maison, toujours brave et légère,

Et j'aurais de grand cœur, pour obliger nos gens,
Mené les vaches paître ou les dindons aux champs.
Un beau jour on m'embarque, on me met dans un coche,
Un paquet sous le bras, dix écus dans ma poche,
On me promet fortune et la fleur des maris,
On m'expédie en poste, et je suis à Paris.
Aussitôt, de paniers largement affublée,
De taffetas vêtue et de poudre aveuglée,
On m'apprend que je suis gouvernante céans.
Gouvernante de quoi? monsieur n'a pas d'enfants.
Il en fera plus tard. — On meuble une chambrette;
On me dit : Désormais, tu t'appelles Lisette.
J'y consens, et mon rôle est de régner en paix
Sur trois filles de chambre et neuf ou dix laquais.
Jusque-là mon destin ne faisait pas grand'peine.
La maréchale m'aime; au fait, c'est ma marraine.
Sa bru, notre duchesse, a l'air fort innocent.
Mais monseigneur le duc alors était absent;
Où? je ne sais pas trop, à la noce, à la guerre.
Enfin, ces jours derniers, comme on n'y pensait guère,
Il écrit qu'il revient, il arrive, et, ma foi,
Tout juste, en arrivant, tombe amoureux de moi.
Je vous demande un peu quelle étrange folie!
Sa femme est sage et douce autant qu'elle est jolie.
Elle l'aime, Dieu sait! et ce libertin-là
Ne peut pas bonnement s'en tenir à cela;
Il m'écrit des poulets, me conte des fredaines,
Me donne des rubans, des nœuds et des mitaines;

Puis enfin, plus hardi, pas plus tard qu'à présent,
Du brillant que voici veut me faire présent.
Un diamant, à moi! la chose est assez claire.
Hors de l'argent comptant, que diantre en puis-je faire?
Je ne suis pas duchesse, et ne puis le porter.
Ainsi, tout simplement, monsieur veut m'acheter.
Voyons, me fâcherai-je? — Il n'est pas très commode
De les heurter de front, ces tyrans à la mode,
Et la prison est là, pour un oui, pour un non,
Quand sur un talon rouge on glisse à Trianon.
Faut-il être sincère et tout dire à madame?
C'est lui mettre, d'un mot, bien du chagrin dans l'âme,
Troubler une maison, peut-être pour toujours,
Et pour un pur caprice en chasser les amours.
Vaut-il pas mieux agir en personne discrète,
Et garder dans le cœur cette injure secrète?
Oui, c'est le plus prudent. — Ah! que j'ai de souci!
Ce brillant est gentil... et monseigneur aussi.
Je vais lui renvoyer sa bague à l'instant même,
Ici, dans ce papier. — Ma foi, tant pis s'il m'aime!

SCÈNE II

LISETTE, LE DUC.

LE DUC, à part.

Personne encore ici? — L'on va souper, je croi.
C'est Lisette. — Elle écrit. — Bon! c'est sans doute à moi.

Les femmes ont vraiment un instinct que j'admire,
D'écrire bravement ce qu'elles n'osent dire.
Tu te défends, ma belle? Oh! j'en triompherai!
J'en ai fait la gageure, et je la gagnerai.

    Haut.

Le souper est-il prêt? Bonsoir, belle Lisette.

    LISETTE, *se levant.*

Monseigneur...

    LE DUC.

Qu'as-tu donc? Tu sembles inquiète,
Troublée, oui, sur l'honneur. Qu'est-ce? quoi? tu rêvais?
Et que faisais-tu là?

    LISETTE.

Monseigneur, j'écrivais.

    LE DUC.

A qui donc, par hasard? à quelque amant, petite?

    LISETTE.

A vous-même; tenez.

    Elle lui donne la lettre et veut sortir.

    LE DUC.

Et tu t'en vas si vite?
Non, parbleu! Reste là. Que veut dire ceci?
Que vois-je? Mon anneau que tu me rends ainsi?

    Il lit.

« Monseigneur, vous me dites que vous m'aimez... »

Oui, certes, je le dis, le fait est véritable.

Penses-tu que je trompe, et m'en crois-tu capable ?
Il lit.

« Vous me dites que vous m'aimez, mais cela est bien difficile à croire, car, pour aimer une personne, il faut, j'imagine, commencer par la connaître, et toute servante que je suis... »

Servante ! que dis-tu ? Fi donc ! tu ne l'es point.
Servante ! ce mot-là me choque au dernier point.
Il lit.

« Toute servante que je suis, vous me connaissez assurément bien peu si vous me croyez intéressée, et si vous avez pensé, monseigneur, qu'on pouvait payer un amour qui refuse de se donner. »

Qu'est-ce à dire, payer ? Moi, te payer, ma belle ?
Quoi ! pour un simple anneau, pour une bagatelle,
Pour un hochet d'enfant qui plaît à voir briller,
Tu me crois assez sot pour vouloir te payer ?
Si tel était mon but, si j'osais l'entreprendre,
Si l'amour de Lisette était jamais à vendre,
Pour payer dignement de semblables appas,
Mes biens y passeraient et n'y suffiraient pas.
Est-ce donc une offense à la personne aimée,
Et s'en doit-elle au fond croire moins estimée,
Si l'on veut la parer, sans pouvoir l'embellir,
D'un pauvre diamant que ses yeux font pâlir ?
Comment ! mettre une bague aux plus beaux doigts du monde
Il lui remet la bague au doigt.

Poser quelques bijoux sur cette épaule ronde,
Sur ce cœur qui palpite un céladon changeant,
Serrer ce petit pied dans un réseau d'argent,
Entourer la beauté, dans sa fleur et sa grâce,
Des prestiges de l'art qu'elle égale et surpasse,
Ce serait donc, ma chère, un grand crime à tes yeux?
Payer! efface donc; ce mot est odieux.
Oublions ce billet, n'y songeons plus, Lisette.
On paie un intendant, un rustre, une grisette;
Mais, dans ce monde-ci, je ne sais pas encor
Qu'on se soit avisé de payer un trésor,
Et ton cœur est sans prix, quand tu serais moins belle.

LISETTE.

Mais, monseigneur, pourtant...

LE DUC.

      Fi! tu fais la cruelle.
On ouvre la porte du fond.

Deux mots : — on va souper; les gens ouvrent déjà.
Écoute : — nous allons au bal de l'Opéra;
Mais je reviendrai seul, et grâce à la cohue,
A peine entré, je sors et regagne la rue.
Tu seras seule aussi, mes laquais ne voient rien;
Accorde-moi, de grâce, un moment d'entretien,
Un seul instant, pour moi, Lisette, et pour toi-même.
Ce n'est pas un amant, c'est un ami qui t'aime,
Songes-y.

LISETTE.

Mais vraiment...

LE DUC.

     Je comprends ton souci.
Je voudrais de grand cœur te voir ailleurs qu'ici,
Et, dans quelque retraite aux bavards inconnue,
Tu me rendrais bien mieux ma liberté perdue.
Ce n'est assurément mon goût ni ma façon
De donner au plaisir cet air de trahison.
Mais, dans ce triste hôtel toujours emprisonnée,
Tu n'en saurais sortir sans être soupçonnée.
Chez moi, seuls, en secret, nous trompons tous les yeux.
A quatre pas d'ici nous serions odieux.
Telle est la loi du monde; il en faut être esclave.
Facile à qui s'en rit, sévère à qui le brave,
Débonnaire et terrible, il ne compte pour rien
Qu'on se moque de lui, si l'on s'en moque bien.
Tout s'excuse ici-bas, hormis la maladresse.
Bonsoir, Louison.

SCÈNE III

LISETTE, seule.

    Bonsoir! Quelle étrange faiblesse!
Il me trompe, il me raille, il ment comme un païen;
Comment arrive-t-il que je ne dise rien?
Nous serons seuls, dit-il. Que c'est d'une belle âme
D'aller chez le voisin pour y laisser sa femme,
Et revenir gaîment sur la pointe du pié,

Sitôt que dans la foule il se croit oublié!
Ah! quand j'étais Louison avant d'être Lisette,
Au lieu d'un pouf en l'air quand j'avais ma cornette,
Si j'avais rencontré ces diseurs de grands mots,
Je leur aurais au nez jeté mes deux sabots.
— Mais avec tout cela, je n'ai su que répondre.
Que faire s'il revient? Le laisser se morfondre?
M'enfermer dans ma chambre et sous deux bons verrous..
Ouais! il faut y songer; monseigneur n'est pas doux.
Avec ses airs badins et sa cajolerie,
Je ne sais trop comment il prend la raillerie.
Ne faut-il pas plutôt l'attendre bravement,
Lui donner mes raisons, l'écouter un moment?
N'est-il donc pas possible?... Ah! Louison, malheureuse!
Est-ce qu'un grand seigneur va te rendre amoureuse?
Est-ce que?... Qui vient là?

SCÈNE IV

LISETTE, BERTHAUD.

BERTHAUD.

C'est moi.

LISETTE.

Qui, toi?

BERTHAUD.

Berthaud.

ACTE I, SCÈNE IV.

LISETTE.

Berthaud? Que nous veux-tu?

BERTHAUD.

Moi? Rien.

LISETTE.

Tu n'es qu'un sot.
On n'entre pas ainsi que l'on ne vous appelle.

BERTHAUD.

Oh! mam'selle Louison, comme vous êtes belle!
Comme vous voilà propre et de bonne façon!

LISETTE.

Que dis-tu donc, l'ami? — Je connais ce garçon.

BERTHAUD.

Quels beaux tire-bouchons vous avez aux oreilles!
Quelle robe! on dirait d'une ruche d'abeilles.

LISETTE.

Tu te nommes, dis-tu?

BERTHAUD.

Berthaud. Quel gros chignon!
Et ces souliers tout blancs, ça doit vous coûter bon;
Pas moins, vous devez bien être un brin empêtrée.

LISETTE.

M'as-tu de pied en cap assez considérée?
Hé! mais, c'est toi, Lucas!

BERTHAUD.

Vous me reconnaissez?

LISETTE.

Oui certe; et d'où viens-tu?

BERTHAUD.

Par ma foi, je ne sais.

LISETTE.

Bon!

BERTHAUD.

Pour venir ici, j'ai pris par tant de rues,
J'en ai l'esprit tout bête et les jambes fourbues.

LISETTE.

Assieds-toi.

BERTHAUD.

Que non pas! je suis bien trop courtois.
Quand j'ai mon habit neuf, jamais je ne m'assois.

LISETTE.

Fort bien, cela pourrait gâter ta broderie.
Tu n'es donc plus berger dans notre métairie?
Mais tu viens du pays? Comment va-t-on chez nous?

BERTHAUD.

Je n'en sais rien non plus; moi, j'ai fait comme vous.
Oh! je ne garde plus les vaches! — Au contraire,
C'est Jean qui les conduit, et Suzon les va traire.
Oh! ce n'est plus du tout comme de votre temps.
C'est la grande Nanon qui fait de l'herbe aux champs.
Pierrot est sacristain, et Thomas fait la guerre;
Catherine est nourrice, et Nicole...

LISETTE.

Et mon père?

BERTHAUD.

Votre père, pardine! il ne lui manque rien.

On est sûr, celui-là, qu'il mange et qu'il dort bien.
Ceux qui vivent chez lui n'ont pas la claveléc.

LISETTE.

Mais, toi, par quel hasard as-tu pris ta volée?

BERTHAUD.

Voyez-vous, quand j'ai vu que vous étiez ici,
Et que votre départ vous avait réussi,
Je me suis dit : Paris, ça n'est pas dans la lune.
J'avais comme un instinct de faire ma fortune,
Et puis je m'ennuyais avec mes animaux;
Et puis je vous aimais, pour tout dire en trois mots.

LISETTE.

Toi, Lucas?

BERTHAUD.

Moi, Lucas. En êtes-vous fâchée?
Un chien regarde bien...

LISETTE.

Non, non, j'en suis touchée.
Tu te nommes Berthaud? d'où te vient ce nom-là?

BERTHAUD.

C'est mon nom de famille; à Paris, il faut ça.
Quand on va dans le monde...

LISETTE.

Et tu vis bien, j'espère?

BERTHAUD.

Vingt-six livres par mois, et presque rien à faire.
Quand on a de l'esprit, l'emploi ne manque pas.

LISETTE.

Sans doute ; et ton chemin s'est donc fait à grands pas ?

BERTHAUD.

Je crois bien, je suis clerc.

LISETTE.

Ah ! ah ! chez un notaire ?

BERTHAUD.

Non.

LISETTE.

Chez un procureur ?

BERTHAUD.

Chez un apothicaire.

LISETTE.

Peste ! voilà de quoi mettre en jeu tes talents.
Eh bien ! monsieur Berthaud, que voulez-vous céans ?

BERTHAUD.

Ah ! dame ! en arrivant, j'avais bien une idée ;
J'ai l'imaginative un tant soit peu bridée :
Je ne m'attendais pas à tous vos affiquets.
Jarni ! vos jupons courts étaient bien plus coquets ;
Vous étiez bien plus leste, et bien plus féminine.
On ne vous voit plus rien, qu'un peu dans la poitrine.
Pourtant, malgré vos nœuds et vos mignons souliers,
Je vous épouserais encor, si vous vouliez.

LISETTE.

Toi ?

BERTHAUD.

Mon père est fermier, pas si gros que le vôtre;
Mais enfin, dans ce monde, on vit l'un portant l'autre.

LISETTE.

Tu crois donc que ma main serait digne de toi?

BERTHAUD.

Dame! si vous vouliez, il ne tiendrait qu'à moi.
Écoutez, puisqu'enfin la parole est lâchée,
Et puisqu'à votre avis vous n'êtes point fâchée.
Vous êtes bien gentille, on le sait, on voit clair;
Mais, moi, je ne suis pas si laid que j'en ai l'air.
Si la grosse Margot n'était point tant fautive,
J'en aurais vu le tour, oui, sans crier qui vive,
Et dans la rue aux Ours, où je loge à présent,
On ne remarque pas que je sois déplaisant.
Je sais signer moi-même, et je lis dans des livres.
Je viens de vous conter que j'avais vingt-six livres,
Mais il est des secrets qu'on peut vous confier;
Mon maître, au jour de l'an, va me gratifier.
C'est déjà quelque chose. A présent, autre idée :
Ma tante Labalue est presque décédée.
Elle a dans ses tiroirs, qu'il soit dit entre nous,
Pour plus de cent écus en joyaux et bijoux.
On ne sait pas les grains qu'elle amassait chez elle,
Ni les hardes qu'elle a sans compter sa vaisselle.
Elle a mis trois quarts d'heure à faire un testament,
Et j'hérite de tout universellement.
Ça commence à sourire. Encore une autre histoire :

Thomas donc est soldat, embarqué pour la gloire.
Moi, j'aurais à sa place épousé Jeanneton;
Mais il ne lui faudrait qu'un coup de mousqueton.
C'est mon cousin germain; que le ciel le protège !
Ce métier-là, toujours, n'est pas blanc comme neige.
Vous voyez que je suis un assez bon parti;
Nous pourrions faire un couple un peu bien assorti.
Contre la pharmacie avez-vous à reprendre?
On n'est point obligé d'y goûter pour en vendre.
Mon pourparler vous semble un peu risible et sot;
Vous avez l'esprit riche et vous visez de haut.
Mais, voyez-vous, le tout est d'être ou de paraître.
Vous portez du clinquant, mais c'est à votre maître.
Que l'on vous remercie, il ne vous reste rien;
Moi je n'ai qu'un habit, d'accord, mais c'est le mien.
J'ai lu dans les écrits de monsieur de Voltaire
Que les mortels entre eux sont égaux sur la terre.
Sur ce proverbe-là j'ai beaucoup médité,
Et j'ai vu de mes yeux que c'est la vérité.
Il ne faut mépriser personne dans la vie,
Car tout le monde peut mettre à la loterie.
Ce grand homme l'a dit, c'est son opinion,
Et c'est pourquoi, jarni ! j'ai de l'ambition.

LISETTE.

Je t'écoute, Lucas; ta rhétorique est forte.
Changeras-tu d'avis ?

BERTHAUD.

Non, le diable m'emporte.

ACTE I, SCÈNE IV.

LISETTE.

Eh bien! reste à l'hôtel, et ne t'éloigne pas.
Observe monseigneur, et suis bien tous ses pas.

BERTHAUD.

Oui.

LISETTE.

Si tu le vois seul, mets-toi sur son passage.

BERTHAUD.

Bien!

LISETTE.

Dis-lui tes projets pour notre mariage!

BERTHAUD.

Bon!

LISETTE.

Dis-lui que c'est moi qui le prie instamment
D'y prêter sa faveur et son consentement.

BERTHAUD.

Mais vous consentez donc?

LISETTE.

Sans doute. — Le temps presse;
Va-t'en.

BERTHAUD.

Vous consentez?

LISETTE.

On vient, c'est la duchesse.
Dépêche, — hors d'ici.

BERTHAUD.

Vous consentez, Louison !

LISETTE.

Va, ne bavarde pas surtout dans la maison.

SCÈNE V

LA MARÉCHALE, LE DUC, LA DUCHESSE, LISETTE, dans le fond.

LE DUC.

Vous ne venez donc pas à l'Opéra, ma chère ?

LA DUCHESSE.

Non, monsieur, pas ce soir.

LE DUC.

Pourquoi pas ?

LA DUCHESSE.

Pour quoi faire ?

LE DUC.

C'est une fête où va tout ce qui touche au roi.

LA DUCHESSE.

Une fête ? pour qui ?

LE DUC.

Pour nous.

LA DUCHESSE.

Non pas pour moi.

ACTE I, SCÈNE V.

LA MARÉCHALE.

Vos querelles, mon fils, me font mourir de rire.
A Lisette, qui veut sortir.
Lisette, demeurez; j'ai deux mots à vous dire.

LE DUC.

Riez, si vous voulez, madame, à vous permis;
Vous ne me ferez pas du tout changer d'avis.
Non, je ne conçois pas, sur quoi que l'on se fonde,
Cette obstination à s'exiler du monde,
Cette rage de vivre au fond d'un vieil hôtel,
De bouder le plaisir comme un péché mortel,
Et de rester à coudre une tapisserie,
Quand tout Paris se masque, et quand je vous en prie.

LA DUCHESSE.

Je ne veux rien qui soit contre votre désir;
Monsieur, je suis souffrante, et je ne puis sortir.

LE DUC.

Bon! souffrante, c'est là votre excuse ordinaire.

LA MARÉCHALE.

Mais s'il est vrai, mon fils...

LE DUC.

     Il n'en est rien, ma mère.
Souffrante! voilà bien le grand mot féminin.
Mais l'étiez-vous hier? le serez-vous demain?
Non, vous l'êtes ce soir, et qu'avez-vous, de grâce?
Un mal qui vous arrive aussi vite qu'il passe,
Des vapeurs, sûrement. La belle invention!

LA DUCHESSE.

L'exigez-vous, monsieur? J'obéis.

LE DUC.

Mon Dieu, non.
Exiger! — Obéir! — Le bon Dieu vous bénisse!
Dirait-on pas vraiment qu'on vous traîne au supplice?

LA MARÉCHALE, au duc.

Ne la chagrinez pas. — Pour l'égayer un peu,
Nous ferons un piquet ce soir au coin du feu.

LA DUCHESSE.

Permettez-vous, monsieur?

LE DUC.

Certainement.

A part.

J'enrage.
Voilà mes projets morts. — Quel ennui! Quel dommage!
Lisette, j'en suis sûr, en a le cœur navré;
Mais, avant de sortir, je la retrouverai.
Le diable est donc logé dans la tête des femmes!

Haut.

Allons! j'irai donc seul. — A votre jeu, mesdames.
Holà! Jasmin! Lafleur! Des cartes, des flambeaux!
Vite! — Je vous souhaite un millier de capots,
De pics et de repics, et de quintes majeures.
Combien un si beau jeu doit abréger les heures!

LA MARÉCHALE.

Un bon piquet, mon fils, n'est point à dédaigner;
Le roi l'aime.

LE DUC.
Le roi... ferait mieux de régner.
LA DUCHESSE.
On joue aussi, monsieur, quelquefois chez la reine.
LE DUC.
Jouez donc. Mais, morbleu! ce n'est guère la peine
D'avoir un nom, du bien, de l'esprit et vingt ans,
Et ce visage-là, pour perdre ainsi son temps.
Vraiment la patience en devient malaisée.
Pourquoi donc, s'il vous plaît, vous avoir épousée?
Pourquoi donc êtes-vous jeune et faite à ravir?
A quoi bon tout cela, pour ne pas s'en servir?
Que faites-vous d'avoir cent mille écus de rente,
Et, comme Trissotin, un carrosse amarante,
Et quatre grands chevaux qui se meurent d'ennui,
Pour vivre hier, demain, toujours, comme aujourd'hui?
A quoi bon, dites-moi, cette taille élégante,
Cet air et ce regard?... car vous seriez charmante!
Je suis votre mari, mais, quand c'est arrivé,
J'avais sur votre compte étrangement rêvé;
Oui, ne vous en déplaise, et je vous le confesse.
Le feu roi dans sa cour montrait bien sa maîtresse,
Et de ses courtisans un murmure flatteur
Parfois, n'en doutez pas, lui fit plaisir au cœur.
Moi, duc, et votre époux, n'ai-je donc pu me croire,
En vous montrant aussi, le droit d'en tirer gloire?
Quand de m'appartenir vous m'avez fait l'honneur,
Ne puis-je donc avoir l'orgueil de mon bonheur?

Vous étiez belle et noble, et je vous tiens pour telle.
A quoi sert d'être noble, à quoi sert d'être belle,
Si vous ne savez pas marcher avec fierté
Et dans cette noblesse et dans cette beauté ?
Si vous ne savez pas monter dans votre chaise,
Dans un panier doré vous étendre à votre aise,
Et, lorsque devant vous l'huissier crie un grand nom,
Le bonnet sur l'oreille entrer à Trianon ?
Ma foi, je vous croyais d'un autre caractère ;
Je croyais sans déchoir, qu'on pouvait daigner plaire ;
Je vous jugeais moins sage, et ne m'attendais pas
Qu'en me donnant la main vous compteriez vos pas.
Je m'en vais me vêtir ; adieu.

A sa mère.

Bonsoir, madame.

SCÈNE VI

LA MARÉCHALE, LA DUCHESSE, LISETTE.

LA MARÉCHALE.

Lucile, vous souffrez ?

LA DUCHESSE.

Jusques au fond de l'âme.

LA MARÉCHALE.

Qu'avez-vous, dites-moi ?

LA DUCHESSE.

Je suis triste à mourir.

LA MARÉCHALE.

On vous tourmente un peu.

LA DUCHESSE.

Je devrais obéir.
Je devrais, — pardonnez, — je ne sais pas moi-même.

LA MARÉCHALE.

Lisette, laissez-nous.

LISETTE, en sortant.

Mon Dieu, comme elle l'aime !

SCÈNE VII

LA MARÉCHALE, LA DUCHESSE.

LA MARÉCHALE.

Quoi ! vous prenez au grave un propos si léger ?
Faites-vous un chagrin d'un ennui passager ?

LA DUCHESSE.

Madame, il a raison. — J'ai tort, je suis coupable...
Je devrais obéir,... et j'en suis incapable.
Tout ce qu'il dit est vrai ; la faute en est à moi.
Je le blesse, le fâche, et je ne sais pourquoi.

LA MARÉCHALE.

Vous sentez, dites-vous, qu'il faut qu'on obéisse,
Et vous ne savez pas d'où vous vient un caprice ?

LA DUCHESSE.

Non ; lorsque mon cœur parle, il raisonne bien mal.
Je ne sais quel effroi, quel sentiment fatal,

Né de ce triste cœur ou dans ma pauvre tête,
Près de lui par moments me saisit et m'arrête.
Je voudrais lui complaire et sortir avec lui,
Songer à ma parure, oublier mon ennui,
Puisqu'il le veut, enfin, essayer d'être belle,
Et tout cela me cause une frayeur mortelle.
Je sens trembler ma main quand je lui prends le bras...
Quelqu'un est entre nous, que je ne connais pas.

LA MARÉCHALE.

Ma belle, y songez-vous? quelle est votre pensée?
Parlez-vous, à votre âge, en femme délaissée?
Avez-vous un reproche à faire à votre époux?
Qu'est-ce donc?

LA DUCHESSE.

   Je ne sais.

LA MARÉCHALE.

      Quelqu'un est entre vous?
Une femme, à coup sûr; vous est-elle connue?
Parlez.

LA DUCHESSE.

Je n'en sais rien, mais j'en suis convaincue.

LA MARÉCHALE.

Ainsi, pour quatre mots, vous vous désespérez,
Et ce qui vous chagrine, au fond, vous l'ignorez.
Dirait-on pas vraiment, à voir votre tristesse,
Qu'un grand secret bien noir vous trouble et vous oppresse?
Et c'est un bal manqué qui produit tout cela!
J'en avais, à vingt ans, de ces gros chagrins-là.

Ne vous en plaignez pas ! Vos pleurs me font envie.
Quand vous saurez un jour ce que c'est que la vie,
Ces pleurs, si doucement et sitôt répandus,
Vous les regretterez, et n'en verserez plus.

LA DUCHESSE.

Oui, si cela vous plaît, vous en pouvez sourire ;
Mais en sont-ils moins vrais, madame, et peut-on dire,
Quand la souffrance est là, qu'on souffre sans raison ?

LA MARÉCHALE.

Tout aveu d'une peine aide à sa guérison.
Laissez-vous être vraie, et sachons ce mystère.

LA DUCHESSE.

Je n'ai point de secret. Que puis-je dire ou taire ?

LA MARÉCHALE.

Bah ! quand ce ne serait qu'un caprice d'enfant,
Est-ce que près de moi votre cœur se défend ?
Qui vous fait hésiter et manquer de courage ?
Est-ce la défiance ? est-ce mon rang, mon âge ?
Est-ce mon amitié dont vous vous éloignez ?
Est-ce la maréchale ou moi que vous craignez ?
De grâce, allons.

LA DUCHESSE.

        Je sais combien vous êtes bonne,
Mais je ne puis parler.

LA MARÉCHALE.

        Alors, je vous l'ordonne.
Votre mère, Lucile, à son dernier soupir,
Vous a léguée à moi. — Vous devez obéir.

LA DUCHESSE.

J'obéirai toujours, et de toute mon âme ;
Mais, encore une fois, je ne sais rien, madame,
Si ce n'est ma souffrance, et mon amour pour lui.

LA MARÉCHALE.

S'il est vrai, mon enfant...

A Lisette qui entre.

Qui vous amène ici ?

SCÈNE VIII

LISETTE, LA MARÉCHALE, LA DUCHESSE.

LISETTE, à la duchesse.

Votre marchande est là, madame ; on m'a chargée...

LA DUCHESSE.

Pas ce soir, — qu'on revienne.

LA MARÉCHALE.

Allons, chère affligée,
Qu'est-ce qui vous arrive ? une robe de bal ?
Eh bien ! essayez-la ; — ce n'est pas un grand mal.
Tantôt, s'il m'en souvient, vous l'aviez demandée.
Rien qu'en changeant de robe on peut changer d'idée.
— Comme vous pâlissez ! Qu'avez-vous, mon enfant ?

LA DUCHESSE.

Oui,... cette femme-là ;... sa vue,... en ce moment...

LA MARÉCHALE.

Mais cette femme-là, ma belle, c'est Lisette.

Entrons chez vous. — Venez faire un peu de toilette.
Plaisons d'abord, petite, et le reste est à nous.
Allons, courage, allons.

    LA DUCHESSE.

       Je m'abandonne à vous.
Devant votre bonté ma volonté s'incline :
Vous m'avez rappelé que j'étais orpheline.
Je vous dirai mes maux, mes craintes, mon tourment,
Tout, et vous comprendrez, madame, assurément,
Qu'un pauvre cœur blessé, cherchant qui le soutienne,
Ait besoin d'une mère, ayant perdu la sienne.

FIN DE L'ACTE PREMIER.

ACTE DEUXIÈME

SCÈNE PREMIÈRE

BERTHAUD, seul.

Comme ces grands seigneurs sont longs à s'habiller !
Le monde est si lambin que ça m'en fait bâiller.
Louison m'a dit d'attendre et de guetter son maître,
Pour lui glisser mon mot sitôt qu'il va paraître.
Je suis depuis tantôt caché dans le grenier.
Il lui faut plus de temps, rien que pour un soulier,
Qu'à moi pour ma perruque. On le peigne, on le frise ;
Ses bas sur ses talons, sa veste à moitié mise,
Un coiffeur par derrière, un tailleur par devant,
Une houppe à la main, il se mire en rêvant.
Et du blanc, et du rouge, et du musc, et de l'ambre,
Des tourbillons de poudre à ravager la chambre ;
Pouah ! — s'il faut pour un duc faire ce métier-là,
Autant vaut être femme, ou danseur d'Opéra.
Je voudrais bien savoir ce que dirait mon père
Si je m'enfarinais d'une telle manière,
Lui qui savait si bien me pousser par le dos

Lorsque je m'attardais derrière nos troupeaux.
Ce n'est pas moi, du moins, avec mon humeur leste,
Qu'on verrait perdre une heure à boutonner ma veste.
Être vif et gaillard fut toujours ma vertu ;
Il me semble pourtant que je suis bien vêtu.
Voyons ; j'avais tantôt préparé ma harangue.
Il ne faut point ici s'entortiller la langue.
Que vais-je dire au duc ? — Je dirai : Monseigneur…
Oui, monseigneur, d'abord ; c'est juste et c'est flatteur.
Or, mam'selle Louison… Non, je dirai : Lisette.
C'est son nom de gala ; respectons l'étiquette.
Lisette donc et moi, nous sommes résolus…
Non,… nous sommes enclins… Ce n'est pas ça non plus.
Reprenons : Monseigneur… C'est vexant quand j'y pense ;
Tantôt, dans le grenier, j'étais plein d'éloquence.
Et dire qu'un bon mot peut tout enjoliver !
Oui-da, j'ai vu la chose au théâtre arriver.
Si je me rappelais, dans quelque comédie,
Une attitude heureuse, une phrase arrondie ?
— Monseigneur, si les dieux,… si le ciel,… les enfers…
J'y suis. — Si les héros qui purgeaient l'univers…
Est-ce bien ces gens-là qu'il convient que j'invoque ?
Non, pour un pharmacien, ça prête à l'équivoque.
— Monseigneur, si les rois, si les ducs ont aimé…
Je ne trouverai rien, je suis trop enrhumé.

On entend une sonnette.

On a sonné là-bas. — C'est Louison qu'on appelle.

SCÈNE II

BERTHAUD, LISETTE, portant une robe sur le bras.

LISETTE.

Que fais-tu là, Lucas?

BERTHAUD.

Hé! je fais sentinelle.
Ne m'avez-vous pas dit de rester aux aguets?

LISETTE.

Oui, mais tu trouveras quelque honnête laquais
Qui, très discrètement, va te mettre à la porte.

BERTHAUD.

Ouais! — qu'est-ce que cela?

LISETTE.

Des hardes que j'apporte.

BERTHAUD.

Encor des ornements! des objets féminins?
Mais vous en avez donc ici des magasins?

LISETTE.

On vient de ce côté; c'est monseigneur sans doute.

BERTHAUD.

Bon, je vais lui parler.

LISETTE.

Oui, pourvu qu'il t'écoute.

BERTHAUD.

Oh! j'ai dans le grenier préparé mon discours.

ACTE II, SCÈNE III.

LISETTE.

...ge que les meilleurs sont toujours les plus courts.

BERTHAUD.

...mien est admirable, et j'en fais mon affaire.
...st vrai qu'à présent je ne m'en souviens guère.

LISETTE.

...te quitte, on m'attend ; mais je vais revenir.

SCÈNE III

LE DUC, LISETTE, BERTHAUD.

LE DUC, habillé.

...bien ! Lisette, eh bien ! mon aspect te fait fuir ?
...is-je à ton gré, dis-moi ?

Il se mire dans une glace.

LISETTE.

Toujours.

LE DUC.

Quel est cet homme ?

BERTHAUD, saluant à plusieurs reprises.

...onseigneur,... monseigneur,... c'est Berthaud qu'on me nomm...
...suis venu...

LE DUC.

Va-t'en.

BERTHAUD.

Monseigneur, je...

LE DUC.

Va-t'en.

BERTHAUD.

Monseigneur...
Il se retire en saluant.

SCÈNE IV

LE DUC, LISETTE.

LE DUC.

Toi, viens çà.

LISETTE.

Ma maîtresse m'attend.

LE DUC.

Eh ! qu'elle attende ! Elle a ses femmes, je suppose.
Elle boude ce soir, mais, pour si peu de chose,
Crois-tu du rendez-vous l'espoir abandonné ?

LISETTE.

Monseigneur, c'est vous seul qui vous l'étiez donné.

LE DUC.

Je te le donne encor.

LISETTE.

Permettez...

LE DUC.

Point d'affaire.
Écoute ; la duchesse est là, près de ma mère ;
Sur mon compte, sans doute, on jase en ce moment :

Vas-y. — Je sortirai par cet appartement.
Je serai rêveur, sombre, et d'une humeur atroce;
Mais, dès qu'on entendra le bruit de mon carrosse,
Compte qu'après avoir dûment délibéré,
Dit quelque mal de moi, peut-être un peu pleuré,
La duchesse pourra changer de fantaisie.
Ses caprices ne sont qu'un peu de jalousie.
Elle prétend, au vrai, détester l'Opéra;
Elle n'y viendrait pas, mais elle m'y suivra.

LISETTE.

De grâce, écoutez-moi.

LE DUC.

J'y gagerais ma tête!
Déjà dans ce dessein sans doute elle s'apprête.
Sois sûre qu'elle va demander ses chevaux,
Choisir le plus coquet parmi ses dominos,
Et, les yeux aveuglés sous un capuchon rose,
D'un petit mal bien clair chercher bien loin la cause.
Puisse-t-elle à ce bal trouver beaucoup d'appas!
Quant à moi, tu sais bien que je n'y reste pas.
Tu sais que je reviens. — Ainsi tu vois, ma belle,
Que lever tout obstacle est une bagatelle.
Je vais faire, au hasard, une visite ou deux,
Perdre quelques louis, peut-être, à leurs sots jeux,
Dépenser ma soirée à parler sans rien dire;
Le jour est aux ennuis, et le reste à Zaïre.

On sonne.

On t'appelle. — Au revoir.

SCÈNE V

BERTHAUD, seul.

Quelle horreur ! J'ai tout vu.
C'est dit, je suis berné, — je suis presque... O vertu !
Aurait-on supposé tant de scélératesse ?
Le duc parle assez clair, — Louison est sa maîtresse.
Je ne l'ai pas rêvé ; — j'en suis sûr, — j'étais là ;
Traîtresse ! Épousez donc des tendrons comme ça !
Cassez-vous donc la tête à chercher, pour lui plaire,
Des mots mieux compilés que dans une grammaire,
Pour trouver que l'objet de tous vos sentiments,
Même avant qu'on l'épouse, a déjà des amants !
Et tu crois que je vais, comme un mari crédule,
Avaler bonnement ta malsaine pilule ?
Nenni, ma belle enfant, tu ne m'y prendras pas.
Je verrai la duchesse, et j'y vais de ce pas.
J'irai, je lui dirai... — Voyons, que lui dirai-je ?
Madame, si jamais... — Non, il faut que j'abrège.
Madame... — O ciel ! je sens mon sang-froid s'altérer.
En l'état où je suis, je crains de m'égarer ;
Je vais aller plutôt trouver la maréchale.
La voici justement qui traverse la salle ;
Je vais tout dévoiler. — Allons ! ferme ! du cœur !

SCÈNE VI

LA MARÉCHALE, BERTHAUD.

BERTHAUD.

Madame...

LA MARÉCHALE.

Que veut-on ?

BERTHAUD.

Madame, j'ai l'honneur...

LA MARÉCHALE.

Que voulez-vous, l'ami ?

BERTHAUD.

Madame, je me nomme...

LA MARÉCHALE.

Hé bien! qu'est-ce ?

BERTHAUD.

Berthaud.

LA MARÉCHALE.

Retirez-vous, brave homme.

BERTHAUD.

Madame, je venais...

LA MARÉCHALE.

Laissez-moi.

BERTHAUD, à part.

Grand merci!

Il paraît que l'on a l'oreille dure ici.

Haut.

S'il se pouvait pourtant, madame...

LA MARÉCHALE.

Allez, vous dis-je.

BERTHAUD, saluant.

Je sors.

A part.

En vérité, cela tient du prodige.
Oh! mon heure viendra. — Je vais, dans mon grenier,
Retoucher mon discours pour me désennuyer.

SCÈNE VII

LA MARÉCHALE, seule.

Il n'en faut plus douter, la duchesse est jalouse.
Mon fils a méconnu sa bonne et tendre épouse;
Lisette a fait le mal, je le dois arrêter.
Lucile doute encore et voudrait hésiter.
Faible contre elle-même et contre ses alarmes,
Ses regards indécis sont voilés par les larmes.
Elle ne saurait croire à cette cruauté,
Donnant si bien son cœur, de le voir rejeté;
Elle croit aimer trop pour n'être point aimée.
Mais, bien qu'à tout soupçon son âme soit fermée,
La souffrance l'emporte, elle y résiste en vain;
Je la sens me parler, rien qu'en pressant sa main.
Qui sait, tel qu'est mon fils, dans la folle jeunesse,
Où pourrait l'entraîner un instant de faiblesse?

Le hasard, d'un seul pas, va si vite et si loin !
C'est à moi d'y songer ; — j'en veux prendre le soin.

SCÈNE VIII

LA MARÉCHALE, LISETTE.

LA MARÉCHALE.

Lisette, où courez-vous d'une telle vitesse ?

LISETTE.

Madame, on a coiffé madame la duchesse ;
Je vais chercher là-bas un de ses dominos.

LA MARÉCHALE.

Elle va donc se mettre en masque ? A quel propos ?
Veut-elle aller au bal ?

LISETTE.

Madame, je le pense.

LA MARÉCHALE.

C'est étrange. Et mon fils ?

LISETTE.

Il est parti d'avance.

LA MARÉCHALE.

Seul ?

LISETTE.

Tout seul.

LA MARÉCHALE.

Et ma bru va donc le retrouver ?

LISETTE.

Je ne sais; sa toilette a peine à s'achever.
Telle robe lui plaît qui bientôt l'importune;
Elle en regarde dix avant d'en choisir une.
Elle a presque grondé ses femmes, et je crois
Être grondée aussi pour la première fois.

LA MARÉCHALE.

Faites qu'en ce moment une autre vous remplace.

LISETTE, ouvrant la porte du fond.

Holà! quelqu'un! Marton!

LA MARÉCHALE.

Faites aussi qu'on passe
Par la grand'salle.

Une des femmes paraît, Lisette lui parle bas; la femme sort par le fond.

Eh bien?

LISETTE.

Madame, me voici.

LA MARÉCHALE.

Louison, c'est grâce à moi que vous êtes ici.
Votre père est chez nous fermier dans un domaine;
Vos parents sont à moi; je suis votre marraine.
J'ai pris grand soin de vous dès vos plus jeunes ans,
Et je vous ai reçue enfant chez mes enfants.
M'aimez-vous?

LISETTE.

Dieu merci, plus que je ne puis dire.

ACTE II, SCÈNE VIII.

LA MARÉCHALE.

Votre cœur parle franc?

LISETTE.

Aussi vrai qu'il respire.

LA MARÉCHALE.

Si, par obéissance ou par nécessité,
Il fallait devant moi celer la vérité
(La crainte d'un péril ôte celle du blâme),
S'il vous fallait mentir?

LISETTE.

Je me tairais, madame.

LA MARÉCHALE.

Mais si vous le deviez?

LISETTE.

Personne ne le doit.

LA MARÉCHALE.

D'où vous vient le brillant que vous avez au doigt?

LISETTE, à part.

Ah! malheureuse!

LA MARÉCHALE.

Eh bien! vous gardez le silence?
Songez que, me voyant avertie à l'avance,
Votre silence parle, et peut en dire assez.

LISETTE.

Ce brillant... m'appartient.

LA MARÉCHALE.

D'où vient-il?

LISETTE.

                                   Je ne sais.

LA MARÉCHALE.

Prenez garde, Louison !

LISETTE.

                Madame, il se peut faire
Qu'on soit, je le répète, obligée à se taire.
Si ma bouche est muette et doit ainsi rester,
De mon respect pour vous est-ce donc m'écarter?

LA MARÉCHALE.

Lisette peut se taire alors que je commande,
Mais Louison doit parler si je le lui demande.

LISETTE.

On m'appelle Lisette.

LA MARÉCHALE.

                      Oui, dans cette maison.
A-t-on changé le cœur aussi bien que le nom?

LISETTE.

De grâce excusez-moi; je me sens si confuse...
Ce cœur voudrait s'ouvrir, mais...

LA MARÉCHALE.

                          Mais il s'y refuse ?

LISETTE.

Non, madame, hésiter quand vous parlez ainsi,
C'est trop souffrir pour moi; cette bague... est à lui.

Elle se met à genoux.

LA MARÉCHALE.

Mon fils? Je le savais. — Levez-vous donc, ma chère.

ACTE II, SCÈNE VIII.

Vous avez, en tout cas, mieux fait que de vous taire.
Mais que prétendez-vous?

LISETTE, se levant.

Rien au monde.

LA MARÉCHALE.

Et pourquoi,
Puisque votre secret s'échappe devant moi,
Cette sorte d'audace avec cette imprudence?

LISETTE.

On parle comme on peut, on agit comme on pense.

LA MARÉCHALE.

Pensez-vous que le duc soit pour vous un amant,
Et qu'on puisse, à son gré, trahir impunément?
Vous croyez-vous assez pour être une maîtresse?...
Ma question vous choque et votre orgueil s'en blesse?

LISETTE.

Je viens de m'incliner, madame, devant vous.
Mon orgueil tout entier est encore à genoux.
Il peut, sans murmurer, souffrir qu'on m'humilie,
Mais non pas qu'on m'outrage ou qu'on me calomnie;
On ne doit m'accuser d'aucune trahison!

LA MARÉCHALE.

Oui, cela porte atteinte à l'honneur de Louison!

LISETTE.

A mon honneur, madame? et pourquoi non, de grâce?
Un brin d'herbe au soleil, comme on dit, a sa place.
Pourquoi n'aurais-je pas la mienne, s'il vous plaît?
Le monde est assez grand pour tout ce que Dieu fait.

LA MARÉCHALE.

Vous parlez haut, Lisette, et changez de langage.

LISETTE.

Ma foi, madame, c'est celui de mon village.
Mon père s'en servait, et je l'ai toujours pris
Lorsque sur mon chemin j'ai trouvé le mépris.
Certes, lorsque l'honneur s'unit à la noblesse,
C'est un bien beau hasard qu'il trouve la richesse ;
Mais s'il est dans le cœur des gens qui ne sont rien,
On devrait le laisser à qui l'a pour tout bien.

LA MARÉCHALE.

Mais, dans cette maison, à jaser de la sorte,
Songez-vous qu'il se peut...

LISETTE.

Qu'il se peut que j'en sorte ?
Je ne le sais que trop, et c'est ce triste pas
Qui m'a fait hésiter, je ne m'en défends pas.
Dire adieu tout à coup, d'abord à vous, madame,
Puis à tant de bienfaits, à tant de bonté d'âme,
Perdre tout d'un seul mot, le présent, l'avenir,
Oui, c'est là ce qui fait que j'ai failli mentir.
Mais je le dis encor, même étant accusée,
Je ne puis supporter de me voir méprisée.
Quand m'a-t-on jamais vue ou tromper ou trahir ?
Qu'on m'apprenne mon crime, avant de m'en punir.

LA MARÉCHALE.

Vous venez à l'instant de l'avouer vous-même.

LISETTE.

Est-ce ma faute, à moi, si le duc dit qu'il m'aime ?
Si de tristes présents, à regret acceptés,
Ses discours importuns, son caprice...

LA MARÉCHALE.

         Arrêtez.
Je ne saurais vouloir ni de vos confidences,
Ni certe, et moins encor, de vos impertinences.
Votre maîtresse est là ; pas un mot de ceci.
Mon fils dit qu'il vous aime, — éloignez-vous d'ici.
Puisque votre vertu se croit calomniée,
Vous la verrez sans peine ainsi justifiée.
Vous avez tant d'esprit ! trouvez quelque raison ;
Inventez un prétexte, et quittez la maison.

LISETTE.

Mais je ne l'aime pas, madame !

LA MARÉCHALE.

        Toi, Lisette !

LISETTE.

Non, je l'écoute dire, et je reste muette.

LA MARÉCHALE.

Je perdrais patience à voir ainsi mentir.

LISETTE.

Je perdrais patience à plus longtemps souffrir.
Ainsi vous me chassez ? Est-il vraiment possible
Qu'un franc aveu vous trouve à tel point insensible ?

La maréchale va pour sortir.

Hé quoi ! sans un regret ! sans laisser à mes yeux
Ce regard qu'on accorde aux plus tristes adieux !
Et mon père, madame ?... Est-ce donc bien sa fille,
Louison, l'honnête enfant d'une honnête famille,
Louison, qui, par votre ordre et contre son désir,
Est venue à Paris obéir et servir,
Et qu'on verra demain, seule et désespérée,
Sous notre pauvre toit rentrer déshonorée ?
Qu'ai-je fait ? votre fils, riche, aimé, tout-puissant,
Me marchande au hasard et m'achète en passant ;
Sûr qu'un peu d'or suffit, et qu'un mot fait qu'on aime,
Il s'écoute, il se plaît, et se répond lui-même.
Et moi, lorsque je parle à force de tourments,
Au lieu de m'écouter on me dit que je mens !
Soit ! — Il me souviendra d'avoir été sincère.
Justice des heureux et des grands de la terre !
Qu'importe un peu de mal, pourvu que dans un coin
La victime oubliée aille pleurer plus loin,
Et qu'en marchant sur nous, la vanité blasée
N'entende pas gémir la souffrance écrasée !

LA MARÉCHALE.

Ne te fais pas trop vite un chagrin sans raison.
Nous en reparlerons demain ; — bonsoir, Louison.

SCÈNE IX

LISETTE, seule.

Demain! Elle est partie. — Un accent de colère
N'a point accompagné sa parole dernière.
Peut-être elle me plaint, tout en me condamnant.
Mais que me reste-t-il? que faire maintenant?
Demain, a-t-elle dit. — Jamais! c'est impossible.
Le mal est trop réel, le soupçon trop horrible.
Quand demain sa pitié voudrait me retenir,
Je suis de trop ici; — mais comment en sortir?

SCÈNE X

LISETTE, LA DUCHESSE, habillée en domino ouvert, un masque à la main.

LA DUCHESSE.

Ma mère n'est pas là? Que fais-tu donc, Lisette?

LISETTE.

Je savais que madame achevait sa toilette.
J'attendais, pour entrer, qu'on voulût bien de moi.

LA DUCHESSE.

Mais, ma chère, en effet, j'ai grand besoin de toi.
Tantôt j'étais souffrante, inquiète, et peut-être
J'ai laissé devant toi quelque souci paraître.
Un mot dit au hasard ne doit pas t'occuper;

Tu me connais assez pour ne t'y pas tromper.
Voici ma main; oublie un instant de caprice.

LISETTE, baisant la main de la duchesse.

Ah! madame!

LA DUCHESSE.

   Il s'agit de me rendre un service.
Le duc est cette nuit au bal de l'Opéra.
Je voudrais bien un peu voir ce qu'il y fera;
Mais je suis malgré moi si triste et si maussade
Que je n'ai pas le cœur à cette mascarade.
Maintenant que les gens me viennent avertir,
Le courage me manque au moment de partir.
Vas-y, Louison; veux-tu?

LISETTE.

   Moi, madame?

LA DUCHESSE.

        Oui, par grâce.
Prends ce domino-là, qui m'étouffe et me lasse.

Elle lui donne son domino et son masque.

Tâche d'entendre un peu, de beaucoup regarder.
Si tu vois le duc seul, tu pourras l'aborder,
L'intriguer au besoin, — sans qu'il te reconnaisse;
Mais s'il est en conquête avec quelque déesse,
Du ciel de l'Opéra descendue un moment,
Tu me comprends, ma chère? écoute seulement.

LISETTE.

Se peut-il qu'à ce point ce bal vous inquiète?

LA DUCHESSE.

Non, mais vas-y toujours. — Reviens bientôt, Lisette.

SCÈNE XI

LISETTE, seule.

Le sort prend-il plaisir à se jouer de moi?
Dois-je rester? partir? aller au bal? pourquoi?
— Et pourquoi pas? — Peut-être aurais-je dû tout dire.
Comment briser le cœur, quand la main vous attire?
Non, non, la maréchale est seule à m'accuser;
C'est elle seule aussi qu'il faut désabuser,
Et jamais un seul mot...

SCÈNE XII

LISETTE, BERTHAUD.

BERTHAUD, d'un ton froid.

Bonjour, mademoiselle.

LISETTE.

C'est encor toi, Lucas? eh bien! quelle nouvelle?
Et qu'as-tu fait?

BERTHAUD.

Je viens prendre congé de vous.
Vous voyez un ami, mais non plus un époux.

LISETTE.

Vraiment? et d'où te vient ce visage tragique?

BERTHAUD.

Ne m'interrogez pas.

LISETTE.

Quand on part, on s'explique.

BERTHAUD.

Ce n'est pas malaisé. — Je sais tout.

LISETTE.

Que sais-tu?

BERTHAUD.

Vous l'osez demander? — J'ai tout vu.

LISETTE.

Qu'as-tu vu?

BERTHAUD.

Vos délits, vos horreurs, monstre affreux, crocodile,
Serpent Python!

LISETTE.

Hé quoi! jusqu'à cet imbécile!
Tout est donc aujourd'hui contre moi déclaré?
Ma foi, pour rire un peu, j'ai bien assez pleuré.
Elle éclate de rire.

BERTHAUD.

Vous riez? vous joignez l'astuce à l'artifice?

LISETTE, *lui faisant tenir le domino.*

Tiens, nigaud, prends ceci.

BERTHAUD.

Que je me travestisse?

LISETTE.

Hé ! non, c'est pour m'aider. Viens, marchons de ce pas.

BERTHAUD.

Où ?

LISETTE.

Je te le dirai.

BERTHAUD.

Comment ?

LISETTE.

Tu le sauras.

SCÈNE XIII

LA DUCHESSE, LA MARÉCHALE.

LA DUCHESSE.

Oui, madame, je reste, et Louison prend ma place.
Le chagrin me poursuit, quelque effort que je fasse ;
Je lutte en vain, le cœur me manque à chaque pas.
Cette pauvre Louison, vous l'aimez, n'est-ce pas ?

LA MARÉCHALE.

Sans doute.

LA DUCHESSE.

Ai-je mal fait de lui dire ma peine ?
Puisque j'en souffre tant, j'en veux être certaine.
J'étais bien aise aussi de réparer mes torts,
Car j'ai failli tantôt mettre Louison dehors.
Oui, je ne sais pourquoi, cette méchante envie

M'a durant tout le jour malgré moi poursuivie.
Je prenais du dépit contre elle à tout moment;
Je l'ai même grondée, et bien injustement.
Qu'il est cruel à nous, n'est-il pas vrai, madame,
De maltraiter ces gens, de les blesser dans l'âme,
Eux qui passent leur vie à nous servir ainsi,
Parce que nous avons un instant de souci!

LA MARÉCHALE.

Et Lisette, en partant, n'a rien dit, je suppose?

LA DUCHESSE.

Non. — Est-ce qu'elle avait à dire quelque chose?

LA MARÉCHALE.

Elle aurait pu d'abord vous demander pardon.

LA DUCHESSE.

A moi? de quelle faute, hélas! et pourquoi donc?
C'est à moi bien plutôt qu'il faut que l'on pardonne.
Dès qu'aux soupçons jaloux mon esprit s'abandonne,
On ne croirait jamais, madame, à quel excès
Ils peuvent m'égarer si je leur donne accès.
Mille rêves affreux s'offrent à ma pensée;
J'ai beau me répéter que je suis insensée,
Rien ne peut m'en distraire, ils sont plus forts que moi.
Ma raison me trahit et se change en effroi.
Comme d'un voile épais je suis enveloppée;
Je me vois méconnue, et je me vois trompée,
Fâcheuse à mon époux, inutile ici-bas...
Je me vois laide.

LA MARÉCHALE.
Au vrai, l'on ne vous croirait pas.
LA DUCHESSE.
Et lui, madame, hélas! c'est bien tout le contraire.
Le ciel a pris plaisir à le former pour plaire.
De son luxe élégant si l'œil est ébloui,
On croit voir sa parure, et l'on ne voit que lui.
Et cet esprit si fin, tant de délicatesse,
Cette grâce qui semble ignorer sa noblesse!...
Est-ce que j'y vois mal, madame, et, sur ce point,
Me direz-vous encor qu'on ne me croirait point?
LA MARÉCHALE.
Je puis malaisément vous répondre, ma chère.
Si vous êtes sa femme...
LA DUCHESSE.
Eh bien?
LA MARÉCHALE.
Je suis sa mère.
LA DUCHESSE.
Si nous n'étions que deux à le trouver charmant!
Mais tout le monde l'aime, et c'est là mon tourment.
Puis-je, le croyez-vous, garder un cœur tranquille,
A le voir comme il est, par la cour et la ville,
Au milieu d'un fracas de jeunes étourdis,
Au jeu comme à cheval passant les plus hardis,
Poursuivre, en se jouant, de regards infidèles,
Ces heureuses beautés qui savent être belles?
Ah! c'est là que je sens, à mon mortel ennui,

Combien je dois sembler peu de chose pour lui !
Combien de qualités ne me sont point données
Que peut-être à ma place une autre eût devinées,
Et combien il est vrai que, sur un tel chemin,
Il faudra tôt ou tard qu'il me quitte la main !

LA MARÉCHALE.

Je vous l'ai déjà dit, c'est une crainte folle*.

LA DUCHESSE.

Oui, j'ai tort de pleurer, c'est ce qui me désole.
L'autre jour, par exemple, à ce bal chez le roi,
Madame de Versel a passé près de moi.
Vous savez ses grands airs, et combien elle est belle.
Un flot d'admirateurs murmurait autour d'elle,
S'écartant toutefois, de peur de la toucher,
Sitôt que par hasard elle daignait marcher.

LA MARÉCHALE.

Oui, c'est une superbe et sotte créature.

LA DUCHESSE.

Un nœud qu'elle portait tomba de sa coiffure.
Ces messieurs l'ayant vu, je vous laisse à penser
Si chacun s'élança, prêt à le ramasser.
Le duc fut le plus prompt ; mais au lieu de le rendre,
Il défia tout haut qu'on s'en vînt le lui prendre.
Sur quoi cette marquise, au lieu de s'étonner,
Le prit en souriant, mais pour le lui donner.
Je sais bien là-dessus ce que vous m'allez dire,

---

* Ces vers et les dix-neuf suivants se suppriment au théâtre.
(Note de l'auteur.)

Mais je me suis senti pâlir de ce sourire.
C'est un jeu, j'en conviens, c'est un propos de bal,
Tout ce qu'il vous plaira, mais cela fait bien mal.

LA MARÉCHALE.

Je ne vous blâme pas d'être un peu trop sensible.
Prenez quelque repos, enfant, s'il est possible.
Laissez là vos chagrins, et la dame aux grands airs *.

LA DUCHESSE.

Grâce pour mes chagrins, madame, ils me sont chers.
Au couvent, l'an passé, quand j'appris de l'abbesse
Que j'avais un époux et que j'étais duchesse,
Le cœur me battait bien un peu, mais pas bien fort.
On fit ce mariage, et je n'y vis d'abord
Qu'un jeune grand seigneur, plein de galanterie,
Qui me donnait gaiement son nom, son rang, sa vie.
Tous ces biens me semblaient si doux à partager
Que je ne pensais pas qu'un tel sort pût changer.
Si c'est là le bonheur, disais-je, il est bizarre
Qu'à le voir si facile on le trouve si rare.
Mais lorsqu'après un an de ce charmant sommeil,
Arriva par degrés le moment du réveil;
Quand le duc, fatigué d'une paix importune,
Rougissant tout à coup d'oublier sa fortune,
Voulut, en m'entraînant, la rejoindre à grands pas,
Je compris que si loin je ne le suivrais pas.

* Au lieu de ce vers on dit au théâtre :
Ce sont de doux chagrins qui vous semblent amers.
(Note de l'auteur.)

Alors prenant pour moi son aspect véritable,
Apparut à mes yeux ce spectre redoutable,
Le monde... Ses plaisirs, ses attraits, ses dangers,
L'air enivrant des cours et leurs bruits passagers,
Il me fallut tout voir ; — alors la méfiance
M'enseigna lentement sa froide expérience.
Je vis le duc fêté, bienvenu près du roi,
Joyeux, heureux partout,... excepté près de moi.
Mon cœur, qui d'un soutien s'était fait l'habitude,
Pour la première fois connut la solitude.
Puis je devins jalouse, et je me dis un jour :
Ce n'est plus le bonheur que je sens, c'est l'amour !

LA MARÉCHALE.

Qu'est-ce à dire?

LA DUCHESSE.

Oui, l'amour! — à l'âge où tout s'ignore,
En prononçant ce mot sans le comprendre encore,
On ne voit qu'un beau rêve, une douce amitié,
Où d'un commun trésor chacun a la moitié ;
On croit qu'aimer, enfin, c'est le bonheur suprême...
Non. Aimer, c'est douter d'un autre et de soi-même,
C'est se voir tour à tour dédaigner ou trahir,
Pleurer, veiller, attendre ;... avant tout, c'est souffrir !

Elle pleure.

LA MARÉCHALE.

Je ne vous blâme point, je vous l'ai dit, Lucile.
Vous voulez qu'on vous aime, et rien n'est plus facile.
Je vous en prie encor, prenez quelque repos.

Je veux, en vous quittant, vous répondre en deux mots.
Vous vous imaginez que le duc vous délaisse :
Votre tort, c'est la crainte, et le sien, sa jeunesse.
Mon fils est vain, léger, frivole en ses discours;
Mais, s'il aime jamais, il aimera toujours;
Et c'est vous, j'en réponds, qu'il aimera, ma chère.
Rappelez-vous ceci, que vous dit une mère.
Elle l'embrasse.
Marton est là, je crois, je vais vous l'envoyer.

LA DUCHESSE.

Pas encore.

LA MARÉCHALE.

Adieu donc.

SCÈNE XIV

LA DUCHESSE, seule.

Rester seule à veiller !
C'est mon rôle à présent. —
Ah ! je me sens brisée.
Elle s'assoit sur un sofa.
Mon Dieu, quel triste jour ! ma force est épuisée.
Louison ne revient pas; — que font-ils à ce bal ?
Singulier passe-temps que ce plaisir banal !
Déguiser son visage et sa voix, — pour quoi faire ?
Si ce qu'on dit est mal, autant vaudrait le taire.
S'il en est autrement, à quoi bon s'en cacher ?

Mais quoi ! c'est l'Inconnu qu'ils vont tous y chercher.
Le sommeil, malgré moi, m'accable ; — ma pensée
M'échappe, puis revient, puis s'arrête lassée.
Voyons, tâchons de lire un peu.

Elle prend un livre, l'ouvre, puis le remet sur la table.

C'est encor pis.
Un roman, juste ciel ! — mes yeux sont assoupis.
Quel ennui que l'attente !

Elle tire sa montre.

Hélas ! pauvre petite,
Je puis du bout du doigt te faire aller plus vite ;
Je puis briser aussi ton rouage léger ; —
Mais le temps ! — toi ni moi n'y pouvons rien changer.

Elle s'endort.

SCÈNE XV

LA DUCHESSE, endormie, **LE DUC**.

LE DUC.

Non, l'on ne vit jamais pareille extravagante.
Se voir apostropher au bal par sa servante !
C'est un peu plus qu'étrange. Était-ce bien Louison ?
Il faut que cette fille ait perdu la raison.
Je lui donne ici même un rendez-vous fort tendre ;
La chose est convenue : elle n'a qu'à m'attendre ;
J'entre au bal par hasard, et qu'est-ce que je vois ?
Mon rendez-vous qui passe, et va souper sans moi.

ACTE II, SCÈNE XV.

Et ce monsieur Berthaud, son chapeau sur la tête,
D'un air victorieux promenant sa conquête,
Devant un poulet froid en train de se griser,
M'annonçant bravement qu'il la veut épouser !
J'ai fait là, sur mon âme, une belle trouvaille !
Morbleu ! si de mes jours jamais je m'encanaille,
Je consens... Qu'est-ce donc ? — Ma femme seule ici ?
Elle dort, sauvons-nous. —

Il va pour sortir et s'arrête.

Elle est gentille ainsi.
Que faisait-elle là ? — Dort-elle en conscience ?
Qui sait ? J'en veux un peu faire l'expérience.
Hé, duchesse ! — Elle dort et très profondément.
Je ne suis qu'un mari. — Si j'étais un amant !
En semblable rencontre on pourrait, sans mensonge,
Essayer, comme on dit, de passer pour un songe.
Je ne l'ai jamais vue ainsi ; — mais c'est charmant.
Qu'a-t-elle dans la main ? Sa montre ? Hé, oui vraiment.
Que fait-elle, en dormant, d'une chose pareille ?
On sait l'heure qu'il est, tout au plus, quand on veille.
A-t-elle donc veillé ce soir ? — par quel hasard ?

Il regarde à la montre de la duchesse.

Une heure du matin ! — on prétend que c'est tard.
Veiller ! — Pourquoi veiller ? pour moi ? bon ! quelle idée !
Elle avait de ce bal la tête possédée ;
Son dessein n'était pas de rester à dormir, —
Mais peut-être était-il de me voir revenir ?
Oui ; pourquoi chercherais-je à me tromper moi-même ?

Si ma femme est jalouse, il faut donc qu'elle m'aime.
Je ne lui vis jamais faux-semblant ni détour.
C'est moi qu'elle attendait, c'est clair comme le jour.
Ma foi, je suis bien bon d'aller à l'aventure
Chercher, sous un sot masque, une sotte figure,
Pour rencontrer en somme, à ce triste Opéra,
Quoi? rien de ce qu'on veut, et tout ce qu'on voudra !
Beau métier d'écouter, au bruit des ritournelles,
Trois morceaux de carton jasant sous leurs dentelles !
De me faire berner par Javotte ou Louison,
Quand la grâce et l'amour sont là, dans ma maison !
Faut-il que nous ayons la cervelle assez folle
Pour fuir ce qui nous plaît, nous charme et nous console,
Pour chercher le bonheur où son ombre n'est pas,
Et lui tourner le dos quand il nous tend les bras !
Pauvre duchesse, hélas ! si jeune et si jolie,
Avec sa patience et sa mélancolie,
Je devrais l'adorer ; mais non, je vais plutôt
Me faire obscurément le rival de Berthaud !
Quelle pitié, grand Dieu ! quelle pauvreté d'âme !
Il est de mauvais goût d'oser aimer sa femme.
Les bavards sont fâchés si l'on ne vit comme eux,
Et l'on est ridicule à vouloir être heureux !

En ce moment, la duchesse s'éveille, puis écoute, en feignant de dormir.

Hé quoi ! suis-je donc fait pour suivre leur méthode ?
Je puis mettre un chiffon, une veste à la mode,
Pour une broderie on se règle sur moi,
Et, dans mon propre cœur, les sots me font la loi !

Si je voulais pourtant, quoi qu'ils en puissent dire,
En leur montrant ce cœur, les défier d'en rire?
Oui, l'on peut, quand on hait, cacher la vérité;
Renier ce qu'on aime est une lâcheté.
Si j'osais les braver et m'en passer l'envie?
Leur dire : Je suis las de votre sotte vie;
J'ai, dans votre cohue, erré jusqu'à ce jour,
Mais la honte m'en chasse et me rend à l'amour!
Que me répondraient-ils, ces roués en peinture,
S'ils voyaient cette belle et noble créature
M'accompagner, et moi la couvrant en chemin
De mon manteau d'hermine, une épée à la main?
Et si je leur disais : Cette fière duchesse,
C'est ma sœur, mon enfant, ma femme et ma maîtresse;
Ma vie est dans son cœur, ma place est à ses pieds!

Il se met à genoux; la maréchale paraît dans le fond de la scène.

LA DUCHESSE.

Dans mes bras, mon ami.

LE DUC.

Comment! vous m'écoutiez?

LA DUCHESSE.

Valait-il mieux dormir?

LE DUC, à la maréchale.

Et vous aussi, ma mère?
J'ai donc parlé bien haut?

LA MARÉCHALE.

Valait-il mieux vous taire?

LE DUC.

Non. Je me croyais seul, et je rends grâce aux cieux
D'avoir eu pour témoins ce que j'aime le mieux.
On entend rire dans la coulisse.
Qu'est ceci ?

LA DUCHESSE.

C'est Louison.

LE DUC.

Que Dieu la tienne en joie !
Vous savez qu'elle part ?

LA DUCHESSE.

Non pas. Qui la renvoie ?

LE DUC.

Elle-même. Elle vient, ce soir, à l'Opéra,
De tout me déclarer, jusqu'au mari qu'elle a.
Eh ! tenez, les voici.

SCÈNE XVI

LA MARÉCHALE, LA DUCHESSE, LE DUC, LOUISON, BERTHAUD.

LA MARÉCHALE.

Que nous dit-on, Lisette ?
Vous voulez nous quitter sans qu'on vous le permette ?

LISETTE.

Je venais demander cette permission.

ACTE II, SCÈNE XVI.

LA MARÉCHALE.

Vous épousez... monsieur ?

LE DUC.

C'est une passion.

BERTHAUD.

Oh ! oui.

LISETTE.

Non, Monseigneur, ce n'est qu'un honnête homme,
Fils d'un de vos fermiers.

BERTHAUD, à la duchesse.

Oui, madame, on me nomme...

LISETTE.

Tais-toi.

BERTHAUD.

Pour quoi donc faire? on me parle.

LISETTE.

Tais-toi.

LA DUCHESSE, à Lisette.

Il n'est pas beau, Louison.

LISETTE, à la duchesse.

Il l'est assez pour moi.

LE DUC.

Parbleu! monsieur Berthaud, vous ne vous gênez guères
De venir à Paris braconner sur nos terres,
Et nous ravir ainsi les cœurs en un moment.
Vous êtes un fripon.

BERTHAUD, à Louison.

   Ce seigneur est charmant.

    LE DUC.

Et votre poulet froid, sans compter la bouteille,
Vous en trouvez-vous bien?

    BERTHAUD.

      Monseigneur, à merveille;
Je...

    LISETTE.

  Tais-toi donc.

    BERTHAUD.

    Encor? toujours se taire ici!
Je me rattraperai chez nous.

   LISETTE, à la maréchale.

     Et vous aussi,
Madame, riez-vous de mon futur ménage?

   LA MARÉCHALE, l'attirant à part.

Non, Louise, j'ai compris, et je vois ton courage.
Si j'ai peine, à présent, à te laisser partir,
Tu n'auras pas du moins lieu de t'en repentir.
Ta dot, bien entendu, me regarde, et j'espère
Rendre aussi ton retour agréable à ton père.
Quant à ton prétendu...

    LISETTE.

     Vous m'avez dit tantôt
De trouver un prétexte.

ACTE II, SCÈNE XVI.

LE DUC.

Allons, monsieur Berthaud,
Aimez bien votre femme ; elle est bonne et jolie.
C'est encore ici-bas la plus sage folie.

FIN DE LOUISON.

Cette comédie a été écrite pour le Théâtre-Français, qui en donna la première représentation le 22 février 1849. L'auteur avait compté sur mademoiselle Mante pour le rôle de la maréchale ; mais, au moment où les répétitions commençaient, cette grande actrice était déjà atteinte de la maladie à laquelle elle devait succomber. La pièce, accueillie avec faveur, fut cependant traitée fort sévèrement par la critique ; c'est à quoi le poète fait allusion dans le sonnet adressé à mademoiselle Anaïs, qui avait joué le rôle de Louison avec beaucoup de talent.

ON
NE SAURAIT PENSER
A TOUT
PROVERBE EN UN ACTE
1849

PERSONNAGES.	ACTEURS QUI ONT CRÉÉ LES RÔLES.
LE MARQUIS DE VALBERG.	MM. MAILLARD.
LE BARON.	VOLNYS.
GERMAIN.	GOT.
LA COMTESSE DE VERNON.	Mme ALLAN-DESPRÉAUX.
VICTOIRE, femme de chambre de la comtesse.	

La scène est à la campagne.

ON NE SAURAIT PENSER A TOUT

SCÈNE PREMIÈRE

LE BARON, GERMAIN.

LE BARON.
Mon neveu, dis-tu, n'est point ici ?

GERMAIN.
Non, monsieur, je l'ai cherché partout.

LE BARON.
C'est impossible ; il est cinq heures précises. Ne sommes-nous pas chez la comtesse ?

GERMAIN.
Oui, monsieur, voilà son piano.

LE BARON.
Est-ce que mon neveu n'est plus amoureux d'elle ?

GERMAIN.
Si fait, monsieur, comme d'habitude.

LE BARON.

Est-ce qu'il ne vient pas la voir tous les jours?

GERMAIN.

Monsieur, il ne fait pas autre chose.

LE BARON.

Est-ce qu'il n'a point reçu ma lettre?

GERMAIN.

Pardonnez-moi, ce matin même.

LE BARON.

Il doit donc être dans ce château, puisque je ne l'ai pas trouvé chez lui. Je lui avais mandé que je quitterais Paris à une heure et quart, que je serais par conséquent à Montgeron à trois heures. De Montgeron ici il y a deux lieues et demie. Deux lieues et demie, mettons cinq quarts d'heure, en supposant les chemins mauvais, mais, à tout prendre, ils ne le sont point.

GERMAIN.

Bien au contraire, ils sont fort bons.

LE BARON.

Partant à trois heures de Montgeron, je devais par conséquent être au tourne-bride positivement à quatre heures un quart. J'avais une visite à faire à M. Duplessis, qui devait durer tout au plus un quart d'heure. Donc, avec le temps de venir ensuite ici, cela ne pouvait me mener plus tard que cinq heures. Je lui avais mandé tout cela avec la plus grande exactitude. Or, il est cinq heures précisément, et quelques minutes maintenant. Mon calcul n'est-il pas exact?

GERMAIN.

Parfaitement, monsieur, mais mon maître n'y est point.

LE BARON.

Ses paquets, du moins, sont-ils faits?

GERMAIN.

Quels paquets, monsieur, s'il vous plaît?

LE BARON.

Ses malles sont-elles préparées, là-bas, à son château?

GERMAIN.

Pas que je sache, monsieur, aucunement.

LE BARON.

Je lui avais cependant mandé que la grande-duchesse était accouchée, la duchesse de Saxe-Gotha, Germain; ce n'est pas une petite affaire.

GERMAIN.

Je le crois bien.

LE BARON.

Je lui avais écrit que M. Desprez, avant-hier soir, était venu me rendre visite. M. Desprez arrivait de Saint-Cloud. Il venait me prévenir que le ministre me priait de passer dans la matinée du lendemain, c'est-à-dire hier, à son cabinet. J'allais obéir à cet ordre, lorsque je reçus l'avertissement que le ministre était à Compiègne; il y avait accompagné le roi. Ce fut donc à Compiègne que je me rendis. Comme je savais de quoi il s'agissait, il n'y avait pas de temps à perdre, tu le comprends.

GERMAIN.

Sans aucun doute.

LE BARON.

Le ministre était à la chasse. On me dit d'aller chez M. de Gercourt, qui me conduisit en secret jusqu'aux petits appartements; — le roi venait de partir pour Fontainebleau.

GERMAIN.

Cela était fâcheux.

LE BARON.

Point du tout. Je tiens seulement à te faire remarquer combien je suis ponctuel en toute chose.

GERMAIN.

Oh ! pour cela oui.

LE BARON.

La ponctualité est, en ce monde, la première des qualités. On peut même dire que c'est la base, la véritable clef de toutes les autres. Car de même que le plus bel air d'opéra ou le plus joli morceau d'éloquence ne sauraient plaire hors de leur lieu et place, de même les plus rares vertus et les plus gracieux procédés n'ont de prix qu'à la condition de se produire en un moment distinct et choisi. Retiens cela, Germain : rien n'est plus pitoyable que d'arriver mal à propos, eût-on d'ailleurs le plus grand mérite; témoin ce célèbre diplomate qui arriva trop tard à la mort de son prince, et vit la reine mettant ses papillotes. Ainsi se détruisent les plus beaux talents, et l'on a vu des gens couverts de gloire dans les armées et même dans le cabinet perdre leur fortune, faute d'une montre convenable et ponctuellement réglée. La tienne va-t-elle bien, mon ami?

GERMAIN.

Je la mets à l'heure continuellement, monsieur.

LE BARON.

Fort bien. Tu sauras donc enfin que, ayant rencontré à Compiègne la marquise de Morivaux, qui me donna une place dans sa voiture, j'appris que l'on m'avait trompé par des renseignements peu exacts, et que le ministre revenait à Paris. Son Excellence me reçut à deux heures et demie, et voulut bien m'annoncer elle-même que la grande-duchesse de Gotha était accouchée, comme je te le disais tout à l'heure, et que le roi avait fait choix de moi et de mon neveu pour aller la complimenter.

GERMAIN.

A Gotha, monsieur?

LE BARON.

A Gotha. C'est un grand honneur pour ton maître.

GERMAIN.

Oui, monsieur, mais il est sorti.

LE BARON.

Voilà ce que je ne puis comprendre. Il est donc toujours aussi étourdi, aussi distrait que de coutume? Toujours oubliant tout!

GERMAIN.

On ne peut pas trop dire, monsieur. Ce n'est pas qu'il oublie, c'est qu'il pense à autre chose.

LE BARON.

Il faut qu'il soit en route, sans faute, demain matin, pour l'Allemagne. Et il n'a donné aucun ordre pour son départ?

GERMAIN.

Non, monsieur. Ce matin seulement, avant de sortir, il a ouvert une grande caisse de voyage, et il s'est promené bien longtemps tout alentour.

LE BARON.

Et qu'a-t-il mis dedans?

GERMAIN.

Un papier de musique.

LE BARON.

Un papier de musique?

GERMAIN.

Oui, monsieur; après quoi il a fermé la caisse avec bien du soin, et il a mis la clef dans sa poche.

LE BARON.

Un papier de musique! toujours des folies! si le roi savait cette maladie-là, oserait-on lui confier une mission d'une si haute importance! heureusement il est sous ma garde. Enfin, qu'a-t-il dit, qu'a-t-il fait?

GERMAIN.

Il a chanté, monsieur, toute la journée.

SCÈNE PREMIÈRE.

LE BARON.

Il a chanté?

GERMAIN.

A merveille, monsieur; c'était un plaisir de l'entendre.

LE BARON.

Le beau prélude pour un ambassadeur! Tu as quelque bon sens, Germain. Dis-moi, le crois-tu réellement capable de se conduire sainement dans une conjoncture si délicate?

GERMAIN.

Quoi, monsieur, d'aller à Gotha, faire la révérence à une accouchée? Il me semble que j'irais moi-même.

LE BARON.

Tu ne sais pas de quoi tu parles.

GERMAIN.

Dame! monsieur, de la grande-duchesse; c'est vous qui me dites qu'elle est accouchée.

LE BARON.

Il est vrai qu'elle a donné le jour à un nouveau rejeton d'une tige auguste. Mais qu'a fait encore mon neveu?

GERMAIN.

Il est venu ici, je ne sais combien de fois, frapper à la porte de madame la comtesse.

LE BARON.

Et où est-elle, la comtesse?

GERMAIN.

Monsieur, elle n'est pas levée.

LE BARON.

A cette heure-ci! c'est inconcevable. Elle ne dîne donc pas, cette femme-là?

GERMAIN.

Non, monsieur, elle soupe.

LE BARON.

Autre cervelle fêlée! Beau voisinage pour un fou!

GERMAIN.

Mon maître serait bien fâché, monsieur, s'il s'entendait traiter de la sorte. Lorsqu'on se hasarde à lui faire remarquer la moindre distraction de sa part, il entre dans une colère affreuse. A telle enseigne que, l'autre jour, il a manqué de m'assommer parce qu'il avait, au lieu de sucre, versé son tabac sur ses fraises, et hier encore...

LE BARON.

Juste Dieu! Est-il croyable qu'un homme de mérite, et du plus haut mérite, Germain (car mon neveu est fort distingué), tombe d'une manière aussi puérile dans des égarements déplorables!

GERMAIN.

Cela est bien funeste, monsieur.

LE BARON.

Ne l'ai-je pas vu, de mes propres yeux, traverser, les mains dans ses poches, une contredanse royale, et se promener au milieu du quadrille, comme dans l'allée d'un jardin ?

GERMAIN.

Parbleu ! monsieur, il a fait la pareille, l'autre soir, chez madame la comtesse. Il y avait grande compagnie, et M. Vertigo, le poëte d'à côté, lisait un mélodrame en vers. A l'endroit le plus touchant, monsieur, quand la jeune fille empoisonnée reconnaissait son père parmi les assassins, quand toutes ces dames fondaient en larmes, voilà mon maître qui se lève et s'en va boire le verre d'eau que l'auteur avait sur sa table. Tout l'effet de la scène a été manqué.

LE BARON.

Cela ne m'étonne pas. Il a bien mis un jour trente sous dans une tasse de thé que lui présentait une charmante personne, croyant qu'elle quêtait pour les pauvres.

GERMAIN.

L'hiver dernier, vous étiez absent, lors du mariage de monsieur son frère. Il devait, comme vous pensez, faire les honneurs au repas de noces. J'entre chez lui, vers le soir, pour l'aider à faire sa toilette. Il me renvoie, se déshabille lui-même, puis se promène une heure durant, sauf votre respect, en chemise ; après quoi il s'arrête court, se regarde dans la glace avec étonnement : Que diable fais-je donc ? se demande-t-il ; parbleu ! il fait nuit, je me couche. Et là-dessus il se mettait au lit, oubliant la noce et le dîner, si nous n'étions venus l'avertir.

LE BARON.

Et tu crois qu'un pareil extravagant est capable d'aller à Gotha! Vois quelle tâche j'entreprends, Germain, car il faut bien, bon gré, mal gré, que la volonté du roi s'accomplisse. Il n'y a pas à dire, c'est mon neveu qui a le titre, je ne fais que l'accompagner; on lui donne ce titre parce qu'il porte un nom; celui de son père, qui est plus que le mien, et c'est moi qui suis responsable.

GERMAIN.

Puisque mon maître a du mérite.

LE BARON.

Sans doute, mais cela suffit-il? Il m'avait promis de se corriger.

GERMAIN.

Il s'y étudie, monsieur, tout doucement, mais il n'aime pas qu'on le contrarie, et si vous m'en croyez... Le voici.

SCÈNE II

LE BARON, GERMAIN, LE MARQUIS.

LE MARQUIS.

Ah çà! c'est donc une gageure? on me volera donc toujours mes papiers!

SCÈNE II.

GERMAIN.

Monsieur, voilà monsieur le baron...

LE MARQUIS.

Qu'as-tu fait, drôle, d'un papier de musique que j'avais tantôt? Où l'as-tu mis? où est-il passé?

LE BARON.

Bonjour, Valberg; que vous arrive-t-il?

LE MARQUIS.

Je ferai maison nette un de ces jours; je vous mettrai tous à la porte.

Au baron qui rit.

Et vous, maraud, tout le premier.

GERMAIN.

Monsieur, c'est monsieur le baron.

LE MARQUIS.

Ah! pardon, mon cher oncle, vous venez donc de Paris? C'est que j'ai perdu un papier de musique.

GERMAIN.

C'est sûrement celui-là qu'il a si bien serré.

LE BARON.

Vous voyez, mon neveu, que je suis exact, je suis arrivé à l'heure dite. Et vous, êtes-vous disposé à partir?

LE MARQUIS.

A partir?

LE BARON.

Oui, demain matin.

LE MARQUIS.

Oui, je vous le jure, si j'éprouve un refus, je pars sur-le-champ, et vous ne me reverrez de la vie.

LE BARON.

Quel refus? que voulez-vous dire?

LE MARQUIS.

Oui, sur l'honneur, si je suis reçu avec froideur, si ma démarche est mal accueillie, mon parti est pris irrévocablement.

LE BARON.

Eh! quelle froideur, quel mauvais accueil avez-vous à craindre, venant de la part du roi?

LE MARQUIS.

Est-ce que le roi se mêle de tout ceci?

LE BARON.

Parbleu! apparemment, puisque vous serez porteur d'une lettre autographe de Sa Majesté.

LE MARQUIS.

Pour la comtesse?

LE BARON.

Pour la grande-duchesse. Oubliez-vous que vous êtes chargé?...

LE MARQUIS.

C'est que je confondais, parce que j'ai aussi une lettre à écrire à la comtesse. L'avez-vous vue?

LE BARON.

Non, elle dort.

SCÈNE II.

LE MARQUIS.

Eh bien ! que dites-vous de cette affaire-là ? Ne fais-je pas bien ?

LE BARON.

Quelle affaire ?

LE MARQUIS.

Oh, mon Dieu ! je sais bien ce que vous m'allez dire. Vous n'avez jamais pu la souffrir, vous vous êtes brouillé avec elle, vous lui avez fait un procès ; eh bien ! je vous le demande, qu'est-ce qu'on gagne à ces choses-là ? Votre avocat a fait de belles phrases pour un méchant quartier de vigne ; le voilà maintenant au parlement. Ses discours n'ont pas le sens commun. On dit que c'est de la grande politique, moi je prétends qu'il n'en a point du tout, et vous verrez que la loi sera rejetée.

LE BARON.

De quoi venez-vous me parler? Il s'agit ici de choses sérieuses et qui réclament toute votre attention.

LE MARQUIS.

S'il en est ainsi, vous n'avez qu'à dire. Parlez, monsieur, je vous écoute.

LE BARON.

Il s'agit de notre ambassade. Avez-vous lu ce que je vous ai mandé ?

LE MARQUIS.

De notre ambassade ? oui, sans doute ; je suis toujours aux ordres du roi.

LE BARON.

Fort bien.

LE MARQUIS.

Sa Majesté connaît mon dévouement.

LE BARON.

A merveille. Vous serez donc prêt...

LE MARQUIS.

En doutez-vous? mes ordres sont donnés; Germain, tout est-il préparé?

GERMAIN.

Monsieur, je n'ai point reçu d'ordres.

LE MARQUIS.

Comment, coquin! Et cette grande malle que je t'ai fait mettre au milieu de ma chambre?

GERMAIN.

Ah! si monsieur veut chanter en route...

LE MARQUIS.

Chanter en route, impertinent!

GERMAIN.

Dame! monsieur, votre musique est dedans, et la clef est dans votre poche.

LE MARQUIS.

Dans ma... Ah! parbleu! c'est vrai. On me l'aura donnée sans doute avec mes gants et mon mouchoir. Ces gens-là ne font attention à rien.

GERMAIN.

Je puis vous assurer, monsieur...

SCÈNE II.

LE BARON.

Laisse-nous, ne dis mot, et va tout préparer.

Germain sort.

Maintenant, Valberg, il faut que je vous quitte, pour retourner chez M. Duplessis, prendre les lettres de la cour. Je n'ai que deux mots à vous dire : songez, mon neveu, que notre voyage n'est point une mission ordinaire, et que, selon l'habileté que vous y déploierez, votre avenir peut en dépendre.

LE MARQUIS.

Hélas! je ne le sais que trop.

LE BARON.

Il faut donc que vous me promettiez de tenter sur vous-même un effort salutaire, de vaincre ces petites distractions, ces faiblesses d'esprit parfois si fâcheuses, afin de conduire sagement les choses.

LE MARQUIS.

Oh! pour cela, je vous le promets.

LE BARON.

Sérieusement?

LE MARQUIS.

Très sérieusement.

LE BARON.

Allez donc achever de donner vos ordres. Il est six heures moins vingt minutes; je vais chez M. Duplessis; ce n'est pas loin; je serai de retour pour le dîner. Allons, vous me promettez donc de suivre en tout point mes conseils? vous savez ce que c'est que ces messieurs de la cour.

LE MARQUIS.

Oh! ne vous mettez pas en peine. Je sais comment il faut s'y prendre vis-à-vis d'eux. Je me ferai écrire partout. Il faut que je sache seulement le nom de votre rapporteur, et j'irai moi-même.

LE BARON.

Je n'ai point de rapporteur; que voulez-vous donc dire?

LE MARQUIS.

Si vous n'avez pas de rapporteur, il n'est pas temps de solliciter vos juges.

LE BARON.

Mes juges? à propos de quoi?

LE MARQUIS.

Pour votre procès.

LE BARON.

Mais je n'ai point de procès.

LE MARQUIS.

Comment! vous ne m'avez pas dit de voir ces messieurs de la cour?

LE BARON.

Je vous parle de la cour de Saxe.

LE MARQUIS.

Ah! oui, c'est pour notre ambassade. — Je suis un peu préoccupé; c'est la comtesse qui a un procès, et je me suis chargé de le suivre. C'est une femme charmante !

LE BARON.

Oui, oui, nous savons que vous êtes coiffé d'elle, et que le voisinage est cause que vous vous enterrez dans votre château. Mais il ne faut pas que cette inclination traverse nos plans, s'il vous plaît.

LE MARQUIS.

Ne craignez rien, allez, soyez en paix. Quand je n'y songe pas, voyez-vous, je parais, comme cela, un peu insouciant; mais quand je me mêle de choses graves, personne n'est plus attentif que moi.

LE BARON.

A la bonne heure.

LE MARQUIS.

Allez chez M. Duplessis, soyez en paix, je me charge du reste.

LE BARON.

Nous verrons votre exactitude.

LE MARQUIS.

Je vais surveiller Germain, de peur qu'il ne fasse quelque méprise.

LE BARON.

Fort bien.

LE MARQUIS.

Je vais achever de mettre mes papiers en ordre. J'en ai beaucoup.

LE BARON.

Ne m'arrêtez donc pas, je vous prie.

LE MARQUIS.

Dieu m'en préserve! Allez, monsieur, allez prendre les lettres royales; de mon côté, j'écrirai à ma mère; — il est bien juste aussi que je remercie le ministre; je laisserai mes chiens à madame de Belleroche; j'avertirai tous nos parents, et à votre retour, je l'espère, le mariage sera décidé.

LE BARON, s'arrêtant au moment de sortir.

Comment, le mariage! Quel mariage?

LE MARQUIS.

Hé! le mien, ne le savez-vous pas?

LE BARON.

Que signifie cette plaisanterie? votre mariage, dites-vous?

LE MARQUIS.

Oui, avec la comtesse; ne vous ai-je pas dit que je l'épousais?

LE BARON.

Non, vraiment. En voici bien d'une autre!

LE MARQUIS.

Cela me donne beaucoup d'affaires, comme vous voyez.

LE BARON.

Mais on ne se marie pas la veille d'un départ. C'est apparemment pour votre retour.

SCÈNE II.

LE MARQUIS.

Non pas; mon sort se décide aujourd'hui.

LE BARON.

Vous n'y pensez pas, mon ami.

LE MARQUIS.

J'y pense très fort, car je ne partirai qu'après et selon sa réponse.

LE BARON.

Mais que cette réponse soit bonne ou mauvaise, qu'a-t-elle à faire avec notre ambassade? Vous ne voulez pas, je suppose, emmener la comtesse?

LE MARQUIS.

Pourquoi non, si elle y consent?

LE BARON.

Miséricorde! une femme en voyage! Des chapeaux, des robes, des femmes de chambre, une pluie de cartons, des nuits d'auberge, des cris pour un carreau cassé!

LE MARQUIS.

Vous parlez là de bagatelles.

LE BARON.

Je parle de ce qui est convenable, et ceci ne l'est pas du tout. Il n'est point dit, dans les lettres que j'ai, que vous emmèneriez une femme, et je ne sais si on le trouverait bon.

LE MARQUIS.

C'est ce dont je me soucie fort peu.

LE BARON.

Mais je m'en soucie beaucoup, moi qui vous parle; et si vous insistez, je vous déclare...

Le marquis se met au piano et prélude. — A part.

En vérité, ce garçon-là est fou; il est impossible qu'il aille à Gotha. Que faire? je ne puis partir seul, son nom est tout au long dans la lettre royale. Si je dis ce qui en est, voilà un scandale, et quand bien même j'obtiendrais que mon nom fût mis à la place du sien (ce qui serait de toute justice), voilà un retard considérable, et l'à-propos sera manqué.

On entend sonner.

Grand Dieu! c'est la comtesse qui sonne... Je vais manquer M. Duplessis. Mon neveu, de grâce, écoutez-moi.

LE MARQUIS.

Monsieur, je vous croyais parti.

LE BARON.

Vous êtes amoureux de la comtesse.

LE MARQUIS.

C'est mon secret.

LE BARON.

Vous venez de me le dire.

LE MARQUIS.

Si cela m'est échappé, je ne m'en cache pas.

LE BARON.

Ne plaisantons point, je vous prie. Je ne puis parler pour vous à la comtesse; elle me déteste, et je suis pressé. Voici ce que je vous propose. Deux choses sont qu'il faut mener à bien, votre mariage et votre ambassade. Ne sacrifiez pas l'un à l'autre.

LE MARQUIS.

Je ne demande pas mieux.

LE BARON.

Voyez donc la comtesse, obtenez une réponse. Si elle accepte, je ne m'oppose pas à ce qu'elle vienne en Allemagne, mais ce ne saurait être du jour au lendemain; cela se conçoit naturellement.

LE MARQUIS.

Naturellement.

LE BARON.

Ainsi elle pourrait nous rejoindre.

LE MARQUIS.

Vous avez là une excellente idée.

LE BARON.

N'est-il pas vrai? Si elle refuse...

LE MARQUIS.

Si elle refuse, je la quitte pour jamais.

LE BARON.

C'est cela même; vous fuyez une ingrate.

LE MARQUIS.

Ah! je l'adorerai toujours!

LE BARON.

Certainement.

A part.

Il n'est point méchant, et ses distractions mêmes,

entre des mains habiles, peuvent tourner à son profit. On n'a pas su le guider jusqu'ici. Allons, il peut venir à Gotha.

Haut.

Voilà qui est convenu; je vous laisse. A mon retour, votre démarche sera faite, et le succès, je l'espère, sera favorable, car la comtesse, apparemment, s'attend à votre proposition.

LE MARQUIS.

Mais je ne sais pas trop, car voilà plusieurs fois que je viens ici pour lui en parler, et, je ne sais comment cela se fait, je l'oublie toujours; mais, cette fois-ci, j'ai mis un papier dans ma boîte pour m'en souvenir.

LE BARON.

Cela fait un mariage bien avancé!

LE MARQUIS.

Je ne sais pas si elle y consentira, car il est difficile de la fixer longtemps sur le même objet. Quand vous lui parlez, elle semble vous écouter, et elle est à cent lieues de là.

LE BARON.

Elle est peut-être distraite?

LE MARQUIS.

Oui, elle est distraite. C'est insupportable, cela.

LE BARON.

Oh! je vous en réponds. — Je vais chez M. Duplessis.

LE MARQUIS.

Oui, vous ferez bien, parce que ce mariage, le procès de la comtesse et cette ambassade, tout cela m'occupe beaucoup. On a mille lettres à répondre. Elle veut que je lise un roman nouveau,... tout cela ne peut pas s'accorder ensemble,... vous en conviendrez bien.

LE BARON.

Oui, oui, songez à votre mariage.

LE MARQUIS.

C'est vrai. Cette diable d'affaire-là me tourne la tête ! Je n'y pense jamais. Je ne vous reconduis pas.

LE BARON.

Hé ! non, non. Vous vous moquez de moi.

A part, en s'en allant.

Il voulait, disait-il, surveiller Germain, mais je vais le faire surveiller lui-même.

SCÈNE III

LE MARQUIS, VICTOIRE.

LE MARQUIS.

Holà ! oh ! quelqu'un !

VICTOIRE.

Qu'est-ce que veut monsieur le marquis ?

LE MARQUIS.

Donnez-moi ma robe de chambre.

VICTOIRE.

Vous badinez, monsieur le marquis.

LE MARQUIS.

Hé! ah!... oui, oui.

VICTOIRE.

On a dit à madame la comtesse que vous étiez ici, et elle va venir.

LE MARQUIS.

Pourquoi cela? Je m'en vais faire mettre mes chevaux, et j'irai chez elle.

VICTOIRE.

Mais, monsieur, vous y êtes, chez elle.

LE MARQUIS.

Vous avez raison;... c'est que je pensais...

VICTOIRE.

Monsieur, voilà madame.

SCÈNE IV

LA COMTESSE, LE MARQUIS, VICTOIRE.

LA COMTESSE, en entrant.

François, dites à Victoire de venir.

VICTOIRE.

Me voilà, madame.

LA COMTESSE.

C'est bon. — Monsieur de Valberg, je suis enchantée de vous voir... Vous avez été hier de la distraction la plus divertissante du monde... Je vous aime à la folie comme cela.

LE MARQUIS.

Ce n'est pas là le moyen de m'en corriger, madame, au contraire; cependant, comme on dit souvent, les contraires se rapprochent quelquefois.

LA COMTESSE.

Mademoiselle, je veux absolument avoir ma robe.

VICTOIRE.

Oui, madame.

LA COMTESSE.

Donnez-moi un autre collet.

Elle s'assied à sa toilette.

Celui-ci va à faire horreur.

Au marquis.

Asseyez-vous donc.

VICTOIRE.

Mais, madame n'a qu'à le rendre si elle n'en veut pas; cependant il est bien fait. C'est qu'il y a là un pli... Attendez.

Elle l'arrange.

LA COMTESSE.

Oui, un pli, voyons.

Elle se mire.

Eh bien! voilà ce que je veux dire. Il va à merveille comme cela. Ayez soin que mademoiselle Dufour m'en fasse un autre tout pareil, mais je dis tout de même, entendez-vous?

VICTOIRE.

Oui, madame. Et quand madame le veut-elle?

LA COMTESSE.

Quand? mais demain matin. Il n'y a qu'à envoyer François tout à l'heure, j'en suis très pressée.

VICTOIRE.

Il n'y aura peut-être pas assez de temps.

LA COMTESSE.

Oh! sans doute, vous trouvez toujours ce que je désire impossible, et puis vous viendrez dire que vous m'êtes bien attachée.

VICTOIRE.

C'est que rien n'est plus vrai. — Madame me gronde.

LA COMTESSE.

C'est bon, c'est bon, donnez-moi du rouge. Eh bien! monsieur de Valberg, vous ne dites rien?

LE MARQUIS.

Mais vous ne m'écoutez pas, madame.

LA COMTESSE, mettant son ruban.

Pardonnez-moi, pardonnez-moi. Ne parliez-vous pas des contraires?

LE MARQUIS.

Des contraires? N'est-ce pas des contrats, plutôt?

LA COMTESSE.

Cela peut bien être. Victoire!

VICTOIRE.

Madame?

SCÈNE IV.

LA COMTESSE.

Je ne sais plus ce que je voulais dire, avec vos contrats.

LE MARQUIS.

Ah! je vous le dirai, moi, quand vous voudrez m'entendre.

LA COMTESSE.

Je vous entends toujours avec plaisir.

LE MARQUIS.

Aurez-vous du monde aujourd'hui?

LA COMTESSE.

Non, si vous voulez. C'est même ce que je voulais dire, car tous les ennuyeux de la ville prennent ce parc pour leur promenade. Victoire! qu'on ne laisse entrer personne.

VICTOIRE.

Je m'en vais le dire, madame.

LE MARQUIS.

Je vous suis obligé, parce que j'ai à vous parler très sérieusement.

LA COMTESSE, à Victoire.

Ma belle-sœur, pourtant.

VICTOIRE.

Oui, madame.

LA COMTESSE.

Elle raffole de vous, monsieur de Valberg.

LE MARQUIS.

Moi, je la trouve charmante! Il y a des femmes

comme cela, qui vous séduisent dès le premier moment qu'on les voit.

LA COMTESSE.

Victoire, dites qu'on laisse entrer aussi M. de Clervaut.

VICTOIRE.

Est-ce là tout?

LE MARQUIS.

Ah! madame, M. de Latour aussi, je vous prie.

LA COMTESSE.

M. de Latour? Eh bien! oui, M. de Latour; je le veux bien.

VICTOIRE.

Je m'en vais le dire.

LA COMTESSE.

Attendez. — La liste d'hier.

VICTOIRE.

Mais, madame a laissé entrer tout le monde.

LA COMTESSE.

Vous croyez?

VICTOIRE.

J'en suis sûre.

LA COMTESSE.

Eh bien! en ce cas-là, tout le monde.

VICTOIRE.

Madame aura-t-elle besoin de moi?

LA COMTESSE.

Non, non. — Cependant ne vous éloignez pas... Qu'on m'avertisse quand mes étoffes viendront.

SCÈNE V

LE MARQUIS, LA COMTESSE.

LE MARQUIS.

Vous faites des emplettes?

LA COMTESSE.

Oui, pour cet hiver.

LE MARQUIS.

Vous aimez beaucoup le monde, madame.

LA COMTESSE.

Sans doute, je ne connais que cela. Vous savez comme mon mari m'a rendue malheureuse pendant trois ans qu'il m'a tenue enfermée avec lui, dans une de ses terres.

LE MARQUIS.

Dans une de ses terres?

LA COMTESSE.

Oui, vraiment, excepté ce voyage que nous avons fait sur les bords du Rhin.

LE MARQUIS.

Sur les bords du Rhin?

LA COMTESSE.

Oui.

LE MARQUIS.

Est-ce un beau pays?

LA COMTESSE.

Je ne peux pas trop vous dire, je ne m'y connais pas. On se donne beaucoup de fatigue pour visiter toutes sortes d'endroits, et je ne vois pas la différence. C'est une faculté qui m'est refusée. On me montre des châteaux, des bois, des rivières, des églises surtout... Ah, Dieu! les églises, les églises gothiques, il y fait un froid! c'est un rhume de tous les jours. Je me souviens encore de mes réveils, quand j'étais le matin dans un lit bien chaud, brisée par un voyage en poste, et que M. de Vernon entrait dans ma chambre avec la perspective d'une cathédrale!

LE MARQUIS.

Oui, cela doit être fort pénible.

LA COMTESSE.

A se faire Turc pour rester chez soi. Et notez bien que ce n'était pas assez d'essuyer des caveaux humides, de se tordre le cou pour voir des rosaces. Le triomphe de mon mari était de monter dans les flèches, et l'on me hissait après lui. Connaissez-vous ce travail-là? On grimpe en rond autour d'un pilier, dans une tourelle qui vous suffoque, et l'on s'en va montant et tournant toujours, comme avec un tire-bouchon dans la tête, jusqu'à ce que le mal de mer vous prenne, et qu'on ferme les yeux pour ne pas tomber. C'est alors que votre cornac tire de sa poche une lorgnette pour vous faire admirer le pays. Voilà comme j'ai vu l'Allemagne

LE MARQUIS.

C'est pourtant cette route-là, sans doute, que nous allons prendre avec le baron.

LA COMTESSE.

Est-ce qu'il est ici, le baron?

LE MARQUIS.

Oui, madame, il vient d'arriver. Il est venu de Paris ce matin, par ce grand orage; — c'est là ce qui a dérangé le temps, sûrement.

LA COMTESSE, riant.

L'arrivée du baron! ah! vous êtes délicieux!

LE MARQUIS.

Comment! ne parliez-vous pas de lui?

LA COMTESSE, riant.

Si fait, si fait, c'est à merveille.

LE MARQUIS.

Je le croyais. Je me trompe quelquefois, et c'est insupportable.

LA COMTESSE.

Non, non. — Je vous trouve charmant comme cela.
Elle cherche quelque chose.

LE MARQUIS.

Qu'est-ce que vous voulez? Du tabac? j'en ai de fort bon.
Il ouvre sa tabatière.

Ah! j'oubliais bien!

LA COMTESSE.

Quoi?

LE MARQUIS.

Vous voyez ce papier-là. Devinez.

LA COMTESSE.

Je ne sais pas deviner, dites-moi tout de suite.

LE MARQUIS.

C'est que si vous voulez vous remarier...

LA COMTESSE,, cherchant sur son piano.

Eh bien?

LE MARQUIS.

Qu'est-ce que vous cherchez encore?

LA COMTESSE, cherchant.

Parlez, parlez toujours.

LE MARQUIS.

Vous seriez la plus heureuse femme du monde avec moi.

LA COMTESSE, cherchant toujours.

Avec vous?

LE MARQUIS.

Oh! sûrement.

LA COMTESSE.

Je ne le trouve pas; c'est inconcevable.

LE MARQUIS.

Qu'est-ce que vous cherchez donc là?

LA COMTESSE.

Un papier que j'avais tout à l'heure.

SCÈNE V.

LE MARQUIS.

Est-ce une chose de conséquence?

LA COMTESSE.

Oui et non, c'est une chanson.

LE MARQUIS.

J'en ai un recueil; si vous voulez, je vous le prêterai. Il est très complet depuis 1650.

LA COMTESSE.

C'était une chanson nouvelle.

LE MARQUIS.

Il y en a beaucoup dedans.

LA COMTESSE.

Des chansons nouvelles?

LE MARQUIS.

Oui, pour ce temps-là.

LA COMTESSE, riant.

De 1650! ah! ah! ah! vous êtes toujours le même.

LE MARQUIS.

Oui, je suis constant. Cela ne réussit pas toujours, comme vous savez, avec les femmes.

LA COMTESSE.

Est-ce que vous avez à vous plaindre des femmes?

LE MARQUIS.

Ah! si vous vouliez être la mienne!... Voici une visite.

LA COMTESSE.

Eh! c'est votre domestique.

SCÈNE VI

LA COMTESSE, LE MARQUIS, GERMAIN.

GERMAIN.

Pardon, madame, c'est un papier que j'apporte à monsieur le marquis, de la part de monsieur le baron.

LE MARQUIS.

Eh, morbleu! il s'agit bien... Ah! ah! madame, c'est assez singulier; c'est une romance. Est-ce celle que vous cherchiez?

LA COMTESSE.

Voyons; mais il me semble que oui. Vous me l'aviez volée apparemment.

Elle se met au piano et joue.

GERMAIN, à part.

Justement, c'est celle de la malle.

Au marquis.

Monsieur, monsieur le baron m'a dit de vous demander...

LE MARQUIS.

Quoi? qu'est-ce que c'est.

GERMAIN.

Si vous songiez à vos affaires.

LE MARQUIS.

Eh! oui, tu viens nous déranger...

SCÈNE VI.

GERMAIN.

C'est que monsieur le baron tout à l'heure a reçu un exprès de Fontainebleau, et cela l'inquiète beaucoup. Il est retourné encore chez M. Duplessis ; il paraissait tout bouleversé.

LE MARQUIS.

En vérité?

GERMAIN.

Oui, et je vous ai apporté cette musique, afin d'avoir une raison d'entrer et afin de pouvoir vous dire en même temps qu'il faut une réponse sur-le-champ.

LE MARQUIS réfléchit.

Tu as bien fait. Mais il me semble... Ce n'est pas cela, madame, ce n'est pas cela, vous vous trompez.

Il va au piano.

LA COMTESSE.

Mais j'y vois clair apparemment. Tenez...

Elle joue.

GERMAIN.

Il ne me semble pas qu'ils parlent beaucoup d'affaires. Monsieur le baron m'a dit de saisir au vol quelques mots de leur entretien.

Il se retire lentement.

LA COMTESSE.

Vous voyez bien que c'est écrit ainsi.

LE MARQUIS.

Oui, pour la musique. Mais les paroles...

LA COMTESSE.

Les paroles, je ne les sais pas.

LE MARQUIS.

Comment ! elles sont de...

Il chante.

Fanny, l'heureux mortel qui près de toi respire...

GERMAIN, près de la porte.

Cela ne prend pas le chemin de Gotha.

LE MARQUIS.

J'ai oublié le reste ; c'est singulier.

LA COMTESSE.

Très singulier, avec votre mémoire !

LE MARQUIS.

Oui, ordinairement je retiens tout ce que je veux.

SCÈNE VII

LA COMTESSE, LE MARQUIS, GERMAIN, VICTOIRE.

VICTOIRE.

Voilà vos étoffes, madame.

LA COMTESSE.

C'est bon.

LE MARQUIS.

On vous demande ? je ne veux pas vous retenir plus longtemps.

LA COMTESSE.

Ne venez-vous pas avec moi? vous me donnerez votre avis.

LE MARQUIS.

Non, je ne sortirai pas aujourd'hui. J'attends quelqu'un à qui j'ai à parler.

LA COMTESSE.

Ici? chez moi?

LE MARQUIS.

Oui; — et à propos. — C'est vous.

LA COMTESSE.

Moi?

LE MARQUIS.

Oui, mais ne vous l'ai-je pas dit?

LA COMTESSE.

Quoi?

LE MARQUIS.

Que j'avais la plus grande envie de vous épouser.

LA COMTESSE.

Je ne sais pas quand.

LE MARQUIS.

Tout à l'heure. Je ne suis venu ici que pour cela.

LA COMTESSE.

Je ne m'en souviens pas.

LE MARQUIS.

Mais à quoi donc pensez-vous? vos distractions, vraiment, ne sont pas concevables. Il me semble pourtant...

LA COMTESSE.

Dites.

LE MARQUIS.

Que je vous ai parlé de mon voyage.

LA COMTESSE.

Quel voyage?

LE MARQUIS.

En Allemagne.

LA COMTESSE.

Hé! non, c'est moi qui vous ai parlé du mien.

LE MARQUIS.

Comment du vôtre?

LA COMTESSE.

Oui, de ce voyage aux bords du Rhin, que j'ai fait avec mon mari.

LE MARQUIS.

Je vous demande pardon, je vous assure...

LA COMTESSE.

Vous extravaguez; venez voir mes étoffes. Je vous donnerai mon volume de je ne sais plus qui, et vous trouverez la fin de notre romance.

LE MARQUIS, s'en allant.

Mais c'est moi...

LA COMTESSE, de même.

Je vous dis que c'est moi...

SCÈNE VIII

GERMAIN, VICTOIRE.

GERMAIN.

Mam'selle Victoire, que dites-vous de cela? Vous savez que monsieur aime madame.

VICTOIRE.

Et je sais que madame aime monsieur.

GERMAIN.

Et que monsieur veut épouser madame.

VICTOIRE.

Et que madame ne demande pas mieux.

GERMAIN.

En êtes-vous sûre?

VICTOIRE.

Parfaitement.

GERMAIN.

Mais vous ne savez peut-être pas que nous allons en ambassade.

VICTOIRE.

Où?

GERMAIN.

A Gotha. Il paraît, d'après ce qu'on m'a dit, que la duchesse est accouchée, et nous allons lui faire compliment de la part de Sa Majesté.

VICTOIRE.

Qu'est-ce que cela signifie?

GERMAIN.

Cela signifie que mon maître veut que la comtesse dise oui ou non avant ce départ, afin d'en avoir la conscience nette ; que nous partons demain matin avec le baron, qu'il ne faudrait qu'un mot pour arranger tout, et qu'au lieu de le dire, ils chantent.

VICTOIRE.

Il a pourtant parlé mariage et voyage.

GERMAIN.

Et elle lui a répondu chanson.

VICTOIRE.

Pourquoi votre baron ne vient-il pas au secours?

GERMAIN.

Par crainte de tout gâter, parce qu'il est brouillé, à ce qu'il croit, avec votre maîtresse.

VICTOIRE.

Monsieur Germain.

GERMAIN.

Mam'selle Victoire.

VICTOIRE.

Nos maîtres sont de grands enfants ; il faut arranger cette affaire-là. Vous venez d'apporter un papier ; n'est-ce pas cela qu'ils chantaient?

GERMAIN

Oui, le voici.

SCÈNE IX.

VICTOIRE.

Donnez-le moi, et maintenant...
Elle écrit sur la romance.

GERMAIN.

Qu'est-ce que vous écrivez là-dessus?

VICTOIRE.

Ne vous mettez pas en peine. Posons cela sur le piano.

GERMAIN, lisant.

Mais s'ils se fâchent?

VICTOIRE.

Est-ce que cela se peut? Elle rêve de lui en plein jour. A plus forte raison...

GERMAIN.

Les voici qui viennent; sauvons-nous.

VICTOIRE.

Et écoutons.

SCÈNE IX

LA COMTESSE, LE MARQUIS,

LA COMTESSE.

Vous n'aimez pas ce pou-de-soie rose?

LE MARQUIS, un livre à la main.

Non, ce n'est pas ce que je choisirais.
Lisant.

Fanny, l'heureux mortel qui près de toi respire...

LA COMTESSE.

Vous voilà bien content. Avec votre livre en main, vous êtes bien sûr de votre mémoire.

LE MARQUIS.

Oh, mon Dieu ! je n'avais que faire du livre, et cela me serait revenu tout de suite.

Lisant.

Fanny, l'heureux mortel qui près de toi respire
Sait, à te voir parler, et rougir, et sourire,
De quels hôtes divins le ciel est habité.

LA COMTESSE.

Vous y mettez une expression !...

LE MARQUIS.

Il n'est pas difficile, madame, d'exprimer ce qu'on sent du fond du cœur, et ces vers ne semblent-ils pas faits tout exprès pour qu'on vous les dise ?

Fanny, l'heureux mortel...

LA COMTESSE.

Vous vous divertissez, je crois.

LE MARQUIS.

Non, je vous le jure sur mon âme, et par tout ce qu'il y a de plus sacré au monde, je... je trouve ces vers-là charmants.

LA COMTESSE.

Eh bien ! venez les chanter, je vous accompagnerai.

Elle s'assied au piano.

LE MARQUIS, près d'elle.

Vous verrez que je me passerai de livre... A quoi pensez-vous donc, madame?

LA COMTESSE.

A ce pou-de-soie rose. Vous ne l'aimez pas?

LE MARQUIS.

Non, j'aime mieux ce taffetas feuille-morte.

LA COMTESSE.

C'est une étoffe trop âgée.

LE MARQUIS.

Elle m'a paru toute neuve.

LA COMTESSE.

Laissez donc! Il y a de ces choses qui sont toujours de l'an passé.

LE MARQUIS.

Que c'est bien femme, ce que vous dites là!

LA COMTESSE.

Comment, bien femme? Que voulez-vous dire?

LE MARQUIS.

Eh! mon Dieu, oui. Toujours du nouveau, — voilà ce qu'il vous faut, à vous autres.

LA COMTESSE.

A vous autres! Vous êtes poli.

LE MARQUIS.

Hors le moment présent, vous ne connaissez rien. Vous ne vous souciez plus des choses de la veille, et celles du lendemain, vous n'y songez pas. Je vous réponds bien que, si j'étais marié, ma femme n'aurait pas tant de fantaisies.

LA COMTESSE.

Vous lui feriez porter une robe feuille-morte?

LE MARQUIS.

Feuille-morte, soit, si c'était mon goût.

LA COMTESSE.

Elle s'en moquerait, et ne la porterait pas.

LE MARQUIS.

Elle la porterait toute sa vie, madame, si elle m'aimait véritablement.

LA COMTESSE.

Eh bien! à ce compte-là, vous resterez garçon.

LE MARQUIS.

Parlez-vous sérieusement, madame?

LA COMTESSE.

Oui, je vous conseille de renoncer à trouver une victime de bonne volonté.

LE MARQUIS.

O ciel! mais c'est ma mort que vous m'annoncez là!

LA COMTESSE.

Comment, votre mort?

LE MARQUIS.

Assurément. Je ne suis pas comme vous, moi, madame. Il ne faut pas me dire deux fois les choses. Oh! je craignais cette cruelle parole, mais, en la prévoyant, je ne l'entendais pas. Elle me désespère, elle m'accable,... au nom du ciel! ne la répétez pas.

SCÈNE IX.

LA COMTESSE.

Mais, bon Dieu ! quelle mouche vous pique ?

LE MARQUIS.

Croyez-vous donc que je puisse rester au monde loin de vous, loin de tout ce qui m'est cher ? La vie me serait insupportable. Riez-en, madame, tant qu'il vous plaira. Je sais bien que vous me direz qu'un voyage à la hâte est toujours fâcheux ; que, si j'ai mes projets, vous avez les vôtres ; que sais-je ? — Vous trouverez cent raisons, cent obstacles,... mais en est-il un seul, en voit-on quand on aime ? Est-ce votre procès qui vous retient ? mais je vous ai dit qu'il était gagné. Je suis allé vingt fois chez votre avoué. Il demeure un peu loin, mais qu'importe ? Ce n'est pas là ce qui vous occupe ; — non, madame, vous ne m'aimez pas.

LA COMTESSE.

Je vous demande bien pardon ; mais quel galimatias me faites-vous là ?

LE MARQUIS.

Je ne dis que l'exacte vérité ; mais, puisque vous ne voulez pas l'entendre, je me retire. Adieu, madame.

LA COMTESSE.

Savez-vous une chose, marquis ? c'est que les distractions ne plaisent qu'à la condition d'être plaisantes. Quand vous prenez le chapeau du voisin, ou quand vous appelez le curé « mademoiselle », personne ne songe à s'en fâcher ; mais il ne faut pas que cela vous encourage jusqu'à perdre tout à fait le sens, et à parler, pour une robe feuille-morte, comme un homme qui va se noyer; car vous comprenez que, dans ce cas-là, notre part à nous, qui vous voyons faire, ce n'est plus de la gaieté, c'est de la patience, et il n'est jamais bon d'avoir affaire à elle ; c'est l'ennemie mortelle des femmes.

LE MARQUIS.

Cela veut dire que je vous importune. Raison de plus pour m'éloigner de vous.

LA COMTESSE.

En vérité, vous perdez l'esprit.

LE MARQUIS.

De mieux en mieux. — Que je suis malheureux!

LA COMTESSE.

Vous ne soupez pas avec moi?

LE MARQUIS.

Non, je m'en vais. — Adieu, madame.

Il s'assied dans un coin.

LA COMTESSE.

Ma foi, faites ce que vous voudrez, vous êtes intolérable et incompréhensible. Tenez, laissez-moi à ma musique. Qu'est-ce que c'est que cela?

Elle se retourne vers le piano, et lit tout bas ce qu'il y a sur la romance.

LE MARQUIS, assis.

Elle que j'aimais si tendrement! faut-il que j'aie pu lui déplaire! qu'ai-je donc fait qui l'ait offensée? Quoi! je viens ici, le cœur tout plein d'elle, mettre à ses pieds ma vie entière; je lui fais en toute confiance l'aveu sincère de mon amour; je lui demande sa main le plus clairement et le plus honnêtement du monde, et elle me repousse avec cette dureté ! C'est une chose inconcevable; plus j'y réfléchis, moins je le comprends.

Il se lève et se promène à grands pas sans voir la comtesse.

Il faut sans doute que j'aie commis à mon insu quelque faute impardonnable.

LA COMTESSE, lui présentant le papier quand il passe devant elle.

Tenez, Valberg, lisez donc cela.

LE MARQUIS, de même.

Impardonnable? ce n'est pas possible. Quand je la reverrai, elle me pardonnera. Allons, Germain, je veux sortir. Oui, sans doute, il faut que je la revoie. Elle est si bonne, si indulgente! et si gracieuse et si belle! pas une femme ne lui est comparable.

LA COMTESSE, à part.

Je laisse passer cette distraction-là.

LE MARQUIS, de même.

Il est bien vrai qu'elle est coquette en diable, et paresseuse... à faire pitié! Son étourderie continuelle...

LA COMTESSE, présentant le papier.

Le portrait se gâte... Monsieur de Valberg!

LE MARQUIS, de même.

Son étourderie continuelle pourrait-elle véritablement convenir à un homme raisonnable? Aurait-elle ce calme, cette présence d'esprit, cette égalité de caractère nécessaires dans un ménage? — J'aurais fort à faire avec cette femme-là.

LA COMTESSE.

Ceci mérite d'être écouté.

LE MARQUIS.

Mais elle est si bonne musicienne! — Germain! — Ah! que nous serions heureux, seuls, dans quelque retraite paisible, avec quelques amis, avec tout ce qu'elle aime, car je serais sûr de l'aimer aussi.

LA COMTESSE.

A la bonne heure.

LE MARQUIS.

Mais non, elle aime le monde, les fêtes! — Germain! — Eh bien! Je ne serais pas jaloux. Qui pourrait l'être d'une pareille femme? — Germain! — Je la laisserais faire; j'aimerais pour elle ces plaisirs qui m'ennuient; je mettrais mon orgueil à la voir admirée; je me fierais à elle comme à moi-même, et si jamais elle me trahissait... — Germain! — je lui plongerais un poignard dans le cœur.

LA COMTESSE, lui prenant la main.

Oh! que non, monsieur de Valberg.

LE MARQUIS.

C'est vous, comtesse! grand Dieu! je ne croyais pas...

LA COMTESSE.

Avant de me tuer, lisez cela.

SCÈNE IX.

LE MARQUIS.

Qu'est-ce que c'est donc?

Il lit :

« Monsieur le marquis est prié de vouloir bien se souvenir d'épouser madame la comtesse avant de partir pour l'Allemagne. »

Eh bien! madame, vous voyez bien que c'était moi, et non pas vous, qui avais parlé de ce voyage-là.

LA COMTESSE.

Mais c'est donc réel, ce départ?

LE MARQUIS.

Vous le demandez! voilà deux heures que je me tue à vous le répéter.

LA COMTESSE.

Vous aurez pris ma femme de chambre pour moi, car ces trois lignes sont de son écriture.

LE MARQUIS.

Vraiment? elle n'écrit pas trop mal.

LA COMTESSE.

Non, mais elle écrit des impertinences.

LE MARQUIS.

Point du tout, c'était ma pensée.

LA COMTESSE.

Mais qu'allez-vous faire en Allemagne?

LE MARQUIS.

Des compliments, de la part du roi, à la grande-duchesse.

LA COMTESSE.

Et quand partez-vous?

LE MARQUIS.

Demain matin.

LA COMTESSE.

Vous vouliez donc m'épouser en poste?

LE MARQUIS.

Justement, je voulais vous emmener. Ce serait le plus délicieux voyage!

LA COMTESSE.

Un enlèvement?

LE MARQUIS.

Oui, dans les formes.

LA COMTESSE.

Elles seraient jolies.

LE MARQUIS.

Certainement, nous publierions nos bans...

LA COMTESSE.

A chaque relais, n'est-il pas vrai? Et les témoins?

LE MARQUIS.

Nous avons mon oncle.

LA COMTESSE.

Et nos parents?

LE MARQUIS.

Ils ne demandent pas mieux.

LA COMTESSE.

Et le monde?

LE MARQUIS.

Que pourrait-on dire? Nous sommes d'honnêtes gens, je suppose. Parce que nous montons dans une chaise de poste, on ne va pas nous prendre tout à coup pour des banqueroutiers.

LA COMTESSE.

Votre projet est si absurde, si extravagant, qu'il m'amuse.

LE MARQUIS.

Suivons-le, il sera tout simple.

LA COMTESSE.

J'en suis presque tentée.

LE MARQUIS.

J'en suis enchanté. Holà! Germain!

Entre Germain.

GERMAIN.

Vous avez appelé, monsieur?

A part.

Je crois que le danger est passé.

LE MARQUIS.

Va vite chercher cette grande malle, qui est là-bas au milieu de la chambre, et apporte-la tout de suite.

GERMAIN.

Ici, monsieur?

LE MARQUIS.

Oui; dépêche-toi.

Germain sort.

LA COMTESSE, riant.

Ah, mon Dieu ! mais quelle folie ! vous envoyez prendre votre malle ?

LE MARQUIS.

Oui, il faut faire nos paquets sur-le-champ, parce que, voyez-vous, quand on a une bonne idée, il faut s'y tenir ; je ne connais que cela.

LA COMTESSE.

Un instant, marquis ; avant de s'embarquer, bride abattue, pour les Grandes-Indes, il faut prendre son passe-port. Êtes-vous bien-sûr que je sois douée de toutes les qualités requises pour faire convenablement votre ménage dans quelqu'un de ces grands châteaux que vous possédez en Espagne ?

LE MARQUIS.

En Espagne ? Je ne vous comprends pas.

LA COMTESSE.

Ai-je bien ce calme, cette présence d'esprit, cette égalité de caractère, si nécessaires dans une maison, surtout quand le maître en donne l'exemple ?

LE MARQUIS.

Vous vous moquez. Est-il donc besoin que je vous répète ce que sait tout le monde, qu'on voit en vous toutes les qualités, comme tous les talents et toutes les grâces ?

LA COMTESSE.

Mais vous oubliez que je suis coquette, paresseuse à faire pitié, et étourdie, surtout étourdie...

LE MARQUIS.

Qui a jamais dit cela, madame?

LA COMTESSE.

Un de mes amis.

LE MARQUIS.

Un impertinent.

LA COMTESSE.

Pas toujours. C'est un original qui fait des portraits devant son miroir et qui les peint à son image. Devinez-le. C'est un diplomate qui est assez bon musicien; un poëte connaisseur en étoffes; un chasseur très dangereux pour la haie du voisin, très redoutable au whist pour son partenaire; un homme d'esprit qui dit des bêtises; un fort galant homme qui en fait quelquefois; enfin, c'est un amant plein de délicatesse qui, pour gagner le cœur d'une femme, lui adresse des compliments par usage, et des injures par distraction.

LE MARQUIS.

Si j'ai commis celle-là, madame, ce sera la dernière de ma vie, et vous verrez si dans ce voyage...

LA COMTESSE.

Mais ce voyage, est-ce que j'y consens?

LE MARQUIS.

Vous avez dit oui.

LA COMTESSE.

J'ai dit presque oui. Entre ces deux mots-là il y a tout un monde.

LE MARQUIS.

Consentez donc, madame, et ce portrait que vous venez de faire, ce portrait ne sera plus le mien. Oui, s'il est ressemblant aujourd'hui, c'est grâce à vous, je le proteste. C'est le doute, la crainte, l'espérance, l'inquiétude où j'étais sans cesse, qui m'empêchaient de voir et d'entendre, de comprendre ce qui n'était pas vous. Ne me faites pas l'injure de croire que j'aurais perdu la raison si je vous avais moins aimée; je l'avais laissée dans vos yeux; il ne vous faut qu'un mot pour me la rendre.

LA COMTESSE.

Ce que vous dites là me donne une idée plaisante, c'est qu'il pourrait se faire que, sans nous en douter, nous nous fussions volé notre raison l'un à l'autre. Vous êtes distrait, dites-vous, pour l'amour de moi; peut-être suis-je étourdie par amitié pour vous. Dites donc, marquis, si nous essayions de réparer mutuellement le dommage que nous nous sommes fait? Puisque j'ai pris votre bon sens et vous le mien, si nous nous conduisions tous deux d'après nos conseils réciproques? Ce serait peut-être un moyen excellent de parvenir à une grande sagesse.

LE MARQUIS.

Je ne demande pas mieux que de vous obéir.

LA COMTESSE.

Il ne s'agit pas de cela, mais d'un simple échange. Par exemple, je suis paresseuse, vous me l'avez dit...

LE MARQUIS.

Mais, madame...

LA COMTESSE.

Vous me l'avez dit, et j'en conviens. Vous, au contraire, vous remuez toujours; vous revenez de la chasse quand je me lève; vous avez sans cesse les doigts tachés d'encre, et c'est pour moi un chagrin d'écrire. Pour la lecture, c'est tout de même; vous dévorez jusqu'à des tragédies avec un appétit féroce, pendant que je dors à leur doux murmure. Dans le monde, vous ne savez que faire, à moins que ce ne soit, comme M. de Brancas, d'accrocher votre perruque à un lustre; vous ne dites mot, ou vous parlez tout seul, sans vous soucier de ce qui vous entoure; moi, je l'avoue, j'aime la causerie, j'irais volontiers jusqu'au bavardage si tant de gens ne s'en mêlaient pas, et pendant que vous êtes dans un coin, boudant d'un air sauvage, le bruit m'amuse, m'entraîne, un bal m'éblouit. Est-ce qu'avec toutes ces disparates on ne pourrait pas faire un tableau? Trouvons un cadre où nous pourrions mettre, vous, votre feuille morte, moi, ma couleur de rose, nos qualités par-dessus nos défauts; où nous serions, à tour de rôle, tantôt le chien, tantôt l'aveugle. Ne serait-ce pas un bel exemple à donner au monde, qu'un homme ayant assez d'amour pour renoncer à dire : Je veux, et une femme, sacrifiant plus encore, le plaisir de dire : Si je voulais?

LE MARQUIS.

Vous me ravissez, vous me transportez. Ah! madame, si vous me jugiez digne de vous confier ma vie entière, je mourrais de joie à vos pieds.

LA COMTESSE.

Non pas; où seraient mes profits?

Entre Germain avec la malle.

GERMAIN, entrant.

Voilà votre malle, monsieur le marquis.

LE MARQUIS.

Et mon oncle?

GERMAIN.

Il n'est pas revenu de chez M. Duplessis.

LE MARQUIS.

Eh bien! madame?

LA COMTESSE.

Eh bien!... essayons.

LE MARQUIS.

Vite, Germain, François, Victoire, apportez tout ce qu'il y a ici.

LA COMTESSE.

C'est là votre manière de me remercier?

LE MARQUIS.

Hé! madame, j'aurai bien le temps.

LA COMTESSE.

Comment, bien le temps? c'est honnête.

LE MARQUIS.

Certainement, puisqu'à compter de ce jour je ne

SCÈNE IX.

veux plus faire autre chose pendant tout le reste de ma vie.

Entre Victoire.

VICTOIRE.

Madame a besoin de moi?

LA COMTESSE.

C'est donc vous, mademoiselle Victoire, qui vous êtes permis tantôt...

LE MARQUIS.

Ne la grondez pas. Si j'avais maintenant le diamant de Buckingham, au lieu de le jeter par la fenêtre, je le lui mettrais dans sa poche.

Il y met une bourse.

LA COMTESSE.

Est-ce là cet homme si raisonnable!

LE MARQUIS.

Ah! madame, grâce pour aujourd'hui. Plaçons d'abord ici toute votre musique.

LA COMTESSE.

Voilà un bon commencement.

LE MARQUIS, arrangeant la musique.

On l'aime beaucoup en Allemagne. Nous trouverons des connaisseurs là-bas. Je me fais une fête de vous voir chanter devant eux.

Il chante.

Fanny, l'heureux mortel...

Ils vous adoreront, ces braves gens. — Germain!

GERMAIN.

Monsieur?

LE MARQUIS.

Va me chercher mon violon.

<small>Germain sort.</small>

LA COMTESSE.

N'oubliez pas cette romance, au moins.

LE MARQUIS.

Elle me rappellera le plus beau jour de ma vie.

LA COMTESSE.

Et ma robe feuille-morte? Victoire!

VICTOIRE.

Oui, madame.

<small>Elle apporte la robe, Germain le violon un peu plus tard.</small>

LE MARQUIS.

Vous voulez la prendre?

GERMAIN.

Puisque c'est une de vos conditions.

LE MARQUIS.

Ah! grand Dieu! elle est cause que j'ai pu vous déplaire! Apportez-en d'autres, mademoiselle.

<small>Il la jette sur un meuble.</small>

LA COMTESSE.

Savez-vous ce qu'il faut faire? Emportons très peu de choses, rien que le plus important; nous ferons toutes sortes d'emplettes dans le pays.

LE MARQUIS.

C'est cela même. — Germain!

SCÈNE IX.

GERMAIN.

Monsieur?

LE MARQUIS.

Mon fusil et mon cor de chasse; oui, nous achèterons le reste à Gotha.

LA COMTESSE.

Comment, à Gotha?

LE MARQUIS.

Eh! oui, c'est là que nous allons.

LA COMTESSE.

Ah! tenez, prenez ce petit coffre.

LE MARQUIS.

Qu'y a-t-il dedans, des papiers de famille?

Regardant.

Non, c'est du thé; mais on en trouve partout.

LA COMTESSE.

Oh! je ne peux pas en prendre d'autre.

LE MARQUIS.

Que d'heureux jours nous allons passer!

LA COMTESSE.

Nous achèterons là-bas des costumes allemands; ce sera ravissant pour un bal masqué.

LE MARQUIS.

Madame, si nous prenions mon cadran solaire? Il va très bien.

LA COMTESSE.

Êtes-vous fou, Valberg? et vos belles promesses?

LE MARQUIS.

Vous avez raison; ma montre suffit.

<small>Il la met dans la malle.</small>

LA COMTESSE.

Songez qu'il faut veiller sur vous, maintenant que vous voilà diplomate.

LE MARQUIS.

Oh! ne craignez rien, j'ai fait mes preuves.

<small>Il prend divers objets au hasard dans la chambre et les met dans la malle. Tout en parlant, il y met aussi son portefeuille, ses gants, son mouchoir et son chapeau.</small>

J'ai déjà été en Danemark et je m'en suis très bien tiré. Mon oncle, qui se croit un génie, voulait me faire la leçon, mais il n'a pas la tête parfaitement saine; entre nous, il radote un peu!

<small>Fermant la malle.</small>

LA COMTESSE.

Le voici.

SCÈNE X

LA COMTESSE, LE MARQUIS, LE BARON, GERMAIN, VICTOIRE.

LE BARON.

Madame, je vous demande pardon d'entrer ainsi à l'improviste sans en demander la permission; mais une circonstance imprévue...

SCÈNE X.

LA COMTESSE.

Vous me faites grand plaisir, monsieur.

LE MARQUIS.

Oh! mon cher oncle, embrassez-moi. Il faut aussi que vous embrassiez madame. Tout est fini, tout est oublié!... Je veux dire tout est convenu. Vous devez comprendre mon bonheur.

LE BARON.

Hélas! mon neveu, tout est perdu. La grande-duchesse de Gotha est morte.

LE MARQUIS.

C'est malheureux, nos paquets étaient faits.

LE BARON.

C'est chez M. Duplessis, tout à l'heure, que je viens d'apprendre cette affreuse nouvelle.

LA COMTESSE.

Comment, Valberg, nous ne partons pas? Moi qui n'avais pas d'autre idée.

LE MARQUIS.

Juste ciel! m'abandonnez-vous?

LA COMTESSE.

Non, mais emmenez-moi quelque part.

LE MARQUIS.

En Italie, madame, en Turquie, en Norwège, si vous voulez.

LE BARON.

Qui est-ce qui se serait jamais attendu à cette épouvantable catastrophe! toutes mes dispositions étaient prises, j'avais les lettres royales, les cadeaux à donner, j'avais tout préparé, tout prévu ; il faut que la seule chance à laquelle on n'eût pas songé !...

LE MARQUIS.

Hé ! oui, c'est ce que dit le proverbe : On ne saurait penser à tout.

FIN DE ON NE SAURAIT PENSER A TOUT.

Ce petit proverbe, dans le genre de ceux de Carmontelle, fut composé pour une matinée de musique et de récits donnée, au printemps de 1849, dans la salle de concerts de M. Pleyel, au bénéfice d'un artiste. Madame Viardot, mademoiselle Rachel, madame Allan-Despréaux et plusieurs autres sociétaires de la Comédie-Française prêtaient le concours de leurs talents à cette bonne œuvre. Devant un public d'élite et dans cette petite salle, le proverbe obtint un grand succès. Transporté, peu de jours après, au Théâtre-Français, il y produisit peu d'effet ; mais le but que l'auteur s'était proposé se trouvait atteint.

BETTINE

COMÉDIE EN UN ACTE

1851

PERSONNAGES.	ACTEURS QUI ONT CRÉÉ LES RÔLES
LE MARQUIS STÉFANI.	MM. GEFFROY.
LE BARON DE STEINBERG.	LAFONTAINE.
CALABRE, valet de chambre du baron.	PERRIN.
LE NOTAIRE.	LESUEUR.
UN DOMESTIQUE.	BORDIER.
BETTINE, cantatrice italienne.	Mme ROSE CHÉRI.

La scène est en Italie.

BETTINE

SCÈNE PREMIÈRE

Un salon de campagne.

CALABRE, LE NOTAIRE.

CALABRE.

Venez par ici, monsieur le notaire; venez, monsieur Capsucefalo. Veuillez entrer là, dans le pavillon..

LE NOTAIRE.

Les futurs conjoints, où sont-ils?

CALABRE.

Il faut que vous ayez la bonté d'attendre quelques instants, s'il vous plaît. Désirez-vous vous rafraîchir? Il n'y a pas loin d'ici à la ville, mais il fait chaud.

LE NOTAIRE.

Oui, et je suis venu à pied par un soleil bien incommode. Mais je ne vois pas les futurs conjoints.

CALABRE.

Madame n'est pas encore levée.

LE NOTAIRE.

Comment! il est midi passé.

CALABRE.

Alors elle ne tardera guère.

LE NOTAIRE.

Et M. de Steinberg, est-il levé, lui?

CALABRE.

Il est à la chasse.

LE NOTAIRE.

A la chasse! Voilà, en vérité, une plaisante manière de se marier. On me fait dresser un contrat, on me fait venir à une heure expresse, et quand j'arrive, madame dort et monsieur court les champs. Vous conviendrez, mon cher monsieur Calabre...

CALABRE.

C'est qu'il faut vous imaginer, mon cher monsieur Capsucefalo, que nous ne vivons pas comme tout le monde. Madame est une artiste, vous savez.

LE NOTAIRE.

Oui, une grande artiste; elle chante fort bien. Je ne l'ai jamais entendue elle-même, mais je l'ai ouï dire, vous comprenez.

CALABRE.

Justement, c'est qu'elle a chanté cette nuit jusqu'à trois heures du matin. Aimez-vous la musique, monsieur Capsucefalo?

LE NOTAIRE.

Certainement, monsieur Calabre, autant que mes

fonctions me le permettent. Il y avait donc chez vous grande soirée, beaucoup de monde?

CALABRE.

Non, ils étaient tous deux tout seuls, madame et monsieur le baron, et ils se sont donné ainsi un grand concert en tête à tête. Ce n'est pas la première fois. C'est une habitude que madame a prise depuis qu'elle a quitté le théâtre. Elle ne peut pas dormir si elle n'a pas chanté. Au point du jour, elle s'est couchée, et monsieur a pris son fusil.

LE NOTAIRE.

Vous en direz ce qu'il vous plaira, cela me paraît de l'extravagance. La chasse et la musique sont deux fort bonnes choses; mais quand on se marie, monsieur Calabre, on se marie. Et les témoins?

CALABRE.

Monsieur a dit qu'il les amènerait. Un peu de patience. Que me veut-on?

UN DOMESTIQUE, entrant.

Monsieur, c'est une lettre de la princesse.

CALABRE, prenant la lettre.

C'est bon. Vous savez bien que monsieur n'y est pas.

LE DOMESTIQUE.

Il y a là un homme à cheval.

CALABRE.

Qu'il attende. Ah! voici monsieur le baron.

SCÈNE II

Les Précédents, STEINBERG.

STEINBERG.

Pas encore levée! C'est bien de la paresse. Bonjour, Cefalo, vous êtes exact, et moi aussi, comme vous voyez; mais la signora ne l'est guère.

LE NOTAIRE.

Voici le contrat, monsieur le baron, dans ce portefeuille. Si vous vouliez, en attendant, jeter un coup d'œil...

STEINBERG.

Tout à l'heure. Qu'est-ce que c'est que cette lettre?

CALABRE.

C'est de la part de la princesse, monsieur.

STEINBERG, ouvrant la lettre.

Voyons.

LE NOTAIRE.

Je me retire, monsieur, j'attendrai vos ordres.

SCÈNE III

STEINBERG, CALABRE.

CALABRE, à part.

Si c'est encore quelque invitation, quelque partie de plaisir en l'air, nous allons avoir un orage.

SCÈNE III.

STEINBERG, lisant.

Qu'est-ce que tu marmottes entre tes dents?

CALABRE.

Moi, monsieur, je n'ai pas dit un mot.

STEINBERG.

Vous vous mêlez de bien des choses, monsieur Calabre; vous vous donnez des airs d'importance, sous prétexte de discrétion, qui ne me conviennent pas du tout, je vous en avertis.

CALABRE.

Si la discrétion est un tort...

STEINBERG.

Assurément, lorsqu'elle est affectée, lorsqu'en se taisant, on laisse croire qu'on pourrait avoir quelque chose à dire.

CALABRE.

Hé! de quoi parlerais-je, monsieur? Est-ce ma faute si la princesse?...

STEINBERG.

Eh bien! qu'est-ce? que voulez-vous dire? Toujours cette princesse! Qu'est-ce donc? Nous habitons cette maison depuis un mois. La princesse est notre voisine de campagne, et son palais est à deux pas de nous. Qu'y a-t-il d'étonnant, qu'y a-t-il d'étrange à ce qu'il existe entre nous des relations de bon voisinage et même d'amitié, si l'on veut? Nous ne sommes pas ici en France, où l'on vit dix ans sur le même palier sans se saluer quand on se rencontre, ni en Angleterre, où l'on n'avertirait pas le voisin que sa bourse est tombée de sa poche, si on ne lui est pas présenté dans les règles. Nous sommes en Italie, où les mœurs sont franches, libres, exemptes de cette morgue inventée par l'orgueil timide à la plus grande gloire de l'ennui; nous sommes dans ce pays de liberté charmante, brave, honnête et hospitalière, sous ce beau soleil où l'ombre d'un homme, quoi qu'on en dise, n'en a jamais gêné un autre, où l'on se fait un ami en demandant son chemin, où enfin la mauvaise humeur est aussi inconnue que le mauvais temps.

CALABRE.

Monsieur le baron prend bien chaudement les choses. Je demande pardon à monsieur, mais les réflexions d'un pauvre diable comme moi ne valent pas la peine qu'on s'en occupe.

STEINBERG.

Quelles sont ces réflexions? Je veux le savoir. Dites votre pensée, je le veux.

CALABRE.

Oh, mon Dieu! c'est bien peu de chose. Seulement, quand monsieur le baron s'en va comme cela pour toute une journée chez la princesse, il m'a semblé quelquefois que madame était triste.

STEINBERG.

Est-ce là tout?

CALABRE.

Je n'en sais pas plus long, mais je vous avoue...

SCÈNE III.

STEINBERG.

Quoi?

CALABRE.

Rien, monsieur, je n'ai rien à dire.

STEINBERG.

Parlerez-vous, quand je l'ordonne ?

CALABRE.

Eh bien ! monsieur, à vous dire vrai, cela me fait de la peine. Elle vous aime tant !

STEINBERG.

Elle m'aime tant !

CALABRE.

Oh ! oui, monsieur, presque autant que je vous aime. Si vous saviez, quand vous n'êtes pas là, que de questions elle me fait, et que de petits cadeaux de temps en temps, pour tâcher de savoir ce que vous dites, ce que vous pensez au fond du cœur, si vous l'aimez toujours, si vous lui êtes fidèle... Vous m'accusez d'être bavard... Eh bien ! monsieur, demandez-lui comment je parle de mon maître, et si jamais la moindre indiscrétion... Voilà pourquoi j'ose dire que cela me fait de la peine, quand je sais qu'elle en a, oui, monsieur, et quand elle pleure... Mais enfin, puisque vous allez l'épouser...

STEINBERG.

Calabre ! mon pauvre vieux Calabre !

CALABRE.

Plaît-il, monsieur?

STEINBERG.

Ce mariage...

CALABRE.

Eh bien?

STEINBERG.

Eh bien! je sais que je suis engagé. Je n'ai pas réfléchi, je n'ai pas voulu me donner le temps de réfléchir, je me suis laissé entraîner, ou, pour mieux dire, je me suis trompé moi-même. J'ai cédé, je me suis aveuglé, je me suis étourdi de ma passion pour elle.

CALABRE.

Pardonnez-moi encore, monsieur, mais...

STEINBERG, se levant.

Écoute-moi. Bettine est charmante; avec son talent, sa brillante renommée, au milieu de tous les plaisirs, de toutes les séductions qui entourent et assiègent une actrice à la mode, elle a su vivre de telle sorte que la calomnie elle-même n'a jamais osé approcher d'elle, et l'honnêteté de son cœur est aussi visible que la pure clarté de ses yeux. Assurément, si rien ne s'y opposait, personne plus qu'elle ne serait capable de faire le bonheur d'un mari; mais...

CALABRE.

Eh bien! monsieur, s'il en est ainsi,... pourquoi alors?...

STEINBERG.

Tu le demandes? Eh! sais-tu ce que c'est que d'épouser une cantatrice?

SCÈNE III.

CALABRE.

Non, par moi-même, je ne m'en doute pas. Il me semble pourtant...

STEINBERG.

Quoi?

CALABRE.

Que si monsieur épousait madame, il ne pourrait y avoir grand mal. Il me semble qu'il y a bien des exemples... Elle est jeune et jolie; sa réputation, comme vous le disiez, est excellente. Elle est riche,... vous l'êtes aussi.

STEINBERG.

En es-tu sûr?

CALABRE.

Vous êtes si généreux!...

STEINBERG.

Preuve de plus que je ne suis pas riche! Je l'ai été, mais je ne le suis plus.

CALABRE.

Est-il possible, monsieur?

STEINBERG.

Oui, Calabre. Quand je n'aimais que le plaisir, ce que m'ont coûté mes folies, je ne le regrette pas, je n'en sais rien; mais depuis que j'ai l'amour au cœur, c'est une ruine. Rien ne coûte si cher que les femmes qui ne coûtent rien, — et par là-dessus le lansquenet...

CALABRE.

Vous jouez donc toujours, monsieur?

STEINBERG.

Eh! pas plus tard qu'hier cela m'est arrivé.

CALABRE.

Chez la princesse? Et vous avez perdu...

STEINBERG.

Cinq cents louis. Ce n'est pas là ce qui me ruine, je vais les payer ce matin, et je compte bien prendre ma revanche; mais, je te le dis, je suis ruiné, je n'ai plus le sou, je n'ai plus de quoi vivre.

CALABRE.

Si une pareille chose pouvait être vraie, et si monsieur le baron se trouvait gêné, j'ai quelques petites économies...

STEINBERG.

Je te remercie, je n'en suis pas encore là. Tu n'as pas compris ce que je voulais dire. Ma fortune étant à moitié perdue...

CALABRE.

Il me semble alors que ce serait le cas...

STEINBERG.

De me marier, n'est-il pas vrai? D'autres que toi pourraient me donner ce conseil, d'autres que moi pourraient le suivre. Voilà justement le motif, la raison impossible à dire, mais impossible à oublier, qui me force à quitter Bettine.

CALABRE.

Quitter madame? est-ce vrai?...

STEINBERG.

Eh! que veux-tu donc que je fasse? J'avais le dessein, en l'épousant, de lui faire abandonner le théâtre; mais, si je ne suis plus assez riche pour cela, ne veux-tu pas que je l'y suive, quitte à rester dans la coulisse? — Que me veut-on? qu'est-ce que c'est?

SCÈNE IV

Les Précédents, Un Domestique.

LE DOMESTIQUE.

Monsieur le baron, c'est une carte que je porte à madame.

STEINBERG.

Elle n'est pas levée.

LE DOMESTIQUE.

Pardon, monsieur le baron.

STEINBERG.

Tu as raison; voyons cette carte. Le marquis Stéfani? Qu'est-ce que c'est que cela?

LE DOMESTIQUE.

Monsieur le baron, c'est un monsieur qui se promène dans le jardin.

STEINBERG.

Dans le jardin?

LE DOMESTIQUE.

Monsieur, voyez plutôt; le voilà auprès du bassin, qui regarde les poissons rouges. Il dit qu'il revient d'un grand voyage.

STEINBERG.

Eh bien! qu'est-ce qu'il veut?

LE DOMESTIQUE.

Il veut voir madame, et il attend qu'elle soit visible.

STEINBERG, à part.

Stéfani! Je connais ce nom-là.

Haut.

Calabre, n'est-ce pas ce Stéfani dont on parlait tant à Florence?

CALABRE.

Mais... oui, monsieur,... je le crois du moins.

STEINBERG, regardant au balcon.

C'est lui-même, je le reconnais. C'est un vrai pilier de coulisses, soi-disant connaisseur, et grand admirateur de la signora Bettina.

CALABRE.

C'est un homme riche, monsieur, un grand personnage.

STEINBERG.

Oui, c'est un patricien qui a fait du commerce à l'ancienne mode de Venise; mais il n'est pas prouvé que son engouement pour la signora s'en soit tenu à l'admiration. Tu me feras le plaisir, Calabre, de dire à Bettine que je la prie de ne pas recevoir cet homme-là. Je sors; je reviendrai tantôt.

CALABRE.

Vous allez encore jouer, monsieur?

STEINBERG.

Fais ce que je te dis; tu m'as entendu?
Il sort.

CALABRE.

Oui, monsieur.

SCÈNE V

CALABRE, LE NOTAIRE, puis BETTINE.

CALABRE, à part.

Cela va mal, cela va bien mal. Pauvre jeune dame, si bonne, si jolie!

LE NOTAIRE.

Monsieur Calabre, voici quelque temps que je suis dans le pavillon, et je ne vois pas les futurs conjoints.

CALABRE.

Tout à l'heure, monsieur Capsucefalo.

LE NOTAIRE.

Et les témoins?

CALABRE.

Je vous ai dit que monsieur le baron les amènerait.

BETTINE, arrivant en chantant.

Ah! te voilà, notaire, ô cher notaire, mon cher ami! As-tu tes paperasses?

LE NOTAIRE.

Oui, madame, le contrat est prêt. J'ai seulement laissé en blanc les sommes qui ne sont point stipulées.

BETTINE.

Tu ne stipuleras pas grand'chose, quand ce seraient tous mes trésors. — Est-ce que tu n'as pas vu Filippo Valle, mon chargé d'affaires? Il a dû t'instruire là-dessus.

LE NOTAIRE.

Madame veut plaisanter, mais monsieur le baron est connu pour puissamment riche.

BETTINE.

Je n'en sais rien. Où est-il donc?

CALABRE.

Il est sorti, madame, pour un instant.

BETTINE.

Sorti maintenant? Est-ce que tu rêves?

CALABRE.

C'est-à-dire,... je ne sais pas trop...

BETTINE.

Va donc le chercher. — Capsucefalo, attendez-nous dans le pavillon.

LE NOTAIRE.

J'en sors, madame, je suis à vos ordres.

A Calabre.

Que ces grandes artistes sont charmantes ! Avez-vous observé qu'elle m'a tutoyé?

SCÈNE V.

CALABRE.

C'est sa manière quand elle est contente.

LE NOTAIRE.

Hum! vous m'aviez promis quelques rafraîchissements.

BETTINE.

Mais certainement.

A Calabre.

A quoi penses-tu donc?

CALABRE.

Je l'avais oublié, madame.

BETTINE.

Vite, des citrons, du sucre, de l'eau bien fraîche, ou du café, du chocolat, ce qu'il voudra. Non, il a peut-être faim; vite, un flacon de moscatelle et un grand plat de macaroni.

LE NOTAIRE.

Madame, je suis bien reconnaissant.

Il se retire avec de grandes salutations.

BETTINE, à Calabre.

Eh bien! toi, qu'est-ce que tu fais là? Tu as l'air d'un âne qu'on étrille. Je t'avais dit d'aller chercher Steinberg. Tiens, le voilà dans le jardin.

CALABRE.

Pardon, madame, ce n'est pas lui.

BETTINE.

Qui est-ce donc? Ah! jour heureux! c'est Stéfani,

mon cher Stéfani. Est-ce qu'il y a longtemps qu'il est là?... Dis-lui qu'il vienne, dépêche-toi.

CALABRE.

Il vous a sans doute aperçue, madame, car le voilà qui monte le perron; mais je dois vous dire que monsieur le baron...

BETTINE.

Que je suis contente! Eh bien! le baron, le perron, qu'est-ce que tu chantes? Est-ce que tu fais des vers?

CALABRE.

Non, madame, pas si bête! Je dis seulement que M. de Steinberg m'a recommandé...

BETTINE.

Parle donc.

CALABRE.

Monsieur le baron m'a chargé de vous prier...

BETTINE.

Tu me feras mourir avec tes phrases.

CALABRE.

De ne pas recevoir ce seigneur.

BETTINE.

Qui? Stéfani? tu perds la tête.

CALABRE.

Non, madame; monsieur le baron m'a ordonné expressément...

BETTINE, riant.

Ah! tu es fou... Ah! le pauvre homme! il ne sait ce qu'il dit, c'est clair, il radote... Ne pas recevoir Sté-

fani! un vieil ami que j'aime de tout mon cœur!...
Ah! le voici... Va-t'en vite, va chercher Steinberg.

CALABRE, à part, en sortant.

Qu'est-ce que j'y peux? Je n'y peux rien... Cela va mal, cela va bien mal.

SCÈNE VI

BETTINE, LE MARQUIS.

BETTINE, allant au-devant du marquis.

Et depuis quand dans ce pays? et par quel hasard, cher marquis?... Comment vous portez-vous? que faites-vous? que devenez-vous?... Vous avez bon visage... Que je suis ravie de vous voir!

LE MARQUIS.

Et moi aussi, belle dame, et moi aussi je suis ravi, je suis enchanté; mais, dès qu'on vous voit, c'est tout simple.

BETTINE.

Des compliments! Vous êtes toujours le même.

LE MARQUIS.

Je ne vous en dirai pas autant, car vous voilà plus charmante que jamais; et savez-vous qu'il y a quelque chose comme deux ou trois ans que je ne vous ai vue?

BETTINE.

Cher Stéfani, si vous saviez dans quel moment vous arrivez!... Je vais me marier!... Avez-vous déjeuné?

LE MARQUIS.

Oui, certes ; vous me connaissez trop pour me croire capable de m'embarquer sans avoir pris...

BETTINE.

Vos précautions. D'où venez-vous donc ?

LE MARQUIS.

Là, d'à côté, de chez la princesse, votre voisine.

BETTINE.

Ah ! vous êtes lié avec elle ? On dit qu'elle est très-séduisante.

LE MARQUIS.

Mais oui, elle est fort bien. C'est elle qui par hasard, en causant, m'a appris que vous étiez ici. Je ne m'en doutais pas, je suis accouru... Et vous allez vous marier ?

BETTINE.

Oui, mon ami, aujourd'hui même.

LE MARQUIS.

Aujourd'hui même ?

BETTINE.

Le notaire est là.

LE MARQUIS.

Eh bien ! tant mieux, voilà une bonne nouvelle. C'est bien de votre part, cela, c'est très bien. Je ne m'y attendais pas, je suis enchanté.

BETTINE.

Vous ne vous y attendiez pas ? Voilà un beau compliment cette fois! Est-ce que vous êtes venu ici pour me dire des injures, monsieur le marquis?

LE MARQUIS.

Non pas, non pas, ma belle, Dieu m'en garde! Oh! comme je vous retrouve bien là! Voilà déjà vos beaux yeux qui s'enflamment. Calmez-vous; je sais que vous êtes sage, très sage, je vous estime autant que je vous aime, c'est assez dire que je vous connais. Mais vous avez une certaine tête...

BETTINE.

Comment, une tête?

LE MARQUIS.

Eh! oui, une tête...

Il la regarde.

Une tête charmante, pleine de grâce et de finesse, d'esprit et d'imagination, qui comprend tout, à qui rien n'échappe, et qui porterait une couronne au besoin, témoin le dernier acte de *Cendrillon*.

BETTINE.

Oui, vous aimiez à me voir dans ma gloire.

LE MARQUIS.

C'est vrai; avec votre blouse grise, vous aviez beau chanter comme un ange, quand je vous voyais courbée dans les cendres, j'avais toujours envie de sauter sur la scène, de rosser monsieur votre père, et de vous enlever dans mon carrosse.

BETTINE.

Miséricorde, marquis! quelle vivacité!

LE MARQUIS.

Aussi, quand je vous voyais revenir dans votre grande robe lamée d'or, avec vos trois diadèmes l'un sur l'autre, étincelante de diamants...

BETTINE.

Je chantais bien mieux, n'est-ce pas?

LE MARQUIS.

Je n'en sais rien, mais c'était charmant. Tra, tra, comment était-ce donc?

BETTINE, chante les premières mesures de l'air final de la *Cenerentola*, puis s'arrête tout à coup et dit :

Ah! que tout cela est loin maintenant!

LE MARQUIS.

Que dites-vous donc là? Renoncez-vous au théâtre?

BETTINE.

Il le faut bien. Est-ce que mon mari (je dis mon mari, il le sera tout à l'heure) me laisserait remonter sur la scène? Cela ne se pourrait pas, marquis. Songez-y donc sérieusement.

LE MARQUIS.

C'est selon le goût et les idées des gens. Mais vous ne renoncez pas du moins à la musique?

BETTINE.

Ah! je crois bien. Est-ce que je pourrais? Nous en vivons ici, cher marquis, et quand vous nous ferez l'honneur de venir manger la soupe, nous vous en ferons tant que vous voudrez,... plus que vous n'en voudrez.

SCÈNE VI.

LE MARQUIS.

Oh! pour cela, j'en défie... Mais c'est égal, cela me fend le cœur de penser que je ne pourrai plus, après le dîner, m'aller blottir dans ce cher petit coin où j'étais à demeure pour me délecter à vous entendre.

BETTINE.

Oui, vous étiez un de mes fidèles.

LE MARQUIS.

Pour cela, je m'en vante. L'allumeur de chandelles me faisait chaque soir un petit salut en accrochant son dernier quinquet, car je ne manquais pas d'arriver dans ce moment-là. Ma foi, j'étais de la maison.

BETTINE.

Mieux que cela, marquis; je m'en souviens très bien que vous avez été mon chevalier.

LE MARQUIS.

C'est vrai. Contre ce grand benêt d'officier.

BETTINE.

Qui m'avait sifflée dans *Tancrède*.

LE MARQUIS.

Justement. Je le provoquai en Orbassan, et j'en reçus le plus rude coup d'épée... Ah! c'était le bon temps, celui-là!

BETTINE.

Oui. Ah, Dieu! que tout cela est loin!

LE MARQUIS.

C'est votre refrain, à ce qu'il paraît? Que dirai-je donc, moi qui suis vieux?

BETTINE.

Vous, marquis? Est-ce que vous pouvez? Victor Hugo a fait son vers pour vous, lorsqu'il a dit que le cœur n'a pas de rides.

LE MARQUIS.

Si fait, si fait, je m'en aperçois. Et savez-vous pourquoi, Bettine? C'est que je commence à aimer mes souvenirs plus qu'il ne faudrait; c'est un grand tort. Je m'étais promis toute ma vie de ne jamais tomber dans ce travers-là. J'ai vu tant de bons esprits devenir injustes, tant de connaisseurs incurables, par ce triste effet des années, que je m'étais juré de rester impartial pour les choses nouvelles comme pour les anciennes. Je ne voulais pas être de ces bonnes gens qui ressemblent aux cloches de Boileau :

> Pour honorer les morts font mourir les vivants.

Eh bien! j'ai beau faire, j'aime mieux maintenant ce que j'ai aimé que ce que j'aime. Je ne dis point de mal de vos auteurs nouveaux; mais Rossini est toujours mon homme. Ici marchait la grande Pasta avec ses gestes de statue antique; là gazouillait ce rossignol que Rubini avait dans la gorge; je vois le vieux Garcia avec sa fière tournure, escorté du long nez de Pellegrini; Lablache m'a fait rire, la Malibran pleurer. Eh! que diantre voulez-vous que j'y fasse?

SCÈNE VI.

BETTINE.

Je ne vois pas que vous ayez si grand tort. Et moi aussi, j'aime mes souvenirs.

LE MARQUIS.

Est-ce qu'on peut en avoir à votre âge?

BETTINE.

Pourquoi donc pas, monsieur le marquis? Si vos souvenirs sont les aînés des miens, cela n'empêche pas qu'ils ne se ressemblent.

LE MARQUIS.

Bah! les vôtres sont nés d'hier; ce sont des enfants qui grandissent. Vous reviendrez tôt ou tard au théâtre.

BETTINE.

Jamais, cher Stéfani, jamais.

LE MARQUIS.

Mais, voyons, dans ce temps-là, n'étiez-vous pas heureuse?

BETTINE.

C'est-à-dire que je ne pensais à rien. Ah! c'est que je n'avais pas aimé.

LE MARQUIS.

Qu'est-ce que vous voulez dire par là?

BETTINE.

Ce que je dis. J'ai été un peu folle, c'est vrai, insouciante, coquette, si vous voulez. Est-ce que ce n'est pas notre droit, par hasard? Mais je ne suis plus rien de tout cela, depuis que j'ai senti mon cœur.

LE MARQUIS.

L'amour vous a rendu la raison? Ah, morbleu! prouvez-nous cela! Mais ce serait à en devenir fou, rien que pour tâcher de se guérir de la sorte. Vous l'aimez donc beaucoup, ce monsieur de... de..., vous ne m'avez pas dit...

BETTINE.

Si je l'aime! ah! mon cher ami, que les mots sont froids, insignifiants, que la parole est misérable quand on veut essayer de dire combien l'on aime! Vous n'avez pas l'idée de notre bonheur, vous ne pouvez pas vous en douter.

LE MARQUIS.

Si fait, si fait, pardonnez-moi.

BETTINE.

C'est tout un roman que ma vie. Ne disiez-vous pas tout à l'heure que vous aviez eu quelquefois l'envie de m'enlever?

LE MARQUIS.

Oui, le diable m'emporte!

BETTINE.

Eh bien! il l'a fait, lui. Figurez-vous, mon cher, quel charme inexprimable! Nous avons tout quitté, nous sommes partis ensemble, en chaise de poste, comme deux oiseaux dans l'air, sans regarder à rien, sans songer à rien; j'ai rompu tous mes engagements, et lui m'a sacrifié toute sa carrière; j'ai désespéré tous mes directeurs....

SCÈNE VI.

LE MARQUIS.

Peste! vous disiez bien, en effet, que l'amour vous avait rendue sage.

BETTINE.

Eh! que voulez-vous! quand on s'aime! Nous avons fait le plus délicieux voyage! Imaginez, marquis, que nous n'avons rien vu, ni une ville, ni une montagne, ni un palais, pas la plus petite cathédrale, pas un monument, pas la moindre statue, pas seulement le plus petit tableau!

LE MARQUIS.

Voilà une manière nouvelle de faire le voyage d'Italie.

BETTINE.

N'est-ce pas, marquis? quand on s'aime! Qu'est-ce que cela nous faisait, vos curiosités? Si vous saviez comme il est bon, aimable! Que de soins il prenait de moi! Ah! quel voyage, bonté divine! Moi qui bâillais en chemin de fer, rien que pour aller à Saint-Denis, j'ai fait quatre cents lieues comme un rêve. — Votre Italie! qui veut peut la voir, mais je défie qu'on la traverse comme nous! Nous avons passé comme une flèche, et nous sommes venus droit ici.

LE MARQUIS.

Pourquoi ici, dans cette province?

BETTINE.

Pourquoi?... mais je ne sais trop;... parce qu'il l'a voulu,... parce qu'il avait loué cette campagne... Que vous dirais-je?... Je n'en sais rien... Je serais aussi bien allée autre part,… au bout du monde,… que m'importait ? Je me suis arrêtée ici, parce qu'en descendant devant la grille, il m'a dit : Nous sommes arrivés.

LE MARQUIS.

Que ne vous épousait-il à Paris ?

BETTINE.

Sa famille s'y opposait. C'est encore là un des cent mille obstacles…

LE MARQUIS.

Vous ne m'avez pas encore dit son nom.

BETTINE.

Ah, bah ! je ne vous l'ai pas dit ? C'est qu'il me semble que tout le monde le sait. Il se nomme Steinberg, le baron de Steinberg.

LE MARQUIS.

Mais ce n'est pas un nom français, cela.

BETTINE.

Non, mais sa famille habite la France.

LE MARQUIS.

En êtes-vous sûre ?

BETTINE.

Oh ! il me l'a dit.

LE MARQUIS.

Steinberg ! je connais cela. Il me semble même me rappeler certaines circonstances… assez peu gracieuses… Eh, parbleu ! c'est lui que je viens de voir ce matin.

BETTINE.

Où cela? Dites. Chez la princesse?

LE MARQUIS.

Précisément, chez la princesse.

BETTINE.

Ah! malheureuse! il y est encore!

LE MARQUIS.

Eh! qu'avez-vous, ma bonne amie?

BETTINE.

Il y est encore, c'est évident; c'est pour cela qu'il ne vient pas. Il y est encore, un jour comme celui-ci! quand tout est prêt, quand le notaire est là, quand je l'attends!... Ah! quel outrage!

LE MARQUIS.

Vous vous fâchez pour peu de chose.

BETTINE.

Pour peu de chose! où avez-vous donc le cœur? Vous ne ressentez pas l'insulte qu'on me fait? Et cet impertinent valet qui me répond d'un air embarrassé... Calabre! Calabre! où es-tu?

SCÈNE VII

Les Précédents, CALABRE.

CALABRE.

Me voilà, madame, me voilà. Vous m'avez appelé?

BETTINE.

Oui, réponds. Pourquoi tout à l'heure as-tu fait l'ignorant quand je t'ai demandé où était ton maître?

CALABRE.

Moi, madame?

BETTINE.

Oui; essaie donc de me mentir encore, lorsque tu sais qu'il est chez la princesse.

CALABRE.

Ma foi, madame, je ne savais pas...

BETTINE.

Tu ne savais pas!

CALABRE.

Pardon, je ne savais pas si je devais en instruire madame.

BETTINE.

Ah! on te l'avait donc défendu? Parleras-tu?

CALABRE.

Eh bien! madame, puisque vous le voulez, je ne vous cacherai rien. Monsieur le baron avait joué hier, il avait perdu sur parole. Il s'était engagé à payer ce matin. Il a voulu, avant toute autre affaire, tenir sa promesse.

BETTINE.

Il avait perdu, mon ami? Ah, mon Dieu! je n'en savais rien. Vous le voyez, marquis, c'était là son secret, c'était là tout ce qu'il me cachait. Et il l'avait dit à

SCÈNE VII.

Calabre! N'est-ce pas que c'est mal de ne m'en avoir rien dit?

LE MARQUIS.

Je ne vois de sa part, dans tout cela, qu'un excès de délicatesse.

BETTINE.

N'est-ce pas? Oh! c'est que mon Steinberg n'a pas l'âme faite comme tout le monde... Il pourrait pourtant revenir plus vite.

LE MARQUIS.

Une femme qui joue et qui gagne au jeu, et qu'on paye dans les vingt-quatre heures, comme un huissier, croyez-moi, ma chère, ce n'est pas celle-là qu'on aime.

BETTINE.

Mais j'y pense, je me trompe encore. Dis-moi, Calabre, que ne t'envoyait-il porter cet argent?

CALABRE.

Madame, c'est qu'il ne l'avait pas. Il lui fallait aller à la ville le demander à son correspondant.

BETTINE.

Mais j'en avais, moi, de l'argent. Ah! que c'est mal! que c'est cruel! C'est donc une somme considérable?

CALABRE.

Non, madame, je ne sais pas au juste, mais il m'a dit que cela ne le gênait point.

LE MARQUIS.

Allons, madame et charmante amie, je vous quitte,

je reprends ma course. Je suis heureux de vous voir heureuse. Adieu.

BETTINE.

Mais vous nous reviendrez? Oh! je veux que vous soyez notre ami, d'abord, entendez-vous? notre ami à tous deux! Je prétends vous voir tous les jours, à la mode de notre pays. Où demeurez-vous?

LE MARQUIS.

A trois pas d'ici, à cette maison blanche, là, derrière les arbres.

BETTINE.

C'est délicieux! nous voisinerons.

LE MARQUIS.

Je le voudrais, mais c'est que je pars demain.

BETTINE.

Ah, bah! si vite! c'est impossible! nous ne permettrons jamais cela. Et où allez-vous?

LE MARQUIS.

Je vais à Parme. Vous savez que j'ai là ma famille, et, dans ce moment-ci, je suis absolument forcé...

BETTINE.

Ah, mon Dieu! quel ennui! Vous êtes forcé, dites-vous? Eh bien! tenez, j'aimerais mieux ne pas vous avoir revu du tout. Oui, en vérité, car ce n'est qu'un regret de plus que vous êtes venu m'apporter, et Dieu sait maintenant quand vous reviendrez! Allez! vous êtes un méchant homme! — Mais au moins restez à dîner. Je veux que vous signiez mon contrat.

LE MARQUIS.

Je ne le peux pas, je suis engagé; mais je reviendrai vous faire ma visite d'adieu; et, puisque je ne puis signer votre contrat, je vous enverrai un bouquet de noce.

BETTINE.

Un bouquet?

LE MARQUIS.

Oui.

BETTINE.

Va pour un bouquet.

LE MARQUIS.

Où allez-vous donc, s'il vous plaît?

BETTINE.

Je vous reconduis jusqu'à la grille. Je veux vous garder le plus longtemps possible. Dieu! que vous êtes ennuyeux! que vous êtes insupportable!

SCÈNE VIII

CALABRE, seul, puis LE NOTAIRE.

CALABRE.

Allons, cela va un peu mieux. Je pense que monsieur le baron rendra cette fois quelque justice à mon intelligence. Ah, mon Dieu! le voilà qui rentre; il va rencontrer madame avec le marquis;... et la défense qu'il m'a faite!

Il regarde au balcon.

Non, non ! il prend une autre allée ; il va du côté du petit bois, comme s'il faisait exprès de les éviter. Serait-il possible? Oui, c'est bien clair ; il les a vus, il fait un détour.

LE NOTAIRE.

Monsieur Calabre, les futurs conjoints sont-ils disposés?...

CALABRE.

Non, monsieur Capsucefalo, non, pas encore ; dans un instant, dans une minute.

LE NOTAIRE.

Fort bien, monsieur, je suis tout prêt.

CALABRE.

Plaît-il?

LE NOTAIRE.

Comment?

CALABRE, regardant toujours.

Je croyais que vous disiez quelque chose.

LE NOTAIRE.

Oui, je disais que je suis tout prêt.

CALABRE.

Fort bien. Vous avez encore de la moscatelle?

LE NOTAIRE.

Oui, monsieur, plus qu'il ne m'en faut.

CALABRE.

A merveille, monsieur, à merveille. Il est inutile de vous déranger. Je vous avertirai quand il sera temps.

LE NOTAIRE.

Je ne bougerai point, monsieur, je ne bougerai point d'ici.

SCÈNE IX

CALABRE, STEINBERG.

STEINBERG.

C'est donc ainsi qu'on suit mes ordres?

CALABRE.

Monsieur, je puis vous assurer...

STEINBERG.

Quoi? Ne vous avais-je pas dit que je ne voulais pas voir cet homme ici?

CALABRE.

Monsieur, j'ai fait votre commission; mais madame n'en a pas tenu compte.

STEINBERG.

Ce n'est pas possible. Lui avez-vous répété?...

CALABRE.

Tout ce que monsieur m'avait ordonné. J'ai même trouvé une excuse pour justifier l'absence de monsieur.

STEINBERG.

Quelle excuse as-tu trouvée?

CALABRE.

Monsieur, j'ai dit que vous aviez joué.

STEINBERG.

Comment, malheureux! Et qu'en savais-tu?

CALABRE.

Voilà encore que j'ai eu tort! Je n'avais pas d'autre ressource, monsieur; vous me l'aviez dit ce matin, et j'ai eu bien soin d'ajouter que c'était peu de chose.

STEINBERG.

Oui, peu de chose! C'était peu ce matin, mais maintenant... Mort et furies! c'est une maison de jeu, c'est un enfer que ce palais!

CALABRE.

Vous avez encore joué, monsieur? Hélas! je vous l'avais bien dit.

STEINBERG.

Tu me l'avais bien dit, animal! Répète-le donc encore une fois! Y a-t-il au monde une phrase plus sotte et plus inepte que celle-là? et dès qu'il vous arrive malheur, elle est dans la bouche de tout le monde. Mon cheval trébuche en sautant un fossé, je tombe, je me casse la jambe : Nous vous l'avions bien dit, s'écrient ceux qui vous relèvent. Quel doux effort de l'amitié!

CALABRE.

Monsieur, j'ai déjà essayé de prendre la liberté de vous dire que si mes petites économies...

STEINBERG.

Eh, morbleu! tes économies, que diantre veux-tu que j'en fasse?

SCÈNE IX.

CALABRE.

J'ai quinze mille francs à moi, monsieur. Il me semble...

STEINBERG.

Quinze mille francs! La belle avance! Écoute-moi; mais sur ta vie, garde pour toi ce que je vais te dire. Il faut que je parte.

CALABRE.

Vous, monsieur! Est-ce bien possible?

STEINBERG.

Je n'ai pas autre chose à faire. Cet argent perdu, je ne l'ai pas; il faut que je le trouve, et pour le trouver, il faut que j'aille à Rome ou à Naples. Je connais là quelques banquiers. Je partirai secrètement, je trouverai un prétexte.

CALABRE.

Et madame, monsieur, madame? Elle en mourra.

STEINBERG.

Elle en souffrira. Crois-tu donc que je ne souffre pas moi-même? C'est avec le désespoir dans l'âme que je m'éloigne de ces lieux; mais, je le répète, il faut que je parte,... ou que je me donne la mort. Ainsi, que veux-tu? Va dans ma chambre, appelle Pietro et Giovanni, prépare tout,.. et pas un mot de trop. Tu enverras ensuite à la poste demander des chevaux pour ce soir.

CALABRE.

Et vous ne voulez pas de mes quinze mille francs, monsieur?

STEINBERG.

Quinze mille francs! Il m'en faut cent mille!

SCÈNE X

LES PRÉCÉDENTS, BETTINE.

BETTINE.

Cent mille francs, Steinberg! Il vous faut cent mille francs?

STEINBERG.

Qui dit cela, ma chère Bettine?

Il lui baise la main.

Comment vous portez-vous ce matin? Vous êtes fraîche comme une rose.

BETTINE.

Il ne s'agit pas de moi, mais de vous. Parlez franchement. Vous avez joué?

STEINBERG.

Vous avez mal entendu, ma chère.

BETTINE.

Mal entendu? est-ce vrai, Calabre?

CALABRE.

Moi, madame! je ne sais pas...

SCÈNE XI.

STEINBERG.

Allez à votre besogne, Calabre. Pour aujourd'hui, c'est assez bavarder.

CALABRE, à part, en sortant.

Bon! encore une gourmade en passant. Mon Dieu! tout cela va de mal en pis.

SCÈNE XI

STEINBERG, BETTINE.

BETTINE.

Vous n'êtes pas sincère, mon ami.

STEINBERG.

Je vous dis que vous vous méprenez. Cette somme dont je parlais, c'était dans l'idée d'un changement, d'une fantaisie.

BETTINE.

D'un changement?

STEINBERG.

Oui, à propos d'une terre, d'une terre assez belle avec un palais, qui est à vendre, qui est pour rien et que vous trouveriez peut-être à votre goût. Nous en causerons plus tard, s'il vous plaît. J'ai quelques ordres à donner.

BETTINE.

Steinberg, vous n'êtes pas sincère.

STEINBERG.

Pourquoi me dites-vous cela?

BETTINE.

Parce que je le vois.

STEINBERG.

Que puis-je vous dire, du moment que vous ne me croyez pas?

BETTINE.

Vous pouvez me dire pourquoi, lorsque je vous ai vu venir de loin dans le jardin, vous étiez pâle, pourquoi vous parliez tout seul, pourquoi vous avez pris l'allée pour nous éviter.

STEINBERG.

J'ai pris l'allée couverte, parce que je ne me souciais pas de vous rencontrer dans la compagnie où je vous voyais.

BETTINE.

Comment! Stéfani! Vous ne le connaissez pas! C'est un ancien ami. Quel motif pourriez-vous avoir?...

STEINBERG.

Je n'aime pas les méchants propos. Je ne puis pas toujours m'empêcher d'en entendre; mais je ne les répète jamais.

BETTINE.

Des propos, sur quoi? Sur mon compte et sur celui de ce bon marquis? — Ah! cela n'est pas sérieux... Mais, maintenant je me rappelle,... vous l'avez vu chez moi, à Florence... Est-ce là qu'on tenait des *propos?*

STEINBERG.

Peut-être bien.

BETTINE.

Quoi ! à Florence ? Mais Stéfani venait comme tout le monde. Souvenez-vous donc, j'avais une cour, j'étais reine alors, mon ami; j'avais mes flatteurs et mes courtisans, voire mes soldats et mon peuple, ce brave parterre qui m'aimait tant, et à qui je le rendais si bien... Ingrat ! qui, seul dans cette foule, m'étiez plus cher que mes triomphes, et que j'ai appelé entre tous pour mettre ma couronne à vos pieds,... vous, Steinberg, jaloux d'un propos, fâché d'une visite que je reçois par hasard ! Allons, voyons, c'est une plaisanterie, convenez-en, un pur caprice, ou plutôt, tenez, je vous devine, c'est un prétexte, un biais que vous prenez pour me faire oublier ce que je voulais savoir et vous délivrer de mes questions.

STEINBERG, s'asseyant.

Oh ! ma chère Bettine, vous êtes bien charmante, et moi je suis... bien malheureux.

BETTINE.

Malheureux, vous ! près de moi ! Qu'est-ce que c'est ? Vite, dites-moi, de quoi s'agit-il ?

STEINBERG.

J'ai tort, je me suis mal exprimé. Vous savez ce que c'est qu'un joueur ;... eh bien ! Bettine, c'est vrai, j'ai joué, et je suis rentré de mauvaise humeur; mais ce n'est rien, rien qui en vaille la peine; n'y pensons plus, pardonnez-moi.

BETTINE.

Ce n'est pas encore bien vrai, ce que vous dites là.

STEINBERG.

Je vous demande en grâce d'y croire.

BETTINE.

Vous le voulez?

STEINBERG.

Je vous en supplie.

BETTINE.

Eh bien! j'y crois, puisque cela vous plaît. Calmez-vous, voyons, trêve aux noirs soucis. Éclaircissez-nous ce front plein d'orages. Vous souvenez-vous de cette chanson?

Elle se met au piano et joue la ritournelle d'une romance.

STEINBERG, se levant.

Bettine, pas cette chanson-là.

BETTINE.

Pourquoi? vous l'avez faite pour moi en passant à Sorrente, après une promenade en mer. Est-ce parce qu'elle se rattache à ces souvenirs qu'elle a déjà cessé de vous plaire? Elle vous ôtait jadis vos ennuis.

Elle chante.

Nina, ton sourire,
Ta voix qui soupire,
Tes yeux qui font dire
Qu'on croit au bonheur, —

Ces belles années,
Ces douces journées,
Ces roses fanées,
Mortes sur ton cœur...

STEINBERG, à part, tandis que Bettine joue sans chanter.

Pourrais-je jamais l'abandonner? et pour qui? grand Dieu! par quelle infernale puissance me suis-je laissé subjuguer?

BETTINE.

A quoi rêvez-vous donc, monsieur? est-ce que c'est poli, ce que vous faites-là?... Il me semble que je me trompe,... je ne me rappelle pas bien,... venez donc...

STEINBERG, se rapprochant du piano et chantant.

Nina, ma charmante,
Pendant la tourmente,
La mer écumante
Grondait à nos yeux;
Riante et fertile,
La plage tranquille
Nous montrait l'asile
Qu'appelaient nos vœux!

ENSEMBLE.

Aimable Italie,
Sagesse ou folie,
Jamais, jamais ne t'oublie
Qui t'a vue un jour!
Toujours plus chérie,
Ta rive fleurie
Toujours sera la patrie
Que cherche l'amour.

STEINBERG.

Mon amie, écoutez-moi. Cette chanson, ces paroles du cœur, ces souvenirs me pénètrent l'âme, me rendent à moi-même... Non, tant d'amour ne sera point un rêve! tant d'espoir de bonheur ne sera point un mensonge! j'en fais le serment à vos pieds.

Il se met à genoux.

Je viens de me montrer jaloux sans motif, mais je vous ai donné souvent trop de raison de l'être...

BETTINE.

Ne parlons pas de cela, Steinberg.

STEINBERG, se levant.

J'en veux parler, je suis las de feindre, de me contraindre, de me sentir indigne de vous. Mes visites chez la princesse vous ont coûté des larmes, je le sais...

BETTINE.

Charles!

STEINBERG.

Je ne veux plus la voir, je ne veux plus entendre parler d'elle. Vivons chez nous, en nous, pour nous, et que l'univers nous oublie à son tour! Le notaire est là, n'est-ce pas? Eh bien! Bettine, signons à l'instant même. Les témoins ne sont pas arrivés? Je sais bien pourquoi, et je vous le dirai. Prenez la première voisine venue, et moi, morbleu! je prendrai Calabre. Que je sois votre mari, et advienne que pourra! Je répète, avec le vieux proverbe : Celui qui aime et qui est aimé est à l'abri des coups du sort!

SCÈNE XII

Les Précédents, CALABRE.

CALABRE, entrant avec une lettre et une boîte.

On apporte cette lettre pour monsieur le baron.

STEINBERG.

Eh, que diantre! est-ce donc si pressé?

CALABRE.

Oui, monsieur; l'homme qu'on envoie a dit qu'on attendait la réponse.

STEINBERG.

Voyons ce que c'est.

Il prend la lettre.

CALABRE, donnant la boîte à Bettine.

Ceci est pour madame.

STEINBERG, après avoir lu précipitamment la lettre.

Calabre!

CALABRE.

Monsieur.

STEINBERG.

Qui est-ce qui est là?

CALABRE.

Monsieur, c'est un homme... de là-bas...

STEINBERG.

De chez la princesse? Où est-il, cet homme?

CALABRE.

Là, dans l'antichambre.

STEINBERG.

Je vais lui parler.

SCÈNE XIII

BETTINE, CALABRE.

BETTINE.

Qu'arrive-t-il encore, mon ami ? As-tu remarqué, en ouvrant cette lettre, comme il a changé de visage ? Est-ce encore un nouveau malheur ? Ah ! cette femme nous fait bien du mal.

CALABRE.

La lettre n'est pas d'elle, madame ; c'est un de ses gens qui l'a apportée, mais ce n'est pas son écriture.

BETTINE.

Son écriture, hélas ! excepté moi, tout le monde la connaît donc dans cette maison ?

CALABRE, désignant la boîte.

Ceci, madame, vient de la part du marquis.

BETTINE.

Ah ! je n'y pensais plus.
Elle ouvre la boîte.
Des diamants !

CALABRE.

Il y a un petit billet.

SCÈNE XIII.

BETTINE.

Voyons :

Elle lit.

« Vous m'avez permis, belle dame, de vous envoyer un bouquet de noce... »

Ah! ciel! j'entends la voix de Steinberg; il parle avec une violence! L'entends-tu, Calabre? Il revient ici... Garde cet écrin, il ne faut pas qu'il le voie, pas maintenant, et dis-moi vite, avant qu'il vienne, combien a-t-il perdu?

CALABRE.

Ah! madame, il m'est impossible...

BETTINE.

Il faut que je sache, il faut que tu parles, quand tu serais lié par mille serments! Faut-il te le demander à genoux?

CALABRE.

Ah! ma chère dame!

BETTINE.

Est-ce cent mille francs?

CALABRE, à voix basse.

Eh bien! oui.

SCÈNE XIV

Les Précédents, STEINBERG.

STEINBERG, à Calabre.

Que faites-vous là? retirez-vous.

Calabre sort.

BETTINE.

Vous paraissez ému, Steinberg; cette lettre semble vous avoir... contrarié.

STEINBERG.

Pas le moins du monde. — Qu'est-ce donc que cette boîte que l'on vient de vous envoyer?

BETTINE.

Une bagatelle. — Dites-moi, mon ami, tout à l'heure...

STEINBERG.

Une bagatelle! mais enfin, quoi?

BETTINE.

Mon Dieu, ce n'est pas un mystère,... c'est un cadeau de Stéfani.

STEINBERG.

Ah! un cadeau? et à quel propos?

BETTINE.

A propos... de notre mariage.

STEINBERG.

Un cadeau de noce!... Est-il votre parent?

SCÈNE XIV.

BETTINE.

Non, mais, je vous l'ai dit, c'est un ancien ami.

STEINBERG.

Et les anciens amis font aussi des présents? Je ne connaissais pas cet usage. Voyons cette boîte, si vous le voulez bien.

BETTINE.

Elle n'est pas là, on l'a portée chez moi. Mais, mon ami, ne me ferez-vous pas la grâce de me dire ce que cette lettre...

STEINBERG.

Voulez-vous que j'appelle votre femme de chambre?

BETTINE.

Pourquoi?

STEINBERG.

Pour voir ce cadeau. Vous savez que je suis un connaisseur.

BETTINE.

Je me trompais... Cet écrin n'est pas chez moi... Calabre, je crois, l'a gardé.

STEINBERG.

Ah!... si c'est un objet de prix, la précaution est fort sage.

Appelant.

Calabre! holà! Calabre! où êtes-vous donc?

SCÈNE XV

Les Précédents, CALABRE.

CALABRE.

Monsieur...

STEINBERG.

Où êtes-vous donc quand j'appelle ?

CALABRE.

Monsieur, j'étais dans votre appartement. Vous vous rappelez sans doute les ordres...

STEINBERG.

Il n'est pas question de cela.

BETTINE.

Calabre, avez-vous là l'écrin que je viens de vous confier ?

CALABRE.

Oui, madame.

BETTINE.

Donnez-le moi.

Elle le remet à Steinberg.

STEINBERG, ouvrant l'écrin.

Ce sont de fort beaux diamants. Peste! un bouquet de fleurs en brillants, mêlés de rubis et d'émeraudes! c'est tout à fait galant! — Il y a un mot d'écrit.

BETTINE.

Vous pouvez le lire.

STEINBERG.

A Dieu ne plaise! ma curiosité ne va pas jusque-là.

BETTINE.

Je vous en prie; je ne l'ai pas lu.

STEINBERG.

Vraiment? Puisque vous le voulez...

Il lit :

« Vous m'avez permis, belle dame, de vous envoyer un bouquet de noce. Si je devais rester longtemps dans ce pays, je vous enverrais des fleurs qui, lorsqu'elles seraient fanées, se remplaceraient aisément; mais puisque ma mauvaise étoile me défend de vivre près de vous, laissez-moi vous offrir, je vous le demande en grâce, quelques brins d'herbe un peu moins fragiles. Puisse ce souvenir d'une vieille amitié vous en rappeler parfois quelques autres que, pour ma part, je n'oublierai jamais. — J'aurai l'honneur de vous voir ce soir. »

C'est à merveille! — Monsieur Calabre, avez-vous fait demander des chevaux?

Il pose l'écrin sur une table.

CALABRE.

Pas encore, monsieur; je pensais...

STEINBERG.

Combien de fois faut-il donc que je parle pour qu'on m'entende? Que Pietro parte sur-le-champ.

BETTINE.

Des chevaux, Steinberg? pour quoi faire?

STEINBERG.

Il faut que j'aille à la ville. Hâtez-vous, Calabre.

BETTINE.

Un instant encore ! Ne se pourrait-il ?...

STEINBERG.

A qui obéit-on ici ?

Calabre s'incline et va pour sortir.

BETTINE.

Charles, je sais votre secret ! Je ne voulais vous en rien dire. J'aurais attendu, j'aurais désiré que la confidence m'en vînt de votre part ; mais vous voulez partir... Pourquoi ?

STEINBERG.

Vous savez tout, dites-vous, et vous le demandez ! Il paraît qu'il y a ici une inquisition dans les règles, et qu'on s'inquiète fort de mes intérêts ; mais il semble aussi que M. Calabre conserve plus discrètement ce que vous lui confiez qu'il ne sait respecter mes ordres.

CALABRE.

Monsieur, je vous jure sur mon âme...

STEINBERG.

Je ne vous interroge pas. — Et moi aussi je voulais garder le silence ; mais puisque vous avez voulu tout savoir, eh bien ! madame, soyez satisfaite ! Oui, j'ai agi imprudemment ; oui, ma parole est engagée ; ma fortune, déjà compromise, est aujourd'hui à peu près perdue. Cette lettre vient d'un créancier qui m'annonce tout d'un coup un voyage, qui prétexte un départ subit

SCÈNE XV.

pour me demander de l'or, comme votre marquis pour vous en donner.

BETTINE.

Bonté divine ! perdez-vous la raison ?

STEINBERG.

Non pas. Croyez-vous, s'il vous plaît, que je ne sache pas par cœur ces finesses, ces artifices de comédie, ces petites ruses de coulisse ? Supposer qu'on s'en va pour se faire retenir ! accompagner cela d'un présent bien solide, afin qu'on sente tout ce qu'on va perdre ! voilà qui est nouveau, voilà qui est merveilleux ! Mais il faudrait, pour n'y pas voir clair, n'avoir jamais mis le pied dans le foyer d'un théâtre, n'avoir jamais connu vos pareilles !

BETTINE.

Mes pareilles, Steinberg ? — Vous voulez m'offenser. Vous n'y parviendrez pas, je vous en avertis, car ce n'est pas vous qui parlez. Si vos ennuis vous rendent injuste, le plus simple est d'en détruire la cause. Écoutez-moi. — Je n'ai pas, bien entendu, cent mille francs dans mon tiroir ; mais Filippo Valle, notre correspondant, les a pour moi. Il n'y a qu'à les faire prendre à la ville, et vous les aurez dans une heure.

STEINBERG.

Je n'en veux pas.

BETTINE.

Signons notre contrat ; dès cet instant, vous êtes mon mari.

STEINBERG.

Jamais !

BETTINE.

Vous le vouliez tout à l'heure.

STEINBERG.

Jamais, jamais à un tel prix !

BETTINE.

A un tel prix!... Ah ! vous ne m'aimez plus.

STEINBERG.

Il ne s'agit pas d'amour dans une question d'argent. Et qu'arriverait-il si je cédais ? Vous seriez ridicule, et moi méprisable.

BETTINE.

Ce ridicule me ferait rire, et ce mépris me ferait pitié.

STEINBERG.

Ririez-vous aussi de notre ruine?

BETTINE.

Je ne la crains pas. Si la pauvreté ne vous est pas insupportable, elle n'a rien que je redoute. Si elle vous effraie, eh bien! je ne suis pas morte, et ce que j'ai fait peut se recommencer.

STEINBERG.

Remonter sur la scène, n'est-il pas vrai? C'est là votre secret désir, d'autant plus vif, que vous savez bien que je n'y saurais consentir.

BETTINE.

Mon ami...

SCÈNE XV.

STEINBERG.

Brisons là, je vous en prie. Je n'ajouterai qu'un seul mot : j'étais prêt à vous épouser lorsque je croyais pouvoir vous assurer une existence honorable et libre ; maintenant je ne le puis plus.

BETTINE.

Pourquoi cela ? où est le motif ?

STEINBERG.

Où est le motif ? Et mon nom ? et ma famille ? et mes amis ? et le monde ?...

BETTINE.

Ah ! voilà l'obstacle.

STEINBERG.

Oui, le voilà, comprenez-le donc ; oui, c'est le monde qui nous sépare, le monde, dont personne ne peut se passer, qui est mon élément, qui est ma vie, dont je n'attends rien, dont j'ai tout à craindre, mais que j'aime par-dessus tout ; le monde, l'impitoyable monde, qui nous laisse faire, nous regarde en souriant, qui ne nous préviendrait pas d'un danger, mais qui, le lendemain d'une faute, se ferme devant nous comme un tombeau.

BETTINE.

Je ne croyais pas le monde si méchant.

STEINBERG.

Il ne l'est pas du tout, madame. Il a raison dans tout ce qu'il fait. C'est incroyable ce qu'il pardonne, et comme il vous soutient, comme il vous défend, par respect pour lui-même, dès l'instant qu'on en est, tant que vous vous conformez à ses lois, les plus douces, les plus praticables et les plus indulgentes qu'on puisse imaginer; mais malheur à qui les transgresse! Malheur à qui brave cette impunité, à qui abuse de cette indulgence! Il est perdu, il n'a rien à dire, et cette affable cruauté, cette sévère patience, qui ne frappe que lorsqu'on l'y force, n'est que justice.

BETTINE.

Ainsi vous partez?

STEINBERG.

Et que voulez-vous donc? De quel front, avec quel visage irais-je subir ce rôle d'un mari qui vit d'une fortune qui n'est pas la sienne, et promener par toute l'Italie une femme que je ne ferais que suivre, avec mon nom sur son passe-port et mes armes sur sa voiture? Encore faudrait-il, si, par impossible, on consentait à pareille chose, encore faudrait-il que cette femme fût digne d'un tel sacrifice!

BETTINE.

Est-ce bien là le motif, Steinberg?

STEINBERG.

Je sais donc bien mal me faire comprendre?

Montrant l'écrin.

Eh bien! le motif, le voilà.

Il sort.

SCÈNE XVI

BETTINE, CALABRE.

BETTINE.

Calabre.

CALABRE.

Madame.

BETTINE.

Je suis perdue.

CALABRE.

Patience, madame. Il ne faut pas croire…

BETTINE.

Je suis perdue, perdue à jamais.

CALABRE.

Non, madame, je vous le répète, il ne faut pas croire que monsieur le baron vous ait dit là son dernier mot, ni même qu'il ait parlé sincèrement ; non, c'est impossible. Il changera de langage quand son dépit sera calmé, car ce n'est pas contre vous qu'il peut être irrité ; il reviendra, madame, il va revenir.

BETTINE, regardant au balcon.

Le voilà qui part.

CALABRE.

Est-ce possible ?

BETTINE.

Tu ne le vois pas ? Il part seul, à pied. Où va-t-il ?

Sans doute à la ville. Cours après lui, Calabre, retiens-le... Ah! le cœur me manque.

CALABRE.

J'y vais, madame, je vous obéis... Mais permettez du moins...

BETTINE.

Non! arrête! laisse-le partir; mais il faut que tu partes aussi. Il faut que tu sois avant lui à la ville. Te sens-tu la force de prendre la traverse par le chemin de la montagne?

Elle va à la table et écrit.

CALABRE.

Pour vous, madame, je monterais au Vésuve.

BETTINE.

Il n'y a que toi qui puisses faire ma commission. Filippo Valle te connaît. — Et toi, connais-tu la personne à qui Steinberg doit ce qu'il a perdu?

CALABRE.

L'homme qui a apporté la lettre m'a dit que c'était le comte Alfani.

BETTINE.

Voici un mot pour Valle. Il doit avoir à moi, chez lui, la somme nécessaire. Il faut qu'il l'envoie sur-le-champ à cet Alfani, et qu'il fasse dire que c'est la princesse qui prête cet argent à Steinberg.

CALABRE.

Comment! madame, vous voulez...

BETTINE.

Oui. Il ne m'aime plus assez pour accepter de moi un service; mais, croyant qu'il vient d'elle, il n'osera refuser. Allons, Calabre, dépêche-toi; nous n'avons pas de temps à perdre.

CALABRE.

Mais, madame, pensez donc que cette somme est considérable, et que vous disiez ce matin même au notaire que votre fortune ne l'était guère...

BETTINE.

C'est bon, c'est bon. Ne t'inquiète pas.

UN DOMESTIQUE, entrant.

Monsieur le marquis Stéfani demande si madame veut le recevoir.

BETTINE.

Stéfani !

Après un silence.

Oui, sans doute, qu'il vienne. Allons, Calabre, tu n'es pas parti ?

CALABRE.

Hélas ! madame...

BETTINE.

Ne t'inquiète pas, te dis-je. Je t'ai entendu tantôt, il me semble, offrir quinze mille francs à ton maître?

CALABRE.

Oui, madame, et s'il se pouvait...

BETTINE.

En possèdes-tu beaucoup davantage ?

CALABRE.

Je ne dis pas ; mais dans un cas pareil...

BETTINE.

Et tu ne veux pas que je fasse ce que tu voulais faire ? Va, Calabre, va, mon vieil ami, — et quand je serai ruinée, tu me feras tes offres, à moi, et j'accepterai.

CALABRE.

Je vais prendre le vieux cheval de chasse. Il a encore le jarret ferme, et moi aussi, quoi qu'on en dise. Je serai bientôt parti et revenu. Ah ! si M. de Steinberg a du cœur, il sera dans un quart d'heure à vos pieds !

BETTINE.

Va, ne me fais pas penser à cela.

SCÈNE XVII

BETTINE, LE MARQUIS, entrant à droite
pendant que Calabre sort à gauche.

BETTINE, à part.

C'est pourtant bien là ce que j'espère !

LE MARQUIS.

Voilà une action généreuse, ma chère, digne en tout point de vous, mais elle a son danger.

BETTINE.

C'est vous, Stéfani ? De quoi parlez-vous ?

LE MARQUIS.

Eh ! de ce que vous venez de faire.

SCÈNE XVII.

BETTINE.

Etiez-vous là? M'auriez-vous écoutée?

LE MARQUIS.

Non, Dieu m'en garde! mais j'ai entendu.

BETTINE.

Marquis!

LE MARQUIS.

Ne vous fâchez pas, de grâce, et ne vous défendez pas non plus. Je venais vous voir tout bonnement, comme je vous l'avais dit, pour vous faire mes adieux. Il n'y avait personne à la salle basse, ni personne dans la galerie. J'attendais, devant vos tableaux, qu'il vînt à passer quelqu'un de vos gens, lorsque votre voix est venue jusqu'à moi. Je n'ai pas tout saisi au juste, mais j'ai bien compris à peu près. Vous payez une petite dette et vous ne voulez pas qu'on le sache. Vous vous cachez même sous le nom d'un autre; — c'est bien vous, cela, Élisabeth. Seriez-vous blessée de ce qu'une fois de plus j'ai eu la preuve de tout ce que votre âme renferme de délicatesse et de générosité?

BETTINE.

Mais... est-ce qu'il y a longtemps que vous êtes là?

LE MARQUIS.

Non, il n'y a pas plus de deux minutes, et, je vous le dis, j'ai compris vaguement. Comme je mettais le pied sur l'escalier, j'ai aperçu votre monsieur de... Steinberg, qui s'en allait par le jardin. Il ne m'a pas rendu mon salut. Est-ce que je lui ai fait quelque chose ?

BETTINE.

Plaisantez-vous ? Il vous connaît à peine.

LE MARQUIS.

Vous pourriez même dire pas du tout.

BETTINE.

Il ne vous aura sûrement pas vu. Il était très préoccupé.

LE MARQUIS.

Oui,... je comprends bien ;... cet argent perdu, pas vrai ? ce jeune homme-là joue trop gros jeu.

BETTINE.

Oui.

LE MARQUIS.

Oui, et il ne sait pas jouer.

<small>Bettine s'assied pensive.</small>

Il ne faut pas croire que le lansquenet, tout bête qu'il est, soit de pur hasard. Il y a manière de perdre son argent. Je sais bien qu'à tout prendre c'est un jeu aussi savant que pile ou face ou la bataille. L'indifférent qui regarde n'en voit point davantage ; mais demandez à celui qui touche aux cartes si elles ne lui représentent que cela. Ces petits morceaux de carton peint ne sont pas seulement pour lui rouge ou noir ; ils veulent dire heur ou malheur. La fortune, dès qu'on l'appelle, peu importe par quel moyen, accourt et voltige autour de la table, tantôt souriante, tantôt sévère ; ce qu'il faut étudier pour lui plaire, ce n'est pas le carton peint ni les dés, ce sont ses caprices, ce sont ses boutades qu'il faut pressentir, qu'il faut deviner, qu'il faut savoir saisir au vol... Il y a plus de science au fond d'un cornet que n'en a rêvé d'Alembert.

BETTINE.

Vous parlez en vrai joueur, marquis. — Est-ce que vous l'avez été?

LE MARQUIS.

Oui, et joueur assez heureux, parce que j'étais très hardi quand je gagnais, et dès que la fortune me tournait le dos, cela m'ennuyait.

BETTINE.

On dit que cette passion-là ne se corrige jamais.

LE MARQUIS.

Bon! comme les autres. Mais je suis là à bavarder... Je ne voulais que vous baiser la main, et je me sauve, car j'importunerais...

BETTINE.

Non, Stéfani, restez, je vous en prie. Puisque vous savez à peu près mes secrets, nous n'en dirons rien, n'est-ce pas? Et vous me pardonnerez si je suis distraite. — Le chagrin n'est jamais aimable.

LE MARQUIS.

Celui que vous avez est bien mieux que cela: il est estimable, et il vous honore. Je connais des gens qui rendent service comme l'ours de la fable avec son pavé.

Ils se font prier, ils vous marchandent, et lorsqu'ils vous croient suffisamment plein d'une reconnaissance éternelle, ils vous assomment d'un affreux bienfait. Ils détruisent ainsi tout le vrai prix des choses, la bonne grâce d'une bonne action. Vous n'avez pas de ces façons-là, ma chère, et votre main est plus légère encore lorsqu'elle obéit à votre cœur que lorsqu'elle court sur ce piano pour exprimer votre pensée.

BETTINE.

Asseyez-vous donc, je vous en supplie.

LE MARQUIS, s'asseyant.

A la bonne heure, pourvu que vous me promettiez, une minute avant que je sois de trop, d'être assez de mes amis pour me mettre à la porte.

BETTINE.

De vos amis, marquis ? A propos, savez-vous bien que vous m'avez envoyé un bouquet magnifique, mais à tel point que je ne l'accepterais certainement de personne au monde, excepté vous.

LE MARQUIS.

Il n'y a ni perle ni diamant qui vaille une telle parole échappée de vos lèvres. — Mais il y a quelque chose qui me tracasse. — Laissez-moi vous faire une seule question. Est-ce que, dans ces affaires-là, vous ne prenez pas vos précautions?

BETTINE.

Quelles précautions?

SCÈNE XVII.

LE MARQUIS.

Mais, dame! une signature, une hypothèque, une garantie.

BETTINE.

Je n'entends rien à tout cela.

LE MARQUIS.

Vous avez tort, morbleu! vous avez tort.

BETTINE.

C'était donc là ce qui vous faisait dire, en entrant, qu'il y avait un danger pour moi?

LE MARQUIS.

Précisément.

BETTINE.

Expliquez-vous donc.

LE MARQUIS.

C'est que cela est fort délicat, et puis j'augmenterais vos inquiétudes.

BETTINE.

Le vrai moyen de les augmenter, c'est de ne parler qu'à demi.

LE MARQUIS.

Vous avez raison, et j'ai tort. N'en parlons plus; prenez que je n'ai rien dit.

Il se lève.

BETTINE.

Non pas, car je comprends vos craintes... Vous connaissez la princesse?

LE MARQUIS.

Eh! oui, eh! oui, je la connais.

BETTINE.

La croyez-vous capable d'une mauvaise action?

LE MARQUIS.

Eh! je n'en sais rien.

BETTINE.

Mais je dis,... d'une perfidie,... d'une noirceur...

LE MARQUIS.

Eh! qui en répondrait?

BETTINE.

Stéfani, vous m'épouvantez. Écoutez-moi : vous m'avez vue ce matin presque jalouse de cette femme.

LE MARQUIS.

Vous l'étiez bien un peu tout à fait.

BETTINE.

Oui, par instants; mais vous savez ce que c'est, mon ami : — on croit douter des gens qu'on aime, on les accable de reproches, on les appelle parjures, infidèles;... au fond de l'âme on n'en croit pas un mot, et pendant que la bouche accuse, le cœur absout. N'est-ce pas vrai?

LE MARQUIS.

Sans doute. Eh bien? ma chère Bettine...

BETTINE.

Eh bien! marquis, sincèrement, je n'ai jamais pensé, je n'ai jamais cru possible qu'il aimât cette femme.

Cette horrible idée me vient maintenant. Vous l'avez vu chez elle, — qu'en pensez-vous?

LE MARQUIS.

Bon Dieu! ma belle, que demandez-vous là? On ne voit pas les cœurs, comme dit Molière. Franchement, d'ailleurs, je n'en crois rien.

BETTINE.

Que voulait dire alors ce danger dont vous me parliez?

LE MARQUIS.

Ah! c'est qu'il y a princesse et princesse, comme il y a fagot et fagot.

BETTINE.

Et vous croyez que celle-ci...

LE MARQUIS.

Elle me fait tant soit peu l'effet de n'être pas de bien bonne fabrique, et d'avoir été achetée de hasard.

BETTINE.

S'il en est ainsi...

LE MARQUIS.

Je n'en suis pas sûr; mais je conviens qu'il m'est pénible de voir le sort d'une personne comme vous entre les mains d'une femme comme elle.

BETTINE.

Je ne saurais croire que Steinberg...

LE MARQUIS.

Puisse vous tromper? Je suis de votre avis. Eh! palsambleu! s'il ne vous adore pas, je le plains bien sincèrement. Tenez, on vient, c'est lui, je me retire. Non, ce n'est pas lui, c'est son valet de chambre.

SCÈNE XVIII

Les Précédents, CALABRE.

BETTINE.

Eh bien! Calabre, qu'as-tu fait?

CALABRE.

Tout ce que vous m'aviez dit, madame.

BETTINE.

L'argent est payé?

CALABRE.

Oui, madame.

BETTINE.

As-tu vu Steinberg?

CALABRE.

Hélas! oui.

BETTINE.

Que t'a-t-il dit?

CALABRE.

Voici une lettre.

BETTINE, après avoir lu vite.

Ah! c'est très bien,... parfaitement bien,... c'est à merveille.

Elle tombe évanouie sur un fauteuil.

SCÈNE XVIII.

CALABRE.

Madame! madame!

LE MARQUIS.

Qu'y a-t-il donc?

CALABRE.

Veillez sur elle, monsieur, je vais chercher ce qu'il faut.

LE MARQUIS, tirant un flacon.

Ce flacon suffira. Qu'êtes-vous donc venu lui annoncer?

CALABRE.

Ah! monsieur, c'est horrible à dire!... Il est parti avec la princesse.

LE MARQUIS.

Parti! — La voici qui rouvre les yeux. Il faut lui ôter cette lettre...

Il va pour prendre la lettre que Bettine tient à la main.

BETTINE.

Non, non!... oh! ne m'ôtez pas cela... Où suis-je donc? J'ai fait un rêve. C'est vous, marquis? Je vous demande pardon.

LE MARQUIS.

Restez en repos; ne vous levez pas.

BETTINE.

Ah! malheureuse! je me souviens. Il est parti; n'est-ce pas, Calabre? Savez-vous cela, Stéfani? — Il est parti avec cette femme! Tenez, lisez cette lettre, lisez-la tout haut.

LE MARQUIS.

Je sais tout, ma chère.

BETTINE.

Ah! vraiment? Cette nouvelle est-elle déjà connue? Suis-je déjà la fable de la ville? Sans doute il y a du plaisant dans cette aventure, elle fournira matière à la gaieté publique; mais comment oseraient-ils rire de moi, avant de savoir ce que je vais faire? Tout n'est pas fini, et apparemment j'ai aussi le droit de dire mon mot dans cette comédie.

LE MARQUIS.

Personne ne se rira de vous. Il n'y a rien de moins plaisant que de voler l'argent du prochain.

BETTINE, s'animant par degrés.

Voler! qui parle d'une chose pareille? Cette somme dont j'ai disposé, je l'ai donnée volontairement, j'ai supplié qu'on l'acceptât. J'ai été obligée d'employer la ruse pour vaincre un refus obstiné. Il est vrai que mon stratagème n'a pas tourné à mon avantage; mais qui peut dire que je m'en repente? Si c'est de cela que vous me plaignez, vous me supposez un singulier chagrin.

Elle se lève.

LE MARQUIS.

Je ne sais pas quelle est la somme, mais il paraît que ce n'est pas peu de chose.

BETTINE.

Eh! que m'importe? Quelle étrange idée vous faites-vous donc des personnes mêmes que vous prétendez

estimer, si vous ne voyez ici qu'une affaire d'intérêt?
Ah! que Steinberg fût revenu à moi, est-ce que le reste
comptait pour quelque chose? Mais c'est ainsi que juge
le monde. — Un amour trompé, qu'est-ce que cela?
Une femme qu'on abandonne, un serment qu'on trahit,
un lien sacré qu'on brise, ce ne sont que des bagatelles!
cela se voit tous les jours, cela se raconte, cela égaie la
bonne compagie! mais qu'il s'agisse de quelques écus
de moins, de quelques misérables poignées de jetons
qu'on aura perdus par hasard, oh! alors chacun vous
plaindra, et votre souffrance pécuniaire sera l'objet
d'une pitié sordide, à faire monter la rougeur au front.

LE MARQUIS.

Votre chagrin est cause, Bettine, que vous adressez
mal vos reproches.

BETTINE.

Oui, mon ami, vous avez raison. Je sais qui vous
êtes, je vous offense; mais ce que j'éprouve est si
affreux, qu'il faut me pardonner ce que je puis dire,
car je n'en sais rien, je suis au fond d'un abîme. Tenez,
Stéfani, lisez-moi cela. Lisez tout haut, je vous en prie.

LE MARQUIS, lisant.

« Ma chère Bettine,

« Bien que vous ayez agi sans mon consentement, je
suis obligé de vous remercier de ce que vous venez de
faire pour moi... »

BETTINE.

Obligé de me remercier !

LE MARQUIS, continuant.

« Mais vous comprenez que mon premier soin doit être de chercher les moyens de vous rendre la somme que vous avez bien voulu m'avancer... »

BETTINE.

On n'écrirait pas mieux à un homme d'affaires.

LE MARQUIS, de même.

« Le projet que nous avions formé ne pouvant plus se réaliser, les convenances mêmes semblent s'opposer à ce que je demeure plus longtemps près de vous... »

BETTINE.

Que dites-vous de cela, marquis ?

LE MARQUIS, de même.

« Je vais donc quitter ce pays. Une personne de nos amies... »

BETTINE.

Quelle audace !

LE MARQUIS, de même.

« ... De nos amies part maintenant pour Rome, et m'offre de l'accompagner. Je sais, du reste, que je ne vous laisse pas seule... »

BETTINE.

Continuez, continuez.

LE MARQUIS, de même.

« Et que je puisse revenir ou non, vous pouvez compter, chère Bettine, que vous recevrez bientôt de mes nouvelles.

« STEINBERG. »

SCÈNE XVIII.

BETTINE.

Steinberg ! Que le monde prononce ton nom quand il voudra parler d'un ingrat !

LE MARQUIS.

Il est certain que tout cela n'est pas beau. En vérité, cela demanderait vengeance.

BETTINE.

Vengeance ! ah ! oui, n'en doutez pas ! Mais quelle vengeance puis-je trouver ? Vous parlez en homme, Stéfani, et vous ressentez en homme un affront. Vous-même, cependant, que pouvez-vous faire quand vous avez un ennemi ? Que pouvez-vous de plus que de le tuer ? Vous croyez vous venger ainsi... Ah ! mon ami, pour un cœur honnête, il y a des maux plus affreux que la mort ; mais pour un lâche, ce qu'il y a de plus terrible, c'est la mort, qui n'est rien.

LE MARQUIS.

Je gagerais que cette lettre impertinente n'est pas entièrement du fait de votre baron. Il y a de la femme là dedans, — c'est un monstre à deux têtes, — car enfin quelle nécessité de vous avertir qu'il ne s'en va pas seul ? La lâcheté est de lui, l'insulte est féminine.

BETTINE.

Je l'ai senti comme vous. Il le sait bien aussi, et il a voulu mettre entre nous une barrière infranchissable. Il craignait que je ne voulusse le suivre, il avait peur de mon pardon, et il a pris ce moyen de l'éviter ; il savait que, lorsqu'une femme frappe le cœur d'une autre, elle rend toute espèce de retour impossible, et que la blessure ne se guérit pas. O perfide! le jour même qui était fixé, qu'il avait choisi pour notre mariage!... Hier au soir, il fallait voir comme il savait dissimuler! Il semblait, dans son impatience, souffrir d'attendre qu'il fît jour. O ciel! c'est moi qu'on joue ainsi! mon âme loyale ainsi traitée! Vous me connaissez, marquis, n'est-ce pas? Eh bien! j'ai combattu mon caractère trop vif, j'ai plié mon orgueil, afin de supporter ce qui me révoltait souvent, mais du moins ce que je croyais fait sans fausseté, sans dessein de nuire. Maintenant, je te vois tel que tu es, traître, et tu déchires mon cœur et mon honneur!

LE MARQUIS.

Ah ça! je pense à un mot de cette lettre. Lorsqu'il vous dit qu'il ne vous laisse pas seule, qu'est-ce qu'il entend par ces paroles? Est-ce donc que Calabre reste auprès de vous?

CALABRE.

Oh! non, monsieur, cela signifie autre chose.

BETTINE.

Tais-toi, Calabre.

LE MARQUIS.

Pourquoi donc? — Est-ce une indiscrétion que je viens de commettre?

Bettine ne répond pas. Calabre fait un signe au marquis, et lui montre l'écrin qui est sur la table.

SCÈNE XVIII.

LE MARQUIS.

Je ne comprends pas. Que veux-tu dire à ton tour ?

CALABRE.

Madame me défend de parler.

BETTINE.

Parle si tu veux.

LE MARQUIS, se levant et allant à la table.

Ceci pique fort ma curiosité. Qu'y a-t-il donc, monsieur Calabre ?

CALABRE.

Eh bien ! monsieur, puisqu'on me permet de le dire, c'est que cet écrin est cause en partie de tout ce qui arrive.

LE MARQUIS.

Vous voulez badiner, sans doute ?

CALABRE.

Pas le moins du monde. Monsieur le baron a fait des reproches horribles à madame d'avoir accepté ces bijoux.

LE MARQUIS.

Mais cela n'a pas le sens commun !

CALABRE.

Et ce matin, monsieur, s'il faut ne vous rien taire, j'étais chargé moi-même de dire à madame qu'elle eût à ne vous point recevoir.

LE MARQUIS.

Ah ça ! mais cela a l'air d'un rêve... Est-ce que c'est vrai, Bettine, ce qu'on me raconte là ?

BETTINE.

Très vrai.

LE MARQUIS.

Mais cela tient du prodige. A propos de quoi cette querelle d'Allemand? ce ne pouvait être qu'un méchant prétexte dont il avait besoin pour se fâcher.

CALABRE.

Oh! mon Dieu oui, monsieur, pas autre chose.

LE MARQUIS.

J'entends. Mais quelle bizarre idée!

CALABRE.

C'est que monsieur le marquis venait voir souvent madame, du temps qu'elle était à Florence, et monsieur le baron s'est imaginé...

LE MARQUIS.

Quelque sottise.

CALABRE.

Il s'est persuadé, en vous voyant arriver ici, que vous alliez recommencer à faire votre cour à madame.

LE MARQUIS.

Eh bien?

CALABRE.

Et cela l'a fâché.

LE MARQUIS.

C'est malheureux. Quoi! il va l'épouser, et voilà le cas qu'il sait faire d'elle? Mais c'est un drôle que ce monsieur.

SCÈNE XVIII.

BETTINE.

Stéfani! songez que je l'ai aimé.

LE MARQUIS.

C'est juste, je vous demande pardon. Je n'ai pas les mêmes raisons que vous pour le ménager. Ainsi donc, cher monsieur Calabre, vous dites qu'on est jaloux de moi?

CALABRE.

Oui, monsieur.

LE MARQUIS.

En vérité? Eh bien! cela me fait plaisir, cela me rajeunit. — Ah! on est jaloux de moi!

Après un silence.

Eh bien! morbleu! il a raison. — Bettine, écoutez-moi. Vous avez aimé, vous vous êtes trompée, vous avez fait un mauvais choix, vous en portez la peine; cela est fâcheux, mais cela arrive aux plus honnêtes gens, c'est même à eux que cela ne manque guère. Si maintenant vous avez quelque rancune, et la moindre disposition à courir en poste après le passé, je suis tout prêt et je vous aiderai très volontiers à prendre une revanche qui vous est bien due. Si je n'ai plus le pied assez leste pour me jeter dans une valse, je l'ai encore, Dieu merci, assez ferme pour soutenir un coup d'épée, et je serais ravi de rendre à ce monsieur celui que j'ai reçu autrefois pour vous.

BETTINE.

Mon ami...

LE MARQUIS.

Si, au contraire (ce qui, à mon avis, serait infiniment préférable), vous pouviez avoir la patience, je dirai même le bon sens, de laisser faire le médecin qui guérit toute chose, le temps, connu depuis que le monde existe, je m'offre à vous.

BETTINE.

Vous, Stéfani?

LE MARQUIS.

Moi, non pas aujourd'hui, non pas demain, non pas dans un mois ni dans six, mais quand vous voudrez, quand cela vous plaira, si jamais cela peut vous plaire, quand vous serez calmée, guérie, redevenue tout à fait vous-même, c'est-à-dire gaie, aimable et charmante; quand la blessure qu'un ingrat vous a faite s'effacera avec les jours d'oubli, oui, je le répète, je m'offre à vous. On dit que je veux vous faire ma cour, on a raison; que je vous ai aimée, on a raison; que je vous aime encore, on a raison; et ce que je vous dis là, il y a trois ans que j'aurais dû vous le dire, et je vous le dirai toute ma vie.

BETTINE.

Puisque vous me parlez avec cette franchise, je ne veux pas être moins sincère que vous. Répondre sur-le-champ à ce que vous me proposez, vous comprenez que c'est impossible...

LE MARQUIS.

Quand vous voudrez.

BETTINE.

Mais ce que je puis et ce que je veux vous dire, tout de suite et sans hésiter, c'est qu'au milieu des chagrins que j'éprouve et de toute l'horreur qui m'accable, à cet instant où mon cœur est brisé par un abandon si cruel et une trahison si basse, vos paroles viennent d'y exciter une émotion qui m'est bien douce. Et pourquoi vous le cacherais-je? oui, Stéfani, je suis heureuse de voir que ce monde n'est pas encore désert, et que, si le mensonge et la perfidie peuvent quelquefois s'y rencontrer, on y peut aussi trouver sur sa route la main fidèle d'un ami. Je le savais, mais j'allais l'oublier. Vous m'en avez fait souvenir,... voilà ce dont je vous remercie.

LE MARQUIS.

Et vous pourriez douter qu'on vous aime!

BETTINE.

Non, je crois ce que vous me dites; mais il y a une réflexion que vous n'avez pas faite. Savez-vous bien à qui vous parlez?

LE MARQUIS.

A la plus charmante femme que je connaisse.

BETTINE.

Considérez ceci, marquis : je suis tout à fait désespérée. Le coup que je viens de recevoir est si imprévu, si inconcevable, qu'il m'a d'abord anéantie. Maintenant que ma raison se réveille peu à peu, je cherche comment je pourrais continuer de vivre, et, en vérité, je ne le vois pas.

LE MARQUIS.

Prenez courage.

BETTINE.

Non, je ne le vois pas. A examiner froidement, raisonnablement ce qui m'arrive, je ne veux pas vous tromper, je ne vois nul remède, nul espoir. Je perds l'homme que j'aimais, et ce qu'il y a de plus affreux encore, je suis forcée de le mépriser. Que voulez-vous que je devienne? Es-tu de mon avis, Calabre? Plus je réfléchis, et plus je vois qu'il n'y a plus pour moi d'existence possible. Je ne peux plus rien faire que prier et pleurer. Est-ce à ce reste de moi-même, à ce fantôme de votre amie que vous voulez donner la main? est-ce à un masque couvert de larmes?

Elle pleure.

LE MARQUIS.

Oui, morbleu! et ces larmes-là, je ne vous demanderai jamais de les essuyer. Je respecte trop votre douleur pour tâcher de vous en distraire, mais je vous dis : le temps s'en chargera, — et laissez-moi aussi achever ma pensée, dût-elle vous choquer en ce moment. Vous n'avez plus, dites-vous, d'existence possible? Vous en avez une toute faite, la seule qui vous convienne, celle que vous aimez, que vous avez choisie, qui est notre plaisir et votre gloire... Vous retournerez au théâtre.

BETTINE.

Y pensez-vous?

SCÈNE XVIII.

LE MARQUIS.

Pourquoi donc pas? Cela vous paraît-il si étrange, qu'en vous offrant d'être votre époux, je vous parle de remonter sur la scène? Oui, je me souviens que, ce matin, vous me disiez qu'une fois mariée, vous y comptiez renoncer pour toujours ; mais je vous ai répondu, ce me semble, que ce n'était point mon avis, ni de mon goût, je vous assure. Est-ce qu'on résiste à son talent? En a-t-on la force, en a-t-on le droit, surtout quand ce talent heureux vous a portée sur cette jolie montagne où les Muses dansent autour d'Apollon, et les abeilles autour des Muses?... Croyez-vous donc que l'on puisse être tout bonnement baronne ou marquise, en revenant de ce pays-là? Oh! que non pas! La nature parle : bon gré, mal gré, il faut qu'on l'écoute. Eh! palsambleu! un poète fait des vers et un musicien des chansons, tout comme un pommier fait des pommes. Lorsqu'on me raconte que Rossini se tait, je déclare que je n'en crois rien. Et vous non plus, Bettine, vous ne vous tairez pas. Vous retrouverez force et vaillance, vous reprendrez la harpe de Desdémone, et moi ma place dans mon petit coin, à côté de mon cher quinquet. Vous reverrez cette foule émue, attentive, qui suit vos moindres gestes, qui respire avec vous, ce parterre qui vous aime tant, ces vieux dilettanti qui frappent de leurs cannes, ces jeunes dandies qui, parés pour le bal, déchirent leurs gants en vous applaudissant, ces belles dames dans leurs loges dorées, qui, lorsque le cœur leur bat aux accents du génie, lui jettent si noblement leurs bouquets parfumés ! Tout cela vous attend, vous regrette et vous appelle... Ah ! je jouissais jadis de vos triomphes ! votre amitié m'en donnait une part. — Que serait-ce donc si vous étiez à moi !

BETTINE.

Ah ! Stéfani... Mais c'est impossible.

LE MARQUIS.

Ne le dites pas trop vite, ne vous hâtez pas. C'est là tout ce que je vous demande.

Il lui baise la main.

LE NOTAIRE, sortant du pavillon.

Monsieur Calabre !

CALABRE.

Ah ! c'est vous ?

LE NOTAIRE.

Oui, il n'y a plus de moscatelle, et je ne vois toujours pas les futurs conjoints. Je vais retourner à la ville.

CALABRE, lui montrant Bettine, qui a laissé sa main dans celle du marquis.

Attendez, attendez un peu.

FIN DE BETTINE.

Le rôle de Bettine a été écrit pour madame Rose Chéri, qui joignait à son talent de comédienne ceux de pianiste habile et de musicienne consommée. Cette pièce, représentée pour la première fois sur le théâtre du Gymnase dramatique, le 30 octobre 1851, fut écoutée avec une apparence d'attention et de respect, mais dans un morne silence. Il ne serait pas facile d'expliquer aujourd'hui pourquoi ce charmant ouvrage n'a pas obtenu plus de faveur.

CARMOSINE

COMÉDIE EN TROIS ACTES

PUBLIÉE EN 1852, REPRÉSENTÉE EN 1865.

PERSONNAGES.	ACTEURS QUI ONT CRÉÉ LES RÔLES.
PIERRE D'ARAGON, roi de Sicile.	MM. BONDOIS.
MAITRE BERNARD, médecin.	LAUTE.
MINUCCIO, troubadour.	THIRON.
PERILLO, jeune avocat.	LAROCHE.
SER VESPASIANO, chevalier de fortune.	ROMANVILLE.
UN OFFICIER DU PALAIS.	
MICHEL, domestique chez maitre Bernard.	
LA REINE CONSTANCE, femme du roi Pierre.	Mlle OTHON.
DAME PAQUE, femme de maitre Bernard.	Mme MASSON.
CARMOSINE, leur fille.	Mlle THUILLIER.
PAGES, ÉCUYERS, DEMOISELLES D'HONNEUR, SUIVANTES DE LA REINE.	

La scène se passe à Palerme.

CARMOSINE

ACTE PREMIER

Une salle chez maître Bernard.

SCÈNE PREMIÈRE

MAITRE BERNARD, DAME PAQUE.

DAME PAQUE.

Faites-moi le plaisir de laisser là vos drogues, et d'écouter un peu ce que je vous dis.

MAITRE BERNARD.

Faites-moi la grâce de ne pas me le dire du tout, ce sera tout aussitôt fait.

DAME PAQUE.

Comme il vous plaira. Mélangez vos herbes empestées tout à votre aise. Le seul résultat de votre obstination sera de la voir mourir dans nos bras.

MAITRE BERNARD.

Si mes remèdes ne peuvent rien, que peut donc votre bavardage? Mais c'est votre unique passe-temps de nous inonder de discours inutiles. Dieu merci, la patience est une belle vertu.

DAME PAQUE.

Si vous aimiez votre pauvre fille, elle serait bientôt guérie.

MAITRE BERNARD.

Pourquoi me dites-vous cela? Êtes-vous folle? Ne voyez-vous pas ce que je fais du matin au soir? Pauvre chère âme! tout ce que j'aime! Dites-moi, n'est-ce donc pas assez de voir souffrir l'enfant de mon cœur, sans avoir sur le dos vos éternels reproches? car on dirait, à vous entendre, que je suis cause de tout le mal. Y a-t-il moyen de rien comprendre à cette mélancolie qui la tue? Maudites soient les fêtes de la reine, et que les tournois aillent à tous les diables!

DAME PAQUE.

Vous en revenez toujours à vos moutons.

MAITRE BERNARD.

Oui, on ne m'ôtera pas de la tête qu'elle est tombée malade un dimanche, précisément en revenant de la passe d'armes. Je la vois encore s'asseoir là, sur cette chaise; comme elle était pâle et toute pensive! comme elle regardait tristement ses petits pieds couverts de poussière? Elle n'a dit mot de la journée, et le souper s'est passé sans elle.

DAME PAQUE.

Allez, vous n'êtes qu'un vieux rêveur. Le meilleur de tous les remèdes, je vous le dirai, malgré votre barbe : c'est un beau garçon et un anneau d'or.

MAITRE BERNARD.

Si cela était, pourquoi refuserait-elle tous les partis qu'on lui présente ? Pourquoi ne veut-elle même pas entendre parler de Perillo, qui était son ami d'enfance ?

DAME PAQUE.

Vraiment, elle s'en soucie bien ! Laissez-moi faire. On lui proposera telle personne qu'elle ne refusera pas.

MAITRE BERNARD.

Je sais ce que vous voulez dire, et pour celui-là, c'est moi qui le refuse. Vous vous êtes coiffée d'un flandrin.

DAME PAQUE.

Vous verrez vous-même ce qui en est.

MAITRE BERNARD.

Ce qui en est ? Mais, dame Pâque, il y a pourtant dans ce monde certaines choses à considérer. Je ne suis pas un grand seigneur, madame, mais je suis un honnête médecin, un médecin assez riche, dame Pâque, et même fort riche pour cette ville ; j'ai dans mon coffre quantité de sacs bien et dûment cachetés. Je ne donnerai pas plus ma fille pour rien, que je ne la vendrai, entendez-vous ?

DAME PAQUE.

Vraiment, vous ferez bien, et votre fille mourra de

votre sagesse, si elle ne meurt de vos potions. Laissez donc là ce flacon, je vous en prie, et n'empoisonnez pas davantage cette pauvre enfant. Ne voyez-vous donc pas, depuis deux mois, que vos drogueries ne servent à rien? Votre fille est malade d'amour, voilà ce que je sais, moi, de bonne part. Elle aime ser Vespasiano, et toutes les fioles de la terre n'y changeront pas un iota.

MAITRE BERNARD.

Ma fille n'est point une sotte, et ser Vespasiano est un sot. Qu'est-ce qu'un âne peut faire d'une rose?

DAME PAQUE.

Ce n'est pas vous qui l'épouserez. Essayez donc d'avoir le sens commun. Ne convenez-vous pas que c'est en revenant des fêtes de la reine que votre fille est tombée malade? N'en parle-t-elle pas sans cesse? N'amène-t-elle pas toujours les entretiens sur ce chapitre, sur l'habileté des cavaliers, sur les prouesses de celui-là, sur la belle tournure de celui-ci? Est-il rien de plus naturel à une jeune fille sans expérience que de sentir son cœur battre tout à coup pour la première fois, à la vue de tant d'armes resplendissantes, de tant de chevaux, de bannières, au son des clairons, au bruit des épées? Ah! quand j'avais son âge!...

MAITRE BERNARD.

Quand vous aviez son âge, dame Pâque, il me semble que vous m'avez épousé, et il n'y avait point là de trompettes.

DAME PAQUE.

Je le sais bien, mais ma fille est mon sang. Or, dans ces fêtes, je vous le demande, à qui peut-elle s'intéresser? Qui doit-elle chercher dans la foule, si ce n'est les gens qu'elle connaît? Et quel autre, parmi nos amis, quel autre que le beau, le galant, l'invincible ser Vespasiano ?

MAITRE BERNARD.

A telle enseigne, qu'au premier coup de lance, il est tombé les quatre fers en l'air.

DAME PAQUE.

Il se peut que son cheval ait fait un faux pas, que sa lance se soit détournée, je ne nie pas cela ; il se peut qu'il soit tombé.

MAITRE BERNARD.

Cela se peut assurément; il a pirouetté en l'air comme un volant, et il est tombé, je vous le jure, autant qu'il est possible.

DAME PAQUE.

Mais de quel air il s'est relevé !

MAITRE BERNARD.

Oui, de l'air d'un homme qui a son dîner sur le cœur, et une forte envie de rester par terre. Si un pareil spectacle a rendu ma fille malade, soyez persuadée que ce n'est pas d'amour. Allons, laissez-moi lui porter ceci.

DAME PAQUE.

Faites ce que vous voudrez. Je vous préviens que j'ai invité ce chevalier à souper. Que votre fille ait faim ou non, elle y viendra, et vous jugerez par vous-même de ce qui se passe dans son cœur.

MAITRE BERNARD.

Et pourquoi ne parlerait-elle pas, si vous aviez raison? Suis-je donc un tyran, s'il vous plaît? Ai-je jamais rien refusé à ma fille, à mon unique bien? Est-ce qu'il peut lui tomber une larme des yeux sans que tout mon cœur... Juste ciel! plutôt que de la voir ainsi s'éteindre sans dire une parole, est-ce que je ne voudrais pas?... Allons! vous me rendriez fou!

Ils sortent chacun d'un côté différent.

SCÈNE II

PERILLO, seul, entrant.

Personne ici! Il me semblait avoir entendu parler dans cette chambre. Les clefs sont aux portes, la maison est déserte. D'où vient cela? En traversant la cour, un pressentiment m'a saisi... Rien ne ressemble tant au malheur que la solitude;... maintenant j'ose à peine avancer. — Hélas! je reviens de si loin, seul et presque au hasard; j'avais écrit pourtant, mais je vois bien qu'on ne m'attendait pas. Depuis combien d'années ai-je quitté ce pays? Six ans! Me reconnaîtra-t-elle? Juste ciel! comme le cœur me bat! Dans cette maison de notre enfance, à chaque pas un souvenir m'arrête. Cette salle, ces meubles, les murailles même, tout m'est

si connu, tout m'était si cher! D'où vient que j'éprouve
à cet aspect un charme plein d'inquiétude qui me ravit
et me fait trembler? Voilà la porte du jardin, et celle-
ci!... J'ai fait bien du chemin pour venir y frapper; à
présent j'hésite sur le seuil. Hélas! là est ma destinée;
là est le but de toute ma vie, le prix de mon travail, ma
suprême espérance! Comment va-t-elle me recevoir?
Que dira-t-elle? Suis-je oublié? Suis-je dans sa pensée?
Ah! voilà pourquoi je frissonne;... tout est dans ces
deux mots, l'amour ou l'oubli!... Eh bien! quoi? Elle
est là sans doute. Je la verrai, elle me tendra la main :
n'est-elle pas ma fiancée? n'ai-je pas la promesse de
son père? n'est-ce pas sur cette promesse que je suis
parti? n'ai-je pas rempli toutes les miennes? Serait-il
possible?... Non, mes doutes sont injustes; elle ne peut
être infidèle au passé. L'honneur est dans son noble
cœur, comme la beauté sur son visage, aussi pur que
la clarté des cieux. Qui sait? elle m'attend peut-être; et
tout à l'heure... O Carmosine!

SCÈNE III

PERILLO, MAITRE BERNARD.

MAITRE BERNARD.

Silence! elle dort. Quelques heures de bon sommeil,
et elle est sauvée.

PERILLO.

Qui, monsieur?

MAITRE BERNARD.

Oui, sauvée, je le crois, du moins.

PERILLO.

Qui, monsieur?

MAITRE BERNARD.

C'est toi, Perillo? ma pauvre fille est bien malade.

PERILLO.

Carmosine! Quel est son mal?

MAITRE BERNARD.

Je n'en sais rien. Eh bien! garçon, tu reviens de Padoue; j'ai reçu ta lettre l'autre jour; tu as terminé tes études, passé tes examens, tu es docteur en droit, tu vas recevoir et bien porter le bonnet carré; tu as tenu parole, mon ami; tu étais parti bon écolier, et tu reviens savant comme un maître. Hé! hé! voilà une belle carrière devant toi. Ma pauvre fille est bien malade.

PERILLO.

Qu'a-t-elle donc, au nom du ciel?

MAITRE BERNARD.

Hé! je te dis que je n'en sais rien. C'est une joie pour moi de te revoir, mon brave Antoine, mais une triste joie; car pourquoi viens-tu? Il était convenu entre ton père et moi que tu épouserais ma fille dès que tu aurais un état solide; tu as bien travaillé, n'est-ce pas? ton cœur n'a pas changé, j'en suis sûr, le mien non plus, et maintenant... O mon Dieu! Qu'a-t-elle donc fait?

ACTE I, SCÈNE III.

PERILLO.

Vos paroles me font frémir. Quoi! sa vie est-elle en danger?

MAITRE BERNARD.

Veux-tu me faire mourir moi-même, à te répéter cent fois que je l'ignore? Elle est malade, Perillo, bien malade.

PERILLO.

Se pourrait-il qu'un homme aussi habile, aussi expérimenté que vous?...

MAITRE BERNARD.

Oui, expérimenté, habile! Voilà justement ce qu'ils disent tous. Ne croirait-on pas que j'ai dans ma boutique la panacée universelle, et que la mort n'ose pas entrer dans la maison d'un médecin? [Je ne m'en suis pas fié à moi seul, j'ai appelé à mon aide tout ce que je connais, tout ce que j'ai pu trouver au monde de docteurs, d'érudits, d'empiriques même, et nous avons dix fois consulté. Habileté de rêveurs, expérience de routine! La nature, Perillo, qui mine et détruit, quand elle veut se cacher, est impénétrable. Qu'on nous montre une plaie, une blessure ouverte, une fièvre ardente, nous voilà savants. Nous avons vu cent fois pareille chose, et l'habitude indique le remède; mais quand la cause du mal ne se découvre point, lorsque la main, les yeux, les battements du cœur, l'enveloppe humaine tout entière est vainement interrogée; lorsqu'une jeune fille de dix-huit ans, belle comme un soleil et fraîche comme une fleur, pâlit tout à coup et chancelle, puis, quand on lui demande ce qu'elle souffre, répond seulement : Je me meurs... Antoine, combien de fois j'ai cherché d'un œil avide le secret de sa souffrance, dans sa souffrance même! Rien ne me répondait, pas un signe, pas un indice clair et visible, rien devant moi que la douleur muette, car la pauvre enfant ne se plaint jamais ; et moi, le cœur brisé de tristesse, plein de mon inutilité, je regarde les rayons poudreux où sont entassés depuis des années les misérables produits de la science. Peut-être, me dis-je, y a-t-il là dedans un remède qui la sauverait, une goutte de cordial, une plante salutaire ; mais laquelle? comment deviner?]

PERILLO, à part.

Mes pressentiments étaient donc fondés ; je suis venu pour trouver cela.

Haut.

Ce que vous me dites, monsieur, est horrible. Me sera-t-il permis de voir Carmosine?

MAITRE BERNARD.

Sans doute, quand elle s'éveillera ; mais elle est bien faible, Perillo. Peut-être nous faudra-t-il d'abord la préparer à ta venue, car la moindre émotion la fatigue beaucoup et suffit quelquefois pour la priver de ses sens. Elle t'a aimé, elle t'aime encore, tu devais l'épouser,... tu me comprends.

PERILLO.

J'agirai comme il vous plaira. Faut-il que je m'éloigne

pour quelques jours, pour un aussi long temps que vous le jugerez nécessaire? Parlez, mon père, j'obéirai.

MAITRE BERNARD.

Non, mon ami, tu resteras. N'es-tu pas aussi de la famille?

PERILLO.

Il est bien vrai que j'espérais en être, et vous appeler toujours de ce nom de père que vous me permettiez quelquefois de vous donner.

MAITRE BERNARD.

Toujours, et tu ne nous quitteras plus.

PERILLO.

Mais vous me dites que ma présence peut être nuisible ou fâcheuse. Quand ma vue ne devrait causer qu'un moment de souffrance, la plus faible impression, la plus légère pâleur sur ses traits chéris, ô Dieu! plutôt que de lui coûter seulement une larme, j'aimerais mieux recommencer le long chemin que je viens de faire, et m'exiler à jamais de Palerme.

MAITRE BERNARD.

Ne crains rien, j'arrangerai cela.

PERILLO.

Aimez-vous mieux que j'aille loger dans un autre quartier de la ville? Je puis trouver quelque maison du faubourg (j'en avais une avant d'être orphelin). J'y demeurerais enfermé tout le jour, afin que mon retour fût ignoré; le soir seulement, n'est-ce pas, ou le matin de bonne heure, je viendrais frapper à votre porte et demander de ses nouvelles, car vous concevez que sans cela je ne saurais... Elle souffre donc beaucoup?

MAITRE BERNARD.

Tu pleures, garçon? Écoute donc, il ne faut pourtant pas nous désoler si vite. Cette incompréhensible maladie ne nous a pas dit son dernier mot. Elle dort dans ce moment-ci, et, je te l'ai dit, cela est de bon augure. Qui sait? Prenons nos précautions tout doucement, avec ménagement. Évitons, avant tout, qu'elle ne te voie trop vite ; dans l'état où elle est, je n'oserais pas répondre...

SCÈNE IV

Les Précédents, DAME PAQUE.

DAME PAQUE.

Votre fille vient de se réveiller; elle voudrait... Ah! c'est vous, seigneur Perillo? Je suis charmée de vous revoir.

Perillo salue. — A part.

Encore un amoureux transi! Nous nous serions bien passés de sa visite...

Haut à son mari.

Votre fille voudrait aller au jardin.

MAITRE BERNARD.

Que me dites-vous là? est-ce que cela est possible? à peine depuis trois jours peut-elle se soutenir.

ACTE I, SCÈNE IV.

DAME PAQUE.

Elle est debout, elle se sent beaucoup mieux, le sommeil lui a fait grand bien. Elle veut marcher et respirer un peu.

MAITRE BERNARD.

En vérité!

A Perillo.

Tu vois, mon cher Antoine, que je ne me trompais pas tout à l'heure. Voici un changement, un heureux changement. Elle va venir, retire-toi un instant.

PERILLO.

Elle va venir, et il faut que je m'éloigne! Si j'osais vous faire une demande...

MAITRE BERNARD.

Qu'est-ce que c'est?

PERILLO.

Laissez-moi la voir; je me cacherai derrière cette tapisserie; un seul moment, que je la voie passer!

MAITRE BERNARD.

Je le veux bien, mais ne te montre point que je ne t'appelle; je vais tenter en ta faveur tout ce qui me sera possible; — et vous, dame Pâque, ne soufflez mot, je vous prie.

DAME PAQUE.

Sur vos affaires? Je n'en suis pas pressée; je n'aime pas les mauvaises commissions. Voici votre fille; je vais au jardin porter mon grand fauteuil auprès de la fontaine.

Perillo se cache derrière une tapisserie.

SCÈNE V

MAITRE BERNARD, PERILLO, caché, CARMOSINE.

CARMOSINE.

Eh bien! mon père, vous êtes inquiet, vous me regardez avec surprise? Vous ne vous attendiez pas, n'est-il pas vrai, à me voir debout comme une grande personne? C'est pourtant bien moi.

Elle l'embrasse.

Me reconnaissez-vous?

MAITRE BERNARD.

C'est de la joie que j'éprouve, et aussi de la crainte. Es-tu bien sûre de n'avoir pas trop de courage?

CARMOSINE.

Oh! je voulais vous surprendre bien davantage encore, mais je vois que ma mère m'a trahie. Je voulais aller au jardin toute seule, et vous faire dire en confidence qu'une belle dame de Palerme vous demandait. Vous auriez pris bien vite votre belle robe de velours noir, votre bonnet neuf, et comme j'avais un masque... Eh bien! qu'auriez-vous dit?

MAITRE BERNARD.

Qu'il n'y a rien d'aussi charmant que toi; ainsi ta ruse eût été inutile. Hélas! ma bonne Carmosine, qu'il y a longtemps que je ne t'ai vue sourire!

CARMOSINE.

Oui, je suis toute gaie, toute légère. je ne sais pourquoi... C'est que j'ai fait un rêve. Vous souvenez-vous de Perillo?

MAITRE BERNARD.

Assurément. Que veux-tu dire?

A part.

C'est singulier; jamais elle ne parlait de lui.

CARMOSINE.

J'ai rêvé que j'étais sur le pas de notre porte. On célébrait une grande fête. Je voyais les personnes de la ville passer devant moi vêtues de leurs plus beaux habits, les grandes dames, les cavaliers... Non, je me trompe, c'étaient des gens comme nous, tous nos voisins d'abord, et nos amis, puis une foule, une foule innombrable qui descendait par la Grand'-Rue, et qui se renouvelait sans cesse; plus le flot s'écoulait, plus il grossissait, et tout ce monde se dirigeait vers l'église, qui resplendissait de lumière. [J'entendais de loin le bruit des orgues, les chants sacrés, et une musique céleste formée de l'accord des harpes et de voix si douces, que jamais pareil son n'a frappé mon oreille. La foule paraissait impatiente d'arriver le plus tôt possible à l'église, comme si quelque grand mystère, unique, impossible à revoir une seconde fois, s'accomplissait.] Pendant que je regardais tout cela, une inquiétude étrange me saisissait [aussi, mais je n'avais point envie de suivre les passants]. Au fond de l'horizon, dans une vaste plaine entourée de montagnes, j'apercevais un voyageur marchant péniblement dans la poussière. Il se hâtait de toutes ses forces; mais il n'avançait qu'à grand'peine, et je voyais très clairement qu'il désirait venir à moi. De mon côté, je l'attendais; il me semblait que c'était lui qui devait me conduire à cette fête. Je sentais son désir et je le partageais; j'ignorais quels obstacles l'arrêtaient; mais, dans ma pensée, j'unissais mes efforts aux siens; mon cœur battait avec violence, et pourtant je restais immobile, sans pouvoir faire un pas vers lui. Combien de temps dura cette vision, je n'en sais rien, peut-être une minute; mais, dans mon rêve, c'étaient des années. Enfin, il approcha et me prit la main; aussitôt la force irrésistible qui m'attachait à la même place cessa tout à coup, et je pus marcher. Une joie inexprimable s'empara de moi; j'avais brisé mes liens, j'étais libre. Pendant que nous partions tous deux avec la rapidité d'une flèche, je me retournai vers mon fantôme, et je reconnus Perillo.

MAITRE BERNARD.

Et c'est là ce qui t'a donné cette gaieté inattendue?

CARMOSINE.

Sans doute. Jugez de ma surprise lorsqu'en m'éveillant tout à coup, je trouvai que mon rêve était vrai dans ce qu'il avait d'heureux pour moi, c'est-à-dire que je pouvais me lever et marcher sans aucune peine. Ma première pensée a été tout de suite de venir vous sauter au cou; après cela, j'ai voulu faire de l'esprit, mais j'ai échoué dans mon entreprise.

ACTE I, SCÈNE V.

MAITRE BERNARD.

Eh bien ! ma chère, puisque ce songe t'a mise de si bonne humeur, et puisqu'il est vrai sur ce point, apprends qu'il l'est aussi sur un autre. J'hésitais à t'en informer, mais maintenant je n'ai plus de scrupule : Perillo est dans cette ville.

CARMOSINE.

Vraiment ! depuis quand ?

MAITRE BERNARD.

De ce matin même, et tu le verras quand tu voudras. Le pauvre garçon sera bien heureux, car il t'aime plus que jamais. Dis un mot et il sera ici.

CARMOSINE.

Vous m'effrayez. — Il y est peut-être !

MAITRE BERNARD.

Non, mon enfant, non, pas encore ; il attend qu'on l'avertisse pour se montrer. Est-ce que tu ne serais pas bien aise de le voir ? Il ne t'a pas déplu dans ton rêve ; il ne te déplaisait pas jadis. Il est docteur en droit à présent : c'est un personnage que ce bambin, avec qui tu jouais à cligne-musette, et c'est pour toi qu'il a étudié, car tu sais qu'il a ma parole. Je ne voulais pas t'en parler, mais grâce à Dieu...

CARMOSINE.

Jamais ! jamais !

MAITRE BERNARD.

Est-il possible ? ton compagnon d'enfance, ce digne et excellent garçon, le fils unique de mon meilleur ami, tu refuserais de le voir? A-t-il rien fait pour que tu le haïsses?

CARMOSINE.

Rien, non,... rien; je ne le hais pas; — qu'il vienne, si vous voulez... Ah! je me sens mourir!

MAITRE BERNARD.

Calme-toi, je t'en prie; on ne fera rien contre ta volonté. Ne sais-tu pas que je te laisse maîtresse absolue de toi-même? Ce que je t'en ai dit n'a rien de sérieux, c'était pour savoir seulement ce que tu en aurais pensé dans le cas où par hasard... Mais il n'est pas ici, il n'est pas revenu, il ne reviendra pas.

A part.

Malheureux que je suis, qu'ai-je fait?

CARMOSINE.

Je me sens bien faible.

Elle s'assoit.

MAITRE BERNARD.

Seigneur mon Dieu! il n'y a qu'un instant, tu te trouvais si bien, tu reprenais ta force! C'est moi qui ai détruit tout cela, c'est ma sotte langue que je n'ai pas su retenir! Hélas! pouvais-je croire que je t'affligerais? Ce pauvre Perillo était venu... Non, je veux dire... Enfin, c'était toi qui m'en avais parlé la première.

CARMOSINE.

Assez, assez, au nom du ciel! il n'y a point de votre faute. Vous ne saviez pas,... vous ne pouviez pas sa-

ACTE I, SCÈNE V.

voir... Ce songe qui me semblait heureux, j'y vois clair maintenant, il me fait horreur!

MAITRE BERNARD.

Carmosine, ma fille bien-aimée! par quelle fatalité inconcevable...

Perillo écarte la tapisserie sans être vu de Carmosine; il fait un signe d'adieu à Bernard, et sort doucement.

CARMOSINE.

Que regardez-vous donc, mon père?

MAITRE BERNARD.

Qu'as-tu, toi-même? tu pâlis, tu frissonnes; qu'éprouves-tu? Écoute-moi; il y a dans ta pensée un secret que je ne connais pas, et ce secret cause ta souffrance; je ne voudrais pas te le demander; mais, tant que je l'ignorerai, je ne puis te guérir, et je ne peux pas te laisser mourir. Qu'as-tu dans le cœur? Explique-toi.

CARMOSINE.

Cela me fait beaucoup de mal, lorsque vous me parlez ainsi.

MAITRE BERNARD.

Que veux-tu? Je te le répète, je ne peux pas te laisser mourir. Toi si jeune, si forte, si belle! Doutes-tu de ton père? Ne diras-tu rien? T'en iras-tu comme cela? Nous sommes riches, mon enfant; si tu as quelques désirs,... les jeunes filles sont parfois bien folles, qu'importe? il te faut un mot, rien de plus, un mot dit à l'oreille de ton père. Le mal dont tu souffres n'est pas naturel; [ces faux espoirs que tu nous donnes, ces moments de bien-être que tu ressens, pour nous rejeter ensuite dans des craintes plus graves; toutes ces contradictions dans tes paroles, tous ces changements inexplicables, sont un supplice!] Tu te meurs, mon enfant, je deviendrai fou; — veux-tu faire mourir aussi de douleur ton pauvre père qui te supplie!

<small>Il se met à genoux.</small>

CARMOSINE.

Vous me brisez, vous me brisez le cœur!

MAITRE BERNARD.

Je ne puis pas me taire, il faut que tu le saches. Ta mère dit que tu es malade d'amour,... elle a été jusqu'à nommer quelqu'un...

CARMOSINE.

Prenez pitié de moi!

<small>Elle s'évanouit.</small>

MAITRE BERNARD

Ah! misérable, tu assassines ta fille! Ta fille unique, bourreau que tu es! Holà, Michel! holà! ma femme! Elle se meurt, je l'ai tuée, voilà mon enfant morte!

SCÈNE VI

Les Précédents, DAME PAQUE.

DAME PAQUE.

Que voulez-vous? Qu'est-il arrivé?

MAITRE BERNARD.

Vite du vinaigre, des sels, ce flacon, là, sur cette table!

DAME PAQUE, donnant le flacon.

J'étais bien sûre que votre Perillo nous ferait ici de mauvaise besogne.

MAITRE BERNARD.

Paix! sur le salut de votre âme! La voici qui rouvre les yeux.

DAME PAQUE.

Eh bien! mon pauvre ange, ma chère Carmosine, comment te sens-tu à présent?

CARMOSINE.

Très bien. Où allez-vous, mon père? Ne me quittez pas.

MAITRE BERNARD.

Laissez-moi! laissez-moi!

DAME PAQUE.

Que veux-tu?

CARMOSINE.

Je ne veux rien; pourquoi mon père s'en va-t-il?

MAITRE BERNARD.

Pourquoi? pourquoi? parce que tout est perdu. Que Dieu me juge!

CARMOSINE.

Restez, mon père, ne vous inquiétez pas; tout cela finira bientôt.

DAME PAQUE.

Ser Vespasiano vient souper avec nous; seras-tu assez forte pour te mettre à table?

CARMOSINE.

Certainement, j'essaierai.

DAME PAQUE, à son mari.

Voyez-vous cela? elle y consent.

MAITRE BERNARD, à sa femme.

Que le diable vous emporte, vous et votre marotte! Vous ne comprenez donc rien à rien?

CARMOSINE.

Me voilà tout à fait bien maintenant. Le souper est-il prêt? Venez, mon père; donnez-moi le bras pour descendre.

DAME PAQUE.

J'ai ordonné qu'on apportât la table ici. Ne te dérange pas, n'essaie pas de marcher. Voici le seigneur Vespasiano.

MAITRE BERNARD, à part.

La peste soit du sot empanaché!

SCÈNE VII

Les Précédents, SER VESPASIANO.

SER VESPASIANO.

Bonsoir, chère dame. — Salut, maître Bernard.

MAITRE BERNARD.

Bonjour; ne parlez pas si haut.

ACTE I, SCÈNE VII.

SER VESPASIANO.

Que vois-je! la perle de mon âme à demi privée de sentiment! Ses yeux d'azur presque fermés à la lumière, et les lis remplaçant les roses!

DAME PAQUE.

C'est le troisième accès depuis deux jours.

SER VESPASIANO.

Père infortuné! tendre mère! combien je sympathise avec votre douleur!

CARMOSINE, à Bernard qui veut sortir.

Mon père, ne vous éloignez pas!

SER VESPASIANO, à Bernard.

Votre aimable fille vous rappelle, maître Bernard.

MAITRE BERNARD.

Allez au diable, monsieur, et laissez-nous en repos chez nous!

On apporte le souper.

CARMOSINE, à son père.

Ne soyez donc pas triste; venez près de moi. Je veux vous verser un verre de vin.

MAITRE BERNARD, assis près d'elle.

O mon enfant! que ne puis-je t'offrir ainsi tout le sang que la vieillesse a laissé dans mes veines, pour ajouter un jour à tes jours!

SER VESPASIANO, s'asseyant près de dame Pàque.

Après ce que votre mari vient de me dire, je ne sais trop si je dois rester.

DAME PAQUE.

Plaisantez-vous? est-ce qu'un homme de votre mérite fait attention à de pareilles choses?

SER VESPASIANO.

Il est vrai. — Voilà un rôti qui a une terrible mine.

CARMOSINE, à son père.

Dites-moi, qu'est-ce qu'il faut que je mange? Conseillez-moi, donnez-moi votre avis.

MAITRE BERNARD.

Pas de cela, ma chère, prends ceci, oui, je crois du moins;... hélas! je ne sais pas.

SER VESPASIANO, à dame Pâque.

Elle détourne les yeux quand je la regarde. Croyez-vous que je réussisse?

DAME PAQUE.

Hélas! peut-on vous résister?

SER VESPASIANO.

Que ne m'est-il permis de fendre mon cœur en deux avec ce poignard, et d'en offrir la moitié à une personne que je respecte... Il m'est impossible de m'expliquer.

DAME PAQUE.

Et il m'est défendu de vous entendre.

On entend chanter dans la rue.

CARMOSINE.

N'est-ce pas la voix de Minuccio?

SER VESPASIANO.

Oui, ma reine toute belle; c'est Minuccio d'Arezzo

lui-même. Il sautille sous ces fenêtres, [sa viole à la main.]

CARMOSINE.

Priez-le de monter ici, mon père ; il égaiera notre souper.

MAITRE BERNARD, à la fenêtre.

Holà! Minuccio, mon ami, viens ici souper avec nous. Le voilà qui monte, il me fait signe de la tête.

SER VESPASIANO.

C'est un musicien remarquable, fort bon chanteur et joueur d'instruments. Le roi l'écoute volontiers, et il a su, avec ses aubades, s'attirer la protection des gens de cour. Il nous sonna fort doucement l'autre soir d'une guitare qu'il avait apportée, avec certaines amoureuses et tout à fait gracieuses ariettes; nous sommes là une demi-douzaine qui avons des bontés pour lui.

[MAITRE BERNARD.

En vérité? Eh bien! à mes yeux, c'est là le moindre de ses mérites; non que je méprise une bonne chanson, il n'y a rien qui aille mieux à table avec un verre de cerigo ; mais avant d'être un savant musicien, un troubadour, comme on dit, Minuccio, pour moi, est un honnête homme, un bon, loyal et ancien ami, tout jeune et frivole qu'il paraît, ami dévoué à notre famille, le meilleur peut-être qui nous reste depuis la mort du père d'Antoine. Voilà ce que je prise en lui, et j'aime mieux son cœur que sa viole.]

SCÈNE VIII

Les Précédents, MINUCCIO.

CARMOSINE.

Bonsoir, Minuccio. Puisque tu chantes pour le vent qui passe, ne veux-tu pas chanter pour nous?

MINUCCIO.

Belle Carmosine, je chantais tout à l'heure, mais maintenant j'ai envie de pleurer.

CARMOSINE.

D'où te vient cette tristesse?

MINUCCIO.

De vos yeux aux miens. Comment la gaieté oserait-elle rester sur mon pauvre visage, lorsqu'on la voit s'éteindre et mourir dans le sein même de la fleur où l'on devrait la respirer?

CARMOSINE.

Quelle est cette fleur merveilleuse?

MINUCCIO.

La beauté. Dieu l'a mise au monde dans trois excellentes intentions : premièrement, pour nous réjouir; en second lieu, pour nous consoler, et enfin, pour être heureuse elle-même. Telle est la vraie loi de nature, et c'est pécher que de s'en écarter.

CARMOSINE.

Crois-tu cela?

MINUCCIO.

Il n'y a qu'à regarder. Trouvez sur terre une chose plus gaie et plus divertissante à voir qu'un sourire, quand c'est une belle fille qui sourit! Quel chagrin y résisterait? Donnez-moi un joueur à sec, un magistrat cassé, un amant disgracié, un chevalier fourbu, un politique hypocondriaque, les plus grands des infortunés, Antoine après Actium, Brutus après Philippes, que dis-je? un sbire rogneur d'écrits, un inquisiteur sans ouvrage; montrez à ces gens-là seulement une fine joue couleur de pêche, relevée par le coin d'une lèvre de pourpre où le sourire voltige sur deux rangs de perles! Pas un ne s'en défendra, sinon je le déclare indigne de pitié, car son malheur est d'être un sot.

SER VESPASIANO, à dame Pàque.

Il a du jargon, il a du jargon; on voit qu'il s'est frotté à nous.

MINUCCIO.

Si donc cette chose plus légère qu'une mouche, plus insaisissable que le vent, plus impalpable et plus délicate que la poussière de l'aile d'un papillon, cette chose qui s'appelle une jolie femme, réjouit tout et console de tout, n'est-il pas juste qu'elle soit heureuse, puisque c'est d'elle que le bonheur nous vient? Le possesseur du plus riche trésor peut, il est vrai, n'être qu'un pauvre, s'il enfouit ses ducats en terre, ne donnant rien à soi ni aux autres; mais la beauté ne saurait être avare. Dès qu'elle se montre, elle se dépense, elle se prodigue sans se ruiner jamais ; au moindre geste, au moindre mot, à chaque pas qu'elle fait, sa richesse lui échappe et s'envole autour d'elle, sans qu'elle s'en aperçoive, dans sa grâce comme un parfum, dans sa voix comme une musique, dans son regard comme un rayon de soleil ! Il faut donc bien que celle qui donne tant, se fasse un peu, comme dit le proverbe, la charité à elle-même, et prenne sa part du plaisir qu'elle cause... Ainsi, Carmosine, souriez.

CARMOSINE.

En vérité, ta folle éloquence mérite qu'on la paye un tel prix. C'est toi qui es heureux, Minuccio ; ce précieux trésor dont tu parles, il est dans ton joyeux esprit. Nous as-tu fait quelques romances nouvelles?

Elle lui donne un verre qu'elle remplit.

SER VESPASIANO.

Hé ! oui, l'ami, chante-nous donc un peu cette chanson que tu nous as dite là-bas.

MINUCCIO.

En quel endroit, magnanime seigneur?

SER VESPASIANO.

Hé, par Dieu ! mon cher, au palais du roi.

MINUCCIO.

Il me semblait, vaillant chevalier, que le roi n'était pas là-bas, mais-là haut.

SER VESPASIANO.

Comment cela, rusé compère?

MINUCCIO.

N'avez-vous jamais vu les fantoccini? Et ne sait-on pas que celui qui tient les fils est plus haut placé que ses marionnettes? Ainsi s'en vont deçà delà les petites poupées qu'il fait mouvoir, les gros barons vêtus d'acier, les belles dames fourrées d'hermine, les courtisans en pourpoint de velours, puis la cohue des inutiles, qui sont toujours les plus empressés;... enfin les chevaliers de fortune ou de hasard, si vous voulez, ceux dont la lance branle dans le manche et le pied vacille dans l'étrier.

SER VESPASIANO.

Tu aimes, à ce qu'il paraît, les énumérations, mais tu oublies les baladins et les troubadours ambulants.

MINUCCIO.

Votre invincible Seigneurie sait bien que ces gens-là ne comptent pas; ils ne viennent jamais qu'au dessert. Le parasite doit passer avant eux.

DAME PAQUE, à ser Vespasiano.

Votre repartie l'a piqué au vif.

SER VESPASIANO.

Elle était juste, mais un peu verte. Je ne sais si je ne devrais pas pousser encore plus loin les choses.

DAME PAQUE.

Vous vous moquez! qu'y a-t-il d'offensant?

SER VESPASIANO.

Il a parlé d'étriers peu solides et de lances mal emmanchées; c'est une allusion détournée...

DAME PAQUE.

A votre chute de l'autre jour? Ce sont les hasards des combats..

SER VESPASIANO.

Vous avez raison. — Je meurs de soif.

Il boit.

UN DOMESTIQUE, entrant.

On vient d'apporter cette lettre.

Il la place devant maître Bernard et sort.

CARMOSINE.

A quoi songez-vous donc, mon père?

MAITRE BERNARD.

A quoi je songe? — Que me veut-on?

DAME PAQUE, qui a pris la lettre.

C'est un message de votre cher Antoine.

MAITRE BERNARD.

Donnez-moi cela. Peste soit des femmes et de leur fureur de bavarder !

CARMOSINE.

Si cette lettre...

MAITRE BERNARD.

Ce n'est rien, ma fille. C'est une lettre de Marc-Antoine, notre ami de Messine. Ta mère s'est trompée à cause de la ressemblance des noms.

CARMOSINE.

Si cette lettre est de Perillo, lisez-la-moi, je vous en prie.

MAITRE BERNARD.

Tranquillise-toi ; je te répète...

CARMOSINE.

Je suis très tranquille, donnez-la-moi. — Il n'y a personne de trop ici.

Elle lit.

« A MON SECOND PÈRE, MAITRE BERNARD.

« Je vais bientôt quitter Palerme. [Je remercie Dieu
« qu'il m'ait été permis d'approcher une dernière fois
« des lieux où a commencé ma vie, et où je la laisse tout
« entière. Il est vrai que, depuis six ans, j'avais nourri
« une chère espérance, et que j'ai tâché de tirer de mon
« humble travail ce qui pouvait me rendre digne de la
« promesse que vous m'aviez faite.] Pardonnez-moi, j'ai
« vu votre chagrin, et j'ai entendu Carmosine... » O ciel !

MAITRE BERNARD.

Je t'en supplie, rends-moi ce papier !

CARMOSINE.

Laissez-moi, j'irai jusqu'au bout.

Elle continue.

« Et j'ai entendu Carmosine dire que mon triste
« amour lui faisait horreur. [Je me doutais depuis long-
« temps que cette application de ma pauvre intelligence
« à d'arides études ne porterait que des fruits stériles.]
« Ne craignez plus qu'une seule parole, échappée de mes
« lèvres, tente de rappeler le passé, et de faire renaître le
« souvenir d'un rêve, le plus doux, le seul que j'aie fait,

« le seul que je ferai sur la terre. Il était trop beau pour
« être possible. Durant six ans, ce rêve fut ma vie, il
« fut aussi tout mon courage. Maintenant le malheur
« se montre à moi. C'était à lui que j'appartenais, il
« devait être mon maître ici-bas. — Je le salue, et je
« vais le suivre. Ne songez plus à moi, monsieur; vous
« êtes délié de votre promesse. »

Un silence.

Si vous le voulez bien, mon père, je vous demanderai une grâce.

MAITRE BERNARD.

Tout ce qui te plaira, mon enfant. Que veux-tu?

CARMOSINE.

Que vous me permettiez de rester seule un instant avec Minuccio, s'il y consent lui-même ; j'ai quelques mots à lui dire, et je vous le renverrai au jardin.

MAITRE BERNARD.

De tout mon cœur.

A part.

Est-ce que, par hasard, elle se confierait à lui plutôt qu'à moi-même ? Dieu le veuille ! [car ce garçon-là ne manquerait pas de m'instruire à son tour.] Allons, dame Pâque, venez ça.

CARMOSINE.

Ser Vespasiano, j'ai lu devant vous la lettre que vous venez d'entendre, afin que vous sachiez que je ne fais pas mystère du dessein où je suis de ne me point marier, et pour vous montrer en même temps que les engagements pris et le mérite même ne sauraient changer ma résolution. Maintenant donc, excusez-moi.

SCÈNE IX

MINUCCIO, CARMOSINE.

MINUCCIO.

Vous êtes émue, Carmosine, cette lettre vous a troublée.

CARMOSINE.

Oui, je me sens faible. — Écoute-moi bien, car je ne puis parler longtemps. — Minuccio, je t'ai choisi pour te confier un secret. J'espère d'abord que tu ne le révéleras à aucune créature vivante, sinon à celui que je te dirai ; ensuite, qu'autant qu'il te sera possible, tu m'aideras, n'est-ce pas ? je t'en prie. — Tu te rappelles, mon ami, cette journée où notre roi Pierre fit la grande fête de son exaltation. Je l'ai vu à cheval au tournoi, et je me suis prise pour lui d'un amour qui m'a réduite à l'état où je suis. Je sais combien il me convient peu d'avoir cet amour pour un roi, et j'ai essayé de m'en guérir ; mais comme je n'y saurais rien faire, j'ai résolu, pour moins de souffrance, d'en mourir, et je le ferai. Mais je m'en irais trop désolée s'il ne le savait auparavant, et, ne sachant comment lui faire connaître le dessein que j'ai pris, mieux que par toi (tu le vois souvent, Minuccio), je te supplie de le lui apprendre. Quand ce sera fait, tu me le diras, et je mourrai moins malheureuse.

MINUCCIO.

Carmosine, je vous engage ma foi, et soyez sûre qu'en y comptant, vous ne serez jamais trompée. — Je vous estime d'aimer un si grand roi. Je vous offre mon aide, avec laquelle j'espère, si vous voulez prendre courage, faire de sorte qu'avant trois jours je vous apporterai des nouvelles qui vous seront extrêmement chères; et, pour ne point perdre le temps, j'y vais tâcher dès aujourd'hui.

CARMOSINE.

Je t'en supplie encore une fois.

MINUCCIO.

Jurez-moi d'avoir du courage.

CARMOSINE.

Je te le jure. Va avec Dieu.

FIN DE L'ACTE PREMIER.

ACTE DEUXIÈME

Au palais du roi. — Une salle. — Une galerie au fond.

SCÈNE PREMIÈRE.

PERILLO, UN OFFICIER DU PALAIS.

PERILLO.

Je puis attendre ici ?

L'OFFICIER.

Oui, monsieur. En rentrant au palais, le roi va s'arrêter dans cette galerie, et toutes les personnes qui s'y trouvent peuvent approcher de Sa Majesté.

PERILLO, seul.

[On ne m'avait point trompé; Pierre conserve ici cette noble coutume que pratiquait naguère en France le saint roi Louis, de ne point celer la majesté royale, et de la montrer accessible à tous.] Je vais donc lui parler, et un mot de sa bouche peut tout changer dans mon existence. N'aurais-je pas hésité hier, n'aurais-je pas été bien troublé, bien gêné dans la cour de ce roi conquérant, qui se fait craindre autant qu'on l'aime ?

Tout m'est indifférent aujourd'hui : ce palais, où habite la puissance, où règnent toutes les passions, toutes les vanités et toutes les haines, est plus vide pour moi qu'un désert. Que pourrais-je redouter auprès de ce que j'ai souffert? Le désespoir ne vit que d'une pensée, et anéantit tout le reste.

SCÈNE II

PERILLO, MINUCCIO.

MINUCCIO, marchant à grands pas.

Va dire, Amour, ce qui cause ma peine,
S'il ne me vient...

Ce n'est pas cela, — j'avais débuté autrement.

PERILLO, à part.

Voici un homme bien préoccupé; il n'a pas l'air de m'apercevoir.

MINUCCIO, continuant.

S'il ne me vient ou me veut secourir,
Craignant, hélas!...

Voilà qui est plaisant. — En achevant mes derniers vers, j'ai oublié net les premiers. Faudra-t-il donc refaire mon commencement? J'oublierai à son tour ma fin pendant ce temps-là, et il ne tient qu'à moi d'aller ainsi de suite jusqu'à l'éternité, versant les eaux de Castalie dans la tonne des Danaïdes! Et point de crayon!

ACTE II, SCÈNE II.

point d'écritoire ! Voyons un peu ce que chantait ce pédant... Eh bien ! où diable l'ai-je fourré ?

Il fouille dans ses poches et en tire un papier.

PERILLO, à part.

Ce personnage ne m'est point inconnu : est-ce l'absence ou le chagrin qui me trouble ainsi la mémoire ? Il me semble l'avoir vu quand j'étais enfant ; en vérité, cela est étrange ! j'ai oublié le nom de cet homme, et je me souviens de l'avoir aimé.

MINUCCIO, à lui-même.

Rien de tout cela ne peut m'être utile ; pas un mot n'a le sens commun. Non, je ne crois pas qu'il y ait au monde une chose plus impatientante, plus plate, plus creuse, plus nauséabonde, plus inutilement boursouflée, qu'un imbécile qui vous plante un mot à la place d'une pensée, qui écrit à côté de ce qu'il voudrait dire, et qui fait de Pégase un cheval de bois comme aux courses de bagues pour s'y essouffler l'âme à accrocher ses rimes ! Aussi où avais-je la tête, d'aller demander à ce Cipolla de me composer une chanson sur les idées d'une jeune fille amoureuse ? Mettre l'esprit d'un ange dans la cervelle d'un cuistre ! Et point de crayon, bon Dieu ! point de papier ! Ah ! voici un jeune homme qui porte une écritoire...

Il s'approche de Perillo.

Pardonnez-moi, monsieur, pourrais-je vous demander ?... Je voudrais écrire deux mots, et je ne sais comment...

PERILLO, lui donnant l'écritoire qui est suspendue à sa ceinture.

Très volontiers, monsieur. Pourrais-je, à mon tour, vous adresser une question? oserais-je vous demander qui vous êtes?

MINUCCIO, tout en écrivant.

Je suis poète, monsieur, je fais des vers, et dans ce moment-ci je suis furieux.

PERILLO.

Si je vous importune...

MINUCCIO.

Point du tout; c'est une chanson que je suis obligé de refaire, parce qu'un charlatan me l'a manquée. D'ordinaire, je ne me charge que de la musique, car je suis joueur de viole, monsieur, et de guitare, à votre service; vous semblez nouveau à la cour, et vous aurez besoin de moi. Mon métier, à vrai dire, est d'ouvrir les cœurs; j'ai l'entreprise générale des bouquets et des sérénades, je tiens magasin de flammes et d'ardeurs, d'ivresses et de délires, de flèches et de dards, et autres locutions amoureuses, le tout sur des airs variés; j'ai un grand fonds de soupirs languissants, de doux reproches, de tendres bouderies, selon les circonstances et le bon plaisir des dames; j'ai un volume in-folio de brouilles (pour les raccommodements, ils se font sans moi); mais les promesses surtout sont innombrables, j'en possède une lieue de long sur parchemin vierge, les majuscules peintes et les oiseaux dorés; bref, on ne s'aime guère ici que je n'y sois, et on se marie encore moins; il n'est si mince et si leste écolier, si puissant ni si lourd seigneur qui ne s'appuie sur l'archet de ma viole; et que l'amour monte au son des aubades les degrés de marbre d'un palais, ou qu'il escalade sur un brin de corde le grenier d'une toppatelle, ma petite muse est au bas de l'échelle.

PERILLO.

Tu es Minuccio d'Arezzo?

MINUCCIO.

Vous l'avez dit; vous me connaissez donc?

PERILLO.

Et toi, tu ne me reconnais donc pas? As-tu oublié aussi Perillo?

MINUCCIO.

Antoine! vive Dieu! combien l'on a raison de dire qu'un poëte en travail ne sait plus le nom de son meilleur ami! moi qui ne rimais que par occasion, je ne me suis pas souvenu du tien!

Il l'embrasse.

Et depuis quand dans cette ville?

PERILLO.

Depuis peu de temps,... et pour peu de temps.

MINUCCIO.

Qu'est-ce à dire? Je supposais que tu allais me répondre : Pour toujours! Est-ce que tu n'arrives pas de Padoue?

PERILLO.

Laissons cela. — Tu viens donc à la cour?

MINUCCIO, à part.

Sot que je suis ! j'oubliais la lettre que Carmosine nous a lue ! A quoi rêve donc mon esprit ? Décidément la raison m'abandonne; je suis plus poëte que je ne croyais. [Pauvre garçon ! il doit être bien triste, et en conscience, je ne sais trop que lui dire...]
Haut.

Oui, mon ami, le roi me permet de venir ici de temps en temps, ce qui fait que j'ai l'air d'y être quelqu'un ; mais toute ma faveur consiste à me promener en long et en large. On me croit l'ami du roi, je ne suis qu'un de ses meubles, jusqu'à ce qu'il plaise à Sa Majesté de me dire en sortant de table : Chante-moi quelque chose, que je m'endorme. — Mais toi, qui t'amène en ce pays ?

PERILLO.

Je viens tâcher d'obtenir du service dans l'armée qui marche sur Naples.

MINUCCIO.

Tu plaisantes ! toi, te faire soldat, au sortir de l'école de droit ?

PERILLO.

Je t'assure, Minuccio, que je ne plaisante pas.

MINUCCIO, à part.

En vérité, son sang-froid me fait peur; c'est celui du désespoir. Qu'y faire ? Il l'aime, et elle ne l'aime pas.
Haut.

Mais, mon ami, as-tu bien réfléchi à cette résolution

que tu prends si vite? Songes-tu aux études que tu viens de faire, à la carrière qui s'ouvre devant toi? Songes-tu à l'avenir, Perillo?

PERILLO.

Oui, et je n'y vois de certain que la mort.

MINUCCIO.

Tu souffres d'un chagrin. — Je ne t'en demande pas la cause, — je ne cherche pas à la pénétrer, — mais je me trompe fort, ou, dans ce moment-ci, tu cèdes à un conseil de ton mauvais génie. — Crois-moi, avant de te décider, attends encore quelques jours.

PERILLO.

Celui qui n'a plus rien à craindre ni à espérer n'attend pas.

MINUCCIO.

Mais si je t'en priais, si je te demandais comme une grâce de ne point te hâter?

PERILLO.

Que t'importe?

MINUCCIO.

Tu me fais injure. Il me semblait que tout à l'heure tu m'avais pris pour un de tes amis. Écoute-moi, — le temps presse, — le roi va arriver. Je ne puis t'expliquer clairement ni librement ce que je pense... Encore une fois, ne fais rien aujourd'hui. Est-ce donc si long d'attendre à demain?

PERILLO.

Aujourd'hui ou demain, ou un autre jour, ou dans

dix ans, dans vingt ans, si tu veux, c'est la même chose pour moi ; j'ai cessé de compter les heures.

MINUCCIO.

Par Dieu! tu me mettrais en colère! Ainsi donc, moi qui t'ai bercé lorsque j'étais un grand enfant et que tu en étais un petit, il faut que je te laisse aller à ta perte sans essayer de t'en empêcher, maintenant que tu es un grand garçon et moi un homme? Je ne puis rien obtenir? Que vas-tu faire?] Tu as quelque blessure au cœur; qui n'a la sienne? Je ne te dis pas de combattre à présent ta tristesse, mais de ne pas t'attacher à elle et t'y enchaîner sans retour, car il viendra un temps où elle finira. Tu ne peux pas le croire, n'est-ce pas? Soit, mais retiens ce que je vais te dire : Souffre maintenant s'il le faut, pleure si tu veux, et ne rougis point de tes larmes ; montre-toi le plus malheureux et le plus désolé des hommes ; loin d'étouffer ce tourment qui t'oppresse, déchire ton sein pour lui ouvrir l'issue, laisse-le éclater en sanglots, en plaintes, en prières, en menaces ; mais, je te le répète, n'engage pas l'avenir! Respecte ce temps que tu ne veux plus compter, mais qui en sait plus long que nous, et, pour une douleur qui doit être passagère, ne te prépare pas la plus durable de toutes, le regret, qui ravive la souffrance épuisée, et qui empoisonne le souvenir!

[PERILLO.

Tu peux avoir raison. Dis-moi, vois-tu quelquefois maître Bernard?

MINUCCIO.

Mais oui,... sans doute,... comme par le passé...

PERILLO.

Quand tu le verras, Minuccio, tu lui diras...]

SCÈNE III

Les Précédents, SER VESPASIANO.

SER VESPASIANO, en entrant.

J'attendrai! c'est bon, j'attendrai! Messeigneurs, je vous annonce le roi.

A Minuccio.

Ah! c'est toi, bel oiseau de passage! Je t'ai mené hier un peu rudement, à souper chez cette petite; mais je ne veux pas que tu m'en veuilles. Que diable, aussi! tu t'attaques à moi, sous les regards de la beauté!

MINUCCIO.

Je vous assure, seigneur, que je n'ai point de rancune, et que, si vous m'aviez fâché, vous vous en seriez douté tout de suite.

SER VESPASIANO.

Je l'entends ainsi; il y a place pour tout. Si tu t'avisais, dans ce palais, de gouailler un homme de ma sorte, on ne laisserait point passer cela; mais tu conçois que je déroge un peu quand je vais chez la Carmosine, et qu'on n'est plus là sur ses grands chevaux.

MINUCCIO.

Vous êtes trop bon de n'y pas monter. S'il ne s'agissait que de vous en faire descendre...

SER VESPASIANO.

Ne te fâche pas, je te pardonne. En vérité, je joue depuis hier, en toute chose, d'un merveilleux guignon. Il faut que je t'en fasse le récit.

PERILLO, à part.

Quelle espèce d'homme est-ce là? Il a parlé de Carmosine.

SER VESPASIANO.

Je t'ai dit combien j'aurais à cœur de posséder ces champs de Ceffalù et de Calatabellotte; tu n'ignores pas où ils sont situés?

MINUCCIO.

Pardonnez-moi, illustrissime.

SER VESPASIANO.

Ce sont des terres à fruits, près de mes pâturages.

MINUCCIO.

Mais vos pâturages, où sont-ils?

SER VESPASIANO.

Hé, parbleu! près de Ceffalù et de Calata...

MINUCCIO.

J'entends bien, mais quand j'y ai été, autant qu'il peut m'en souvenir, il n'y avait là que des pierres et des moustiques.

SER VESPASIANO.

Calatabellotte est un lieu fertile.

MINUCCIO.

Oui, mais autour de ce lieu fertile, je dis qu'il n'y a...

SER VESPASIANO.

Tu es un badin. Je souhaitais d'avoir ces terres, non pour le bien qu'elles rapportent, mais seulement pour m'arrondir; cela m'encadrait singulièrement. [Le roi, à qui elles appartiennent, se refusait à me les céder, se réservant, à ce qu'il prétendait, de m'en faire don le jour de mes noces. L'intention était galante.] Hier, sur un avis que je reçus de cette bonne dame Pâque...

PERILLO.

Se pourrait-il?...

SER VESPASIANO.

Vous la connaissez? Ce sont de petites gens, mais de bonnes gens, chez qui je vais le soir me débrider l'esprit, et me débotter l'imagination. La fille a de beaux yeux, c'est vous en dire assez; car si ce n'était cela...

MINUCCIO.

Et la dot?

SER VESPASIANO.

Eh bien! oui, si tu veux, la dot. Ces gens de peu, cela amasse, mais ce n'est point ce dont je me soucie. Il suffit que l'enfant me plaise; j'en avais touché un mot à la mère, et la bonne femme s'était prosternée. Hier donc, on m'invite à souper, et je m'attendais à une affaire conclue... Devines-tu, maintenant, beau trouvère?

MINUCCIO.

Un peu moins qu'avant de vous entendre.

SER VESPASIANO.

Ce bouffon-là goguenarde toujours. Eh, mordieu ! au lieu d'un festin et d'une joyeuse fiancée, voilà des visages en pleurs, une créature à demi pâmée, et on me régale d'un écrit...

MINUCCIO, bas à Vespasiano.

Taisez-vous, pour l'amour de Dieu !

SER VESPASIANO.

Pourquoi donc en faire mystère, quand la fillette elle-même m'a dit qu'elle n'en fait point ! Quelle épître, bon Dieu ! quelle lettre ! quatre pages de lamentations..

MINUCCIO, bas.

Vous oubliez que j'étais là, et que j'en sais autant que vous.

SER VESPASIANO.

Mais non, pas du tout, c'est que tu ne sais rien, car tout le piquant de l'affaire, c'est que j'avais annoncé mon mariage au roi.

MINUCCIO.

Et vous comptiez sur Ceffalù ?

SER VESPASIANO.

Et Calatabellotte, cela va sans dire. A présent, que vais-je répondre, quand le roi, rentrant au palais, va me crier d'abord du haut de son destrier : Eh bien ! chevalier Vespasiano, où en êtes-vous de vos épousailles ? Cela est fort embarrassant. Tu me diras qu'en

ACTE II, SCÈNE III.

fin de compte la belle ne saurait m'échapper, je le sais bien ; mais pourquoi tant de façons ? Ces airs de caprice, quand je consens à tout, sont blessants et hors de propos.

PERILLO, bas à Minuccio.

Minuccio, que veut dire tout ceci ?

MINUCCIO, bas.

Ne vois-tu pas quel est le personnage ?

SER VESPASIANO.

Du reste, ce n'est pas précisément à la Carmosine que j'en veux, mais à ses sots parents ; car, pour ce qui la regarde, son intention était bien claire en me lisant cette lettre d'un rival dédaigné.

[MINUCCIO.

Son intention était claire, en effet ; elle vous a dit qu'elle voulait rester fille.

SER VESPASIANO.

Bon ! ce sont de ces petits détours, de ces coquetteries aimables où l'amour ne se trompe point. Quand une belle vous déclare qu'elle ne saurait s'accommoder de personne, cela signifie : Je ne veux que de vous.]

PERILLO.

Qui avait écrit, s'il vous plaît, cette lettre dont vous parlez ?

SER VESPASIANO.

Je ne sais qui, un certain Antoine, un clerc, je crois, un homme de la basoche...

PERILLO.

J'ai l'honneur d'en être un, monsieur, et je vous prie de parler autrement.

SER VESPASIANO.

Je suis gentilhomme et chevalier. — Parlez vous-même d'autre sorte.

MINUCCIO, à ser Vespasiano.

Et moi je vous conseille de ne pas parler du tout.
A Perillo.

Es-tu fou, Perillo, de provoquer un fou?

PERILLO, tandis que ser Vespasiano s'éloigne.

O Minuccio! ma pauvre lettre! mon pauvre adieu écrit avec mes larmes, le plus pur sanglot de mon cœur, la chose la plus sacrée du monde, le dernier serrement de main d'un ami qui nous quitte, elle a montré cela, elle l'a étalé aux regards de ce misérable! O ingrate! ingénéreuse fille! elle a souillé le sceau de l'amitié, elle a prostitué ma douleur! Ah, Dieu! je te disais tout à l'heure que je ne pouvais plus souffrir; je n'avais pas pensé à cela.

MINUCCIO.

Promets-moi du moins...

PERILLO.

Ne crains rien. Je n'ai pas été maître d'un mouvement d'impatience; mais tout est fini, je suis calme.
Regardant ser Vespasiano qui se promène sur la scène.

Pourquoi en voudrais-je à cet inconnu, à cet automate ridicule que Dieu fait passer sur ma route? Celui-là ou tout autre, qu'importe? Je ne vois en lui que la Destinée, dont il est l'aveugle instrument; je crois même qu'il en devait être ainsi. Oui, c'est une chose très ordinaire. Quand un homme sincère et loyal est frappé dans ce qu'il a de plus cher, lorsqu'un malheur irréparable brise sa force et tue son espérance, lorsqu'il est maltraité, trahi, repoussé par tout ce qui l'entoure, presque toujours, remarque-le, presque toujours c'est un faquin qui lui donne le coup de grâce, et qui, par hasard, sans le savoir, rencontrant l'homme tombé à terre, marche sur le poignard qu'il a dans le cœur.

MINUCCIO.

Il faut que je te parle, viens avec moi; il faut que tu renonces à ce projet que tu as...

PERILLO.

Il est trop tard.

SCÈNE IV

Les Précédents, L'OFFICIER DU PALAIS.

La salle se remplit de monde.

L'OFFICIER.

Faites place, retirez-vous.

SER VESPASIANO, à Minuccio.

Tu es donc lié particulièrement avec ce jeune homme? Dis-moi donc, penses-tu que je ne doive pas me considérer comme offensé?

MINUCCIO.

Vous, magnifique chevalier ?

SER VESPASIANO.

Oui, il m'a voulu imposer silence.

MINUCCIO.

Eh bien ! ne l'avez-vous pas gardé ?

SER VESPASIANO.

C'est juste. Voici Leurs Majestés. [Le roi paraît un peu courroucé ; il faut pourtant que je lui parle à tout prix ; car tu comprends que je n'attendrai pas qu'il me somme de m'expliquer.

MINUCCIO.

Et sur quoi ?

SER VESPASIANO.

Sur mon mariage.]

SCÈNE V

Les Précédents, LE ROI, LA REINE.

LE ROI.

Que je n'entende jamais pareille chose ! Ce malheureux royaume est-il donc si maudit du ciel, si ennemi de son repos, qu'il ne puisse conserver la paix au dedans, tandis que je fais la guerre au dehors ! Quoi ! l'ennemi est à peine chassé, il se montre encore sur nos rivages, et lorsque je hasarde pour vous ma propre vie et celle de l'infant, je ne puis revenir un instant ici sans avoir à juger vos disputes!

LA REINE.

Pardonnez-leur au nom de votre gloire et du nouveau succès de vos armes.

LE ROI.

Non, par le ciel! car ce sont eux précisément qui me feraient perdre le fruit de ces combats, avec leurs discordes honteuses, avec leurs querelles de paysans! Celui-là, c'est l'orgueil qui le pousse, et celui-ci c'est l'avarice. On se divise pour un privilège, pour une jalousie, pour une rancune; pendant que la Sicile tout entière réclame nos épées, on tire les couteaux pour un champ de blé. Est-ce pour cela que le sang français coule encore depuis les Vêpres? Quel fut alors votre cri de guerre? La liberté, n'est-ce pas, et la patrie! et tel est l'empire de ces deux grands mots, qu'ils ont sanctifié la vengeance. Mais de quel droit vous êtes-vous vengés, si vous déshonorez la victoire? Pourquoi avez-vous renversé un roi, si vous ne savez pas être un peuple?

LA REINE.

Sire, ont-ils mérité cela?

LE ROI.

Ils ont mérité pis encore, ceux qui troublent le repos de l'État, ceux qui ignorent ou feignent d'ignorer que, lorsqu'une nation s'est levée dans sa haine et dans sa colère, il faut qu'elle se rassoie, comme le lion, dans son calme et sa dignité.

[LA REINE, à demi voix aux assistants.

Ne vous effrayez pas, bonnes gens. Vous savez combien il vous aime.

LE ROI.

Nous sommes tous solidaires, nous répondons tous des hécatombes du jour de Pâques. Il faut que nous soyons amis, sous peine d'avoir commis un crime. Je ne suis pas venu chez vous pour ramasser sous un échafaud la couronne de Conradin, mais pour léguer la mienne à une nouvelle Sicile.] Je vous le répète, soyez unis; plus de dissentiments, de rivalité, chez les grands comme chez les petits; sinon, si vous ne voulez pas; si, au lieu de vous entr'aider, comme la loi divine l'ordonne, vous manquez au respect de vos propres lois, par la croix-Dieu! je vous les rappellerai, et le premier de vous qui franchit la haie du voisin pour lui dérober un fétu, je lui fais trancher la tête sur la borne qui sert de limite à son champ. — Jérôme, ôte-moi cette épée.

La foule se retire.

LA REINE.

Permettez-moi de vous aider.

LE ROI.

Vous, ma chère! vous n'y pensez pas. Cette besogne est trop rude pour vos mains délicates.

ACTE II, SCÈNE V.

LA REINE.

Oh! je suis forte, quand vous êtes vainqueur. Tenez, don Pèdre, votre épée est plus légère que mon fuseau. — Le prince de Salerne est donc votre prisonnier?

LE ROI.

Oui, et monseigneur d'Anjou payera cher pour la rançon de ce vilain boiteux. — Pourquoi ces gens-là s'en vont-ils?

Il s'assoit.

LA REINE.

Mais, c'est que vous les avez grondés.

[LE ROI.

Oui, je suis bien barbare, bien tyran! n'est-ce pas, ma chère Constance?

LA REINE.

Ils savent que non.

LE ROI.

Je le crois bien; vous ne manquez pas de le leur dire, justement quand je suis fâché.

LA REINE.

Aimez-vous mieux qu'ils vous haïssent? Vous n'y réussirez pas facilement. Voyez pourtant, ils se sont tous enfuis; votre colère doit être satisfaite.] Il ne reste plus dans la galerie qu'un jeune homme qui se promène là, d'un air bien triste et bien modeste. Il jette de temps en temps vers nous un regard qui semble vouloir dire : Si j'osais! — Tenez, je gagerais qu'il a quelque chose de très-intéressant, de trèsmystérieux à vous confier. Voyez cette contenance craintive et respectueuse en même temps; je suis sûre que celui-là n'a pas de querelles avec ses voisins... Il s'en va. — Faut-il l'appeler?

LE ROI.

Si cela vous plaît.

<small>La reine fait un signe à l'officier du palais, qui va avertir Perillo; celui-ci s'approche du roi et met un genou en terre. [La reine s'assoit à quelque distance.]</small>

As-tu quelque chose à me dire?

PERILLO.

Sire, je crains qu'on ne m'ait trompé.

LE ROI.

En quoi trompé?

PERILLO.

On m'avait dit que le roi daignait permettre au plus humble de ses sujets d'approcher de sa personne sacrée, et de lui exposer...

LE ROI.

Que demandes-tu?

PERILLO.

Une place dans votre armée.

LE ROI.

Adresse-toi à mes officiers.

<small>Perillo se lève et s'incline.</small>

Pourquoi es-tu venu à moi?

PERILLO.

Sire, la demande que j'ose faire peut décider de toute ma vie. Nous ne voyons pas la Providence, mais la puissance des rois lui ressemble, et Dieu leur parle de plus près qu'à nous.

LE ROI.

Tu as bien fait, mais tu as un habit qui ne va guère avec une cuirasse.

PERILLO.

J'ai étudié pour être avocat, mais aujourd'hui j'ai d'autres pensées.

LE ROI.

D'où vient cela?

PERILLO.

Je suis Sicilien, et Votre Majesté disait tout à l'heure...

LE ROI.

L'homme de loi sert son pays tout aussi bien que l'homme d'épée. Tu veux me flatter. — Ce n'est pas là ta raison.

PERILLO.

Que Votre Majesté me pardonne...

LE ROI.

Allons, voyons! parle franchement. Tu as perdu au jeu, ou ta maîtresse est morte.

PERILLO.

Non, Sire, non, vous vous trompez.

LE ROI.

Je veux connaître le motif qui t'amène.

LA REINE.

Mais, Sire, s'il ne veut pas le dire?

PERILLO.

Madame, si j'avais un secret, je voudrais qu'il fût à moi seul, et qu'il valût la peine de vous être dit.

LA REINE.

S'il ne t'appartient pas, garde-le. — Ce n'est pas la moins rare espèce de courage.

LE ROI.

Fort bien. — Sais-tu monter à cheval?

PERILLO.

J'apprendrai, Sire.

LE ROI.

Tu t'imagines cela? Voilà de mes cavaliers en herbe, qui s'embarqueraient pour la Palestine, et qu'un coup de lance jette à bas, comme ce pauvre Vespasiano!

LA REINE.

Mais, Sire, est-ce donc si difficile? Il me semble que moi, qui ne suis qu'une femme, j'ai appris en fort peu de temps, et je ne craindrais pas votre cheval de bataille.

LE ROI.

En vérité!

A Perillo.

Comment t'appelles-tu?

PERILLO.

Perillo, Sire.

LE ROI.

Eh bien! Perillo, en venant ici, tu as trouvé ton

étoile. Tu vois que la reine te protège. — Remercie-la et vends ton bonnet, afin de t'acheter un casque.

<small>Perillo s'agenouille de nouveau devant la reine, qui lui donne sa main à baiser.</small>

LA REINE.

Perillo, [tu as raison de vouloir être soldat plutôt qu'avocat. Laisse d'autres que toi faire leur fortune en débitant de longs discours.] La première cause de la tienne aura été (souviens-toi de cela) la discrétion dont tu as fait preuve.[1] Fais ton profit de l'avis que je te donne, car je suis femme et curieuse, et je puis te dire, à bon escient, que la plus curieuse des femmes, si elle s'amuse de celui qui parle, n'estime que celui qui se tait.

LE ROI.

Je vous dis qu'il a un chagrin d'amour, et cela ne vaut rien à la guerre.

PERILLO.

Pour quelle raison, Sire?

LE ROI.

Parce que les amoureux se battent toujours trop ou trop peu, selon qu'un regard de leur belle leur fait éviter ou chercher la mort.

PERILLO.

Celui qui cherche la mort peut aussi la donner.

LE ROI.

Commence par là; c'est le plus sage.

SCÈNE VI

LE ROI, LA REINE, MINUCCIO, SER VESPASIANO,
plusieurs Demoiselles, Pages, etc.

Perillo, en sortant, rencontre Minuccio et échange quelques mots avec lui.

LE ROI.

Qui vient là-bas? N'est-ce pas Minuccio, avec ce troupeau de petites filles?

LA REINE.

C'est lui-même, et ce sont mes cameristes qui le tourmentent sans doute pour le faire chanter. Oh! je vous en conjure, appelez-le! je l'aime tant! personne à la cour ne me plaît autant que lui; il fait de si jolies chansons!

LE ROI.

Je l'aime aussi, mais avec moins d'ardeur. — Holà! Minuccio, approche, approche, et qu'on apporte une coupe de vin de Chypre afin de le mettre en haleine. Il nous dira quelque chose de sa façon.

MINUCCIO, à Vespasiano.

Retirez-vous, le roi m'a appelé.

SER VESPASIANO.

Bon, bon, la reine m'a fait signe.

[MINUCCIO, à part.

Je ne m'en débarrasserai jamais. Il est cause que Perillo s'est échappé tantôt dans cette foule.]

Un valet apporte un flacon de vin; l'officier remet en même temps un papier au roi, qui le lit à l'écart.

ACTE II, SCÈNE VI.

LA REINE.

Eh bien! petites indiscrètes, petites bavardes, vous voilà encore, selon votre habitude, importunant ce pauvre Minuccio!

PREMIÈRE DEMOISELLE.

Nous voulons qu'il nous dise une romance.

DEUXIÈME DEMOISELLE.

Et des tensons.

TROISIÈME DEMOISELLE.

Et des jeux-partis.

LA REINE, à Minuccio.

Sais-tu que j'ai à me plaindre de toi? On te voit paraître quand le roi arrive, mais dès que je suis seule, tu ne te montres plus.

SER VESPASIANO, s'avançant.

Votre Majesté est dans une grande erreur. Il ne se passe point de jour qu'on ne me voie en ce palais.

LA REINE.

Bonjour, Vespasiano, bonjour.

MINUCCIO, à part.

Que va-t-il devenir maintenant? Il est soldat, il faut qu'il parte.

LE ROI, lisant d'un air distrait, et s'adressant à Minuccio.

Je suis bien aise de te voir. Tu vas me conter les nouvelles. Allons, bois un verre de vin.

SER VESPASIANO, buvant.

Votre Majesté a bien de la bonté. Mon mariage n'est point encore fait.

LE ROI.

C'est toi, Vespasiano? Eh bien! un autre jour.

SER VESPASIANO.

Certainement, Sire, certainement.

[A part.

Il ne parle point de Calatabellotte.]

Aux demoiselles.

Qu'avez-vous à rire, vous autres?

PREMIÈRE DEMOISELLE.

Ah! vous autres!

SER VESPASIANO.

Oui, vous et les autres. Le roi m'interroge, et je réponds. Qu'y a-t-il là de si plaisant?

DEUXIÈME DEMOISELLE.

Beau sire chevalier, comment se porte votre cheval, depuis que nous ne vous avons vu?

TROISIÈME DEMOISELLE.

Nous avons eu grand'peur pour lui.

PREMIÈRE DEMOISELLE.

Et votre casque?

DEUXIÈME DEMOISELLE.

Et votre lance?

TROISIÈME DEMOISELLE.

Les avez-vous fait rajuster?

SER VESPASIANO.

Je ne fais point de cas des railleries des femmes:

PREMIÈRE DEMOISELLE.

Nous vous interrogeons, répondez; sinon, nous dirons que vous n'êtes pas plus habile à repartir un mot de courtoisie...

SER VESPASIANO.

Eh bien?

DEUXIÈME DEMOISELLE.

Qu'à parer une lance courtoise.

SER VESPASIANO, à part.

Petites perruches mal apprises!

LA REINE.

Minuccio est si préoccupé qu'il n'entend pas ce qu'on dit près de lui.

MINUCCIO.

Il est vrai, madame, et j'en demande très humblement pardon à Votre Majesté. Je ne saurais penser depuis hier qu'à cette pauvre fille,... je veux dire à ce pauvre garçon,... non, je me trompe, c'est une romance que je tâche de me rappeler.

LA REINE.

Une romance? Tu nous la diras tout à l'heure. Mes bonnes amies veulent des jeux-partis. Fais-leur quelques demandes pour les divertir. — Ser Vespasiano.

SER VESPASIANO.

Majesté.

LA REINE.

Savez-vous trouver de bonnes réponses?

SER VESPASIANO, à part.

Encore la même plaisanterie!

Haut.

Il n'y a pas de ma faute, madame, en vérité, il n'y en a pas.

LA REINE.

De quoi parlez-vous?

SER VESPASIANO.

De mon mariage. C'est bien malgré moi, je vous le jure, qu'il n'a pas été consommé.

LA REINE.

Une autre fois, une autre fois.

SER VESPASIANO.

Votre Majesté sera satisfaite.

A part.

Un autre jour, a dit le roi; une autre fois, a ajouté la reine, et quand j'ai salué, tous deux m'ont tutoyé; en sorte que je suis au comble de la faveur, [en même temps que je suis soulagé d'un grand poids. Dès que je pourrai m'esquiver, je vais voler chez cette belle.]

LE ROI, lisant toujours.

Voilà qui est bien. [Charles le Boiteux crie d'un côté, et Charles d'Anjou de l'autre.] — Ne parlez-vous pas de jeux-partis?

LA REINE.

Oui, Sire, s'il vous plaît d'ordonner...

LE ROI.

Vous savez que je n'y entends rien; mais il n'im-

ACTE II, SCÈNE VI.

porte. Allons, Minuccio, fais jaser un peu ces jeunes filles.

Tout le monde s'assoit en cercle.

MINUCCIO.

Lequel vaut mieux, mesdemoiselles, ou posséder ou espérer?

SER VESPASIANO.

Il vaut beaucoup mieux posséder.

MINUCCIO.

Pourquoi, magnifique seigneur?

SER VESPASIANO.

Mais parce que... Cela saute aux yeux.

PREMIÈRE DEMOISELLE.

Et si ce qu'on possède est une bourse vide, un nez très long, ou un coup d'épée?

SER VESPASIANO.

Alors, l'espérance serait préférable.

DEUXIÈME DEMOISELLE.

Et si ce qu'on espère est la main d'une jeune fille, qui ne veut pas de vous et qui s'en moque?

SER VESPASIANO.

Ah! diantre! dans ce cas-là, je ne sais pas trop...

PREMIÈRE DEMOISELLE.

Il faut posséder beaucoup de patience.

DEUXIÈME DEMOISELLE.

Et espérer peu de plaisir.

MINUCCIO, *à la troisième demoiselle.*

Et vous, ma mie, vous ne dites rien?

TROISIÈME DEMOISELLE.

C'est que votre question n'en est pas une, puisqu'on nous dit que l'espérance est le seul vrai bien qu'on puisse posséder.

LA REINE.

Ser Vespasiano est vaincu. Une autre demande, Minuccio.

MINUCCIO.

Lequel vaut mieux, ou l'amant qui meurt de douleur de ne plus voir sa maîtresse, ou l'amant qui meurt de plaisir de la revoir?

LES DEMOISELLES, ensemble.

Celui qui meurt! celui qui meurt!

SER VESPASIANO.

Mais puisqu'ils meurent tous les deux...

LES DEMOISELLES.

Celui qui meurt! celui qui meurt!

SER VESPASIANO.

Mais on vous dit,... on vous demande...

PREMIÈRE DEMOISELLE.

Nous n'aimons que les amants qui meurent d'amour!

SER VESPASIANO.

Mais observez qu'il y a deux manières...

DEUXIÈME DEMOISELLE.

Il n'y a que ceux-là qui aiment véritablement.

SER VESPASIANO.

Cependant...

TROISIÈME DEMOISELLE.

Et nous n'en aurons jamais d'autres. ²

LE ROI.

Lequel vaut mieux, ou de jeunes filles sages, réservées et silencieuses, ou de petites écervelées qui crient et qui m'empêchent de finir ma lecture ? Voyons, Minuccio, où est ta viole ?

MINUCCIO.

Permettez, Sire, que je ne m'en serve pas. La musique de ma romance nouvelle n'est pas encore composée ; j'en sais seulement les paroles.

LE ROI.

Eh bien ! soit. — Et vous, mesdemoiselles...

PREMIÈRE DEMOISELLE.

Sire, nous ne dirons plus un mot.

SER VESPASIANO, à part.

Quant à moi, j'ai assez de tensons et de chansons comme cela. Leurs Majestés m'ont ordonné de presser le jour de mes noces... Qui me résisterait à présent ? Je m'esquive donc et vole chez cette belle.

SCÈNE VII

Les Précédents, excepté SER VESPASIANO.

LA REINE, à Minuccio.

Les paroles sont-elles de toi ?

MINUCCIO.

Non, madame.

LA REINE.

Est-ce de Cipolla ?

MINUCCIO.

Encore moins.

LE ROI.

Commence toujours. [Après un combat, mieux encore qu'après un festin, j'aime à écouter une chanson, et plus la poésie en est douce, tranquille, plus elle repose agréablement l'oreille fatiguée ; car c'est un grand fracas qu'une bataille, et pour peu qu'un bon coup de masse sur la tête...

Les demoiselles poussent un cri.

Silence ! Récite d'abord ta chanson ; tu nous diras ensuite quel est l'auteur. On porte ainsi un meilleur jugement.

MINUCCIO.

Votre Majesté se rit des principes. Que deviendrait la justice littéraire si on lui mettait un bandeau comme à l'autre?] L'auteur de ma romance est une jeune fille.

LA REINE.

En vérité !

MINUCCIO.

Une jeune fille charmante, belle et sage, aimable et modeste ; et ma romance est une plainte amoureuse.

LA REINE.

Tout aimable qu'elle est, elle n'est donc pas aimée ?

MINUCCCIO.

Non, madame, [et elle aime jusqu'à en mourir. Le

Ciel lui a donné tout ce qu'il faut pour plaire, et en même temps pour être heureuse; son père, homme riche et savant, la chérit de toute son âme, ou plutôt l'idolâtre, et sacrifierait tout ce qu'il possède pour contenter le moindre des désirs de sa fille; elle n'a qu'à dire un mot pour voir à ses pieds une foule d'adorateurs empressés, jeunes, beaux, brillants, gentilshommes même, bien qu'elle ne soit pas noble. Cependant], jusqu'à dix-huit ans, son cœur n'avait pas encore parlé. De tous ceux qu'attiraient ses charmes, un seul, fils d'un ancien ami, n'avait pas été repoussé. Dans l'espoir de faire fortune, et de voir agréer ses soins, il s'était exilé volontairement, et, durant de longues années, il avait étudié pour être avocat.

LE ROI.

Encore un avocat!

MINUCCIO.

Oui, Sire; [et maintenant il est revenu plus heureux encore qu'il n'est fier d'avoir conquis son nouveau titre, comptant d'ailleurs sur la parole du père, et demandant pour toute récompense qu'il lui soit permis d'espérer;] mais pendant qu'il était absent, l'indifférente et cruelle beauté a rencontré, pour son malheur, celui qui devait venger l'Amour. Un jour, étant à sa fenêtre avec quelques-unes de ses amies, elle vit passer un cavalier qui allait aux fêtes de la reine. Elle suivit ce cavalier; elle le vit au tournoi où il fut vainqueur... Un regard décida de sa vie.

LE ROI.

Voilà un singulier roman.

MINUCCIO.

Depuis ce jour, elle est tombée dans une mélancolie profonde, car celui qu'elle aime ne peut lui appartenir. [Il est marié à une femme... la plus belle, la meilleure, la plus séduisante qui soit peut-être dans ce royaume, et il trouve une maîtresse dans une épouse fidèle.] La pauvre dédaignée ne s'abuse pas, elle sait que sa folle passion doit rester cachée dans son cœur ; [elle s'étudie incessamment à ce que personne n'en pénètre le secret ; elle évite toute occasion de revoir l'objet de son amour ; elle se défend même de prononcer son nom ;] mais l'infortunée a perdu le sommeil, sa raison s'affaiblit, une langueur mortelle la fait pâlir de jour en jour ; [elle ne veut pas parler de ce qu'elle aime, et elle ne peut penser à autre chose ; elle refuse toute consolation, toute distraction ; elle repousse les remèdes que lui offre un père désolé, elle se meurt, elle se consume, elle se fond comme la neige au soleil.] Enfin, sur le bord de la tombe, la douleur l'oblige à rompre le silence. Son amant ne la connaît pas, il ne lui a jamais adressé la parole, peut-être même ne l'a-t-il jamais vue ; elle ne veut pas mourir sans qu'il sache pourquoi, et elle se décide à lui écrire ainsi :

Il lit :

Va dire, Amour, ce qui cause ma peine,
A monseigneur, que je m'en vais mourir,

ACTE II, SCÈNE VII.

Et, par pitié, venant me secourir,
Qu'il m'eût rendu la mort moins inhumaine.

A deux genoux je demande merci.
Par grâce, Amour, va-t'en vers sa demeure.
Dis-lui comment je prie et pleure ici,
Tant et si bien qu'il faudra que je meure
Tout enflammée, et ne sachant point l'heure
Où finira mon adoré souci.
[La mort m'attend, et s'il ne me relève
De ce tombeau prêt à me recevoir,
J'y vais dormir, emportant mon doux rêve;
Hélas! Amour, fais-lui mon mal savoir.

Depuis le jour où, le voyant vainqueur,
D'être amoureuse, Amour, tu m'as forcée,
Fût-ce un instant, je n'ai pas eu le cœur
De lui montrer ma craintive pensée,
Dont je me sens à tel point oppressée,
Mourant ainsi, que la mort me fait peur.]
Qui sait pourtant, sur mon pâle visage,
Si ma douleur lui déplairait à voir?
De l'avouer je n'ai pas le courage.
Hélas! Amour, fais-lui mon mal savoir.

Puis donc, Amour, que tu n'as pas voulu
A ma tristesse accorder cette joie,
Que dans mon cœur mon doux seigneur ait lu,
Ni vu les pleurs où mon chagrin se noie,
Dis-lui, du moins, et tâche qu'il le croie,
Que je vivrais si je ne l'avais vu.
Dis-lui qu'un jour une Sicilienne
Le vit combattre et faire son devoir.
Dans son pays, dis-lui qu'il s'en souvienne,
Et que j'en meurs, faisant mon mal savoir.

LA REINE.

Tu dis que cette romance est d'une jeune fille?

MINUCCIO.

Oui, madame.

LA REINE.

Si cela est vrai, tu lui diras qu'elle a une amie, et tu lui donneras cette bague.

Elle ôte une bague de son doigt.

LE ROI.

Mais pour qui cette chanson a-t-elle été faite? Il semble, d'après les derniers mots, que ce doive être pour un étranger. Le connais-tu? quel est son nom?

MINUCCIO.

Je puis le dire à Votre Majesté, mais à elle seule.

LE ROI.

Bon! quel mystère!

MINUCCIO.

Sire, j'ai engagé ma parole.

LE ROI.

Eloignez-vous donc, mesdemoiselles. Je suis curieux de savoir ce secret. Quant à la reine, tu sais que je suis seul quand il n'y a qu'elle près de moi.

Les demoiselles se retirent au fond du théâtre.

MINUCCIO.

Sire, je le sais, et je suis prêt...

LA REINE.

Non, Minuccio. Je te remercie d'avoir assez bonne opinion de moi pour me confier ton honneur; mais

puisque tu l'as engagé, je ne suis plus ta reine en ce
moment, je ne suis qu'une femme, qui ne veut pas
être cause qu'un galant homme puisse se faire un
reproche.

<small>Elle sort.</small>

LE ROI.

Eh bien! à qui s'adressent ces vers?

MINUCCIO.

Votre Majesté a-t-elle oublié qui fut vainqueur au
dernier tournoi?

LE ROI.

Hé, par la croix-Dieu! c'est moi-même

MINUCCIO.

C'est à vous-même aussi que ces vers sont adressés.

LE ROI.

A moi, dis-tu?

MINUCCIO.

Oui, Sire. Dans ce que j'ai raconté, je n'ai rien dit
qui ne fût véritable. Cette jeune fille que je vous ai
dépeinte belle, jeune, charmante, et mourant d'amour,
elle existe, elle demeure là, à deux pas de votre palais; qu'un de vos officiers m'accompagne, et qu'il
vous rende compte de ce qu'il aura vu. Cette pauvre
enfant attend la mort, c'est à sa prière que je vous
parle; sa beauté, sa souffrance, sa résignation, sont
aussi vraies que son amour. — Carmosine est son
nom.

LE ROI.

Cela est étrange.

MINUCCIO.

Et ce jeune homme à qui son père l'avait promise, qui est allé étudier à Padoue, et qui comptait l'épouser au retour, Votre Majesté l'a vu ce matin même; c'est lui qui est venu demander du service à l'armée de Naples; celui-là mourra aussi, j'en réponds, et plus tôt qu'elle, car il se fera tuer.

LE ROI.

Je m'en suis douté. Cela ne doit pas être; cela ne sera pas. Je veux voir cette jeune fille.

MINUCCIO.

L'extrême faiblesse où elle est...

LE ROI.

J'irai. Cela semble te surprendre?

MINUCCIO.

Sire, je crains que votre présence...

LE ROI.

Ne disais-tu pas, tout à l'heure, que tu aurais parlé devant la reine?

MINUCCIO.

Oui, Sire.

LE ROI.

Viens chez elle avec moi.

FIN DE L'ACTE DEUXIEME.

ACTE TROISIÈME

Un jardin.—A gauche, une fontaine avec plusieurs sièges et un banc.— A droite, la maison de maître Bernard. — Dans le fond, une terrasse et une grille.

SCÈNE PREMIÈRE

CARMOSINE, assise sur le banc ; près d'elle PERILLO ET MAITRE BERNARD, MINUCCIO, assis sur le bord de la fontaine, sa guitare à la main.

CARMOSINE.

« Va dire, Amour, ce qui cause ma peine... » Que cette chanson me plaît, mon cher Minuccio !

MINUCCIO.

Voulez-vous que je la recommence? Nous sommes à vos ordres, moi et mon bâton.

Il montre le manche de sa guitare.

CARMOSINE.

Ne te montre pas si complaisant, car je te la ferais répéter cent fois, et je voudrais l'entendre encore et toujours, jusqu'à ce que mon attention et ma force fussent épuisées, et que je pusse mourir en y rêvant! — Comment la trouves-tu, Perillo ?

PERILLO.

Charmante quand c'est vous qui la dites.

MAITRE BERNARD.

Je trouve cela trop sombre. Je ne sais ce que c'est qu'une chanson lugubre. Il me semble qu'en général on ne chante pas à moins d'être gai, moi, du moins, quand cela m'arrive,... mais cela ne m'arrive plus.

CARMOSINE.

Pourquoi donc, et que reprochez-vous à cette romance de notre ami? [Elle n'est pas bouffonne, il est vrai, comme un refrain de table; mais qu'importe? ne saurait-on plaire autrement? Elle parle d'amour, mais ne savez-vous pas que c'est une fiction obligée, et qu'on ne saurait être poète sans faire semblant d'être amoureux? Elle parle aussi de douleurs et de regrets, mais n'est-il pas aussi convenu que les amoureux en vers sont toujours les plus heureuses gens du monde, ou les plus désolés?] « Va dire, Amour, ce qui cause ma peine... » Comment dit-elle donc ensuite?

MAITRE BERNARD.

Rien de bon, je n'aime point cela.

CARMOSINE.

C'est une romance espagnole, et notre roi don Pèdre l'aime beaucoup; n'est-ce pas, Minuccio?

MINUCCIO.

Il me l'a dit, et la reine aussi l'a fort approuvée.

ACTE III, SCÈNE I.

MAITRE BERNARD.

Grand bien leur fasse! un air d'enterrement!

CARMOSINE.

Perillo est peut-être, quoiqu'il ne le dise pas, de l'avis de mon père, car je le vois triste.

PERILLO.

Non, je vous le jure.

CARMOSINE.

Ce serait bien mal; ce serait me faire croire que tu ne m'as pas entièrement pardonné.

PERILLO.

Pensez-vous cela?

CARMOSINE.

J'espère que non; cependant je me sens bien coupable. J'ai été bien folle, bien ingrate; et toi, pauvre ami, tu venais de si loin, tu avais été absent si longtemps! Mais que veux-tu! je souffrais hier.

MAITRE BERNARD.

Et maintenant...

CARMOSINE.

Ne craignez plus rien; cette fois mes maux vont finir.

MAITRE BERNARD.

Hier tu en disais autant.

CARMOSINE.

Oh! j'en suis bien sûre aujourd'hui. [Hier, j'ai éprouvé un moment de bien-être, puis une souffrance... Ne parlons plus d'hier, à moins que ce ne soit, Perillo, pour que tu me répètes que tu ne t'en souviens plus.

PERILLO.

Puis-je songer un seul instant à moi quand je vous vois revenir à la vie? Je n'ai rien souffert si vous souriez.

CARMOSINE.

Oublie donc tes chagrins, comme moi ma tristesse.] Minuccio, je voulais te demander...

MINUCCIO.

Que cherchez-vous?

CARMOSINE.

Où est donc ta romance? Il me semble que j'en ai oublié un mot.

Minuccio lui donne sa romance écrite; elle la relit tout bas.

SCÈNE II

Les Précédents, SER VESPASIANO, DAME PAQUE,
sortant de la maison.

SER VESPASIANO, à dame Pàque.

Que vous avais-je dit? Cela ne pouvait manquer. Voyez quel délicieux tableau de famille!

DAME PAQUE.

Vous êtes un homme incomparable pour accommoder toute chose.

SER VESPASIANO.

Ce n'était rien; un mot, belle dame, un mot a suffi.

ACTE III, SCÈNE II.

Je n'ai fait que répéter exactement à votre aimable fille ce que Leurs Majestés m'avaient dit à moi-même.

DAME PAQUE.

Et elle a consenti?

SER VESPASIANO.

Pas précisément. Vous savez que la pudeur d'une jeune fille...

CARMOSINE, se levant.

Ser Vespasiano!

SER VESPASIANO.

Ma princesse.

CARMOSINE.

Vous faites la cour à ma mère, sans quoi j'allais vous demander votre bras.

SER VESPASIANO.

Mon bras et mon épée sont à votre service.

CARMOSINE.

Non, je ne veux pas être importune. Viens, Perillo, jusqu'à la terrasse.

Elle s'éloigne avec Perillo.

SER VESPASIANO, à dame Pâque.

Vous le voyez, elle me lance des œillades bien flatteuses. Mais qu'est-ce donc que ce petit Perillo? — Je vous avoue qu'il me chagrine de le voir; il se donne des airs d'amoureux, et si ce n'était le respect que je vous dois, je ne sais à quoi il tiendrait...

DAME PAQUE.

Y pensez-vous? Se hasarderait-on?... Vous êtes trop bouillant, chevalier.

SER VESPASIANO.

Il est vrai. Vous me disiez donc que pour ce qui regarde la dot...

<small>Ils s'éloignent en se promenant.</small>

SCÈNE III

MINUCCIO, MAITRE BERNARD.

MAITRE BERNARD.

Tu crois à tout cela, Minuccio?

MINUCCIO.

Oui; je l'écoute, je l'observe, et je crois que tout va pour le mieux.

MAITRE BERNARD.

Tu crois à cette espèce de gaieté? Mais toi-même, es-tu bien sincère? Pourquoi ne veux-tu pas me dire ce qu'elle t'a confié hier, seul à seul?

MINUCCIO.

Je vous ai déjà répondu que je n'avais rien à vous répondre. Elle m'avait chargé, comme vous le voyez, de lui ramener Perillo. A peine avait-il essayé son casque, l'oiseau chaperonné est revenu au nid.

MAITRE BERNARD.

Tout cela est étrange, tout cela est obscur. Et ce

refrain que tu vas lui chanter, afin d'entretenir sa tristesse!

MINUCCIO.

Vous voyez bien qu'il ne sert qu'à la chasser. Pensez-vous que je cherche à nuire?

MAITRE BERNARD.

Non, certes, mais je ne puis me défendre...

[MINUCCIO.

Tenez-vous en repos jusqu'à l'heure des vêpres.

MAITRE BERNARD.

Pourquoi cela? pourquoi jusqu'à cette heure? C'est la troisième fois que tu me le répètes, sans jamais vouloir t'expliquer.

MINUCCIO.

Je ne puis vous en dire plus long, car je n'en sais pas moi-même davantage. La plus belle fille ne donne que ce qu'elle a, et l'ami le plus dévoué se tait sur ce qu'il ignore.

MAITRE BERNARD.

La peste soit de tes mystères! Que se prépare-t-il donc pour cette heure-là? Quel événement doit nous arriver? Est-ce donc le roi en personne qui va venir nous rendre visite?

MINUCCIO, à part.

Il ne croit pas être si près de la vérité.

Haut.

Mon vieil ami, ayez bon espoir. Si tout ne s'arrange pas à souhait, je casse le manche de ma guitare.

MAITRE BERNARD.

Beau profit ! Enfin, nous verrons, puisqu'à toute force il faut prendre patience ; mais je ne te pardonne point ces façons d'agir.

MINUCCIO.

Cela viendra plus tard, j'espère. Encore une fois, doutez-vous de moi ?

MAITRE BERNARD.

Hé non, enragé que tu es, avec ta discrétion maussade ?] Écoute, il faut que je te dise tout, bien que tu ne veuilles me rien dire. Une chose ici me fait plus que douter, me fait frémir, entends-tu bien ? Cette nuit, poussé par l'inquiétude, je m'étais approché doucement de la chambre de Carmosine, pour écouter si elle dormait. A travers la fente de la porte, entre le gond et la muraille, je l'ai vue assise dans son lit, avec un flambeau tout près d'elle ; elle écrivait, et, de temps en temps, elle semblait réfléchir très profondément, puis elle reprenait sa plume avec une vivacité effrayante, comme si elle eût obéi à quelque impression soudaine. Mon trouble en la voyant, ou ma curiosité, sont devenus trop forts. Je suis entré : tout aussitôt sa lumière s'est éteinte, et j'ai entendu le bruit d'un papier qui se froissait en glissant sous son chevet.

MINUCCIO.

C'est quelque adieu à ce pauvre Antoine, qui s'est fait soldat, à ce qu'il croit.

MAITRE BERNARD.

Ma fille l'ignorait.

MINUCCIO.

Oh! que non. Est-ce qu'un amant s'en va en silence? Il ne se noierait même pas sans le dire.

MAITRE BERNARD.

Je n'en sais rien, mais je croirais presque... Voilà cet imbécile qui revient avec ma femme. — Rentrons; je veux que tu saches tout.

MINUCCIO.

C'est encore votre fille qui a rappelé celui-là. Vous voyez bien qu'elle ne pense qu'à rire.

Ils rentrent dans la maison.

SCÈNE IV

SER VESPASIANO et **DAME PAQUE** viennent du fond du jardin.

SER VESPASIANO.

Pour la dot, je suis satisfait, et je vous quitte pour voler chez le tabellion, afin de hâter le contrat.

DAME PAQUE.

Et moi, chevalier, je suis ravie que vous soyez de si bonne composition.

SER VESPASIANO.

Comment donc! la dot est honnête, la fille aussi; mon but principal est de m'attacher à votre famille.

####### DAME PAQUE.

Mon mari fera quelques difficultés; entre nous, c'est une pauvre tête, un homme qui calcule, un homme besoigneux.

####### SER VESPASIANO.

Bah! cela me regarde. Nous ferons des noces, si vous m'en croyez, magnifiques. Le roi y viendra.

####### DAME PAQUE.

Est-ce possible!

####### SER VESPASIANO.

Il y dansera, mort-Dieu! il y dansera, et avec vous-même, dame Paque. Vous serez la reine du bal.

####### DAME PAQUE.

Ah! ces plaisirs-là ne m'appartiennent plus.

####### SER VESPASIANO.

Vous les verrez renaître sous vos pas. Je vole chez le tabellion.

SCÈNE V

CARMOSINE et PERILLO viennent du fond.

####### CARMOSINE.

Il faut me le promettre, Antoine. Songez à ce que deviendrait mon père si Dieu me retirait de ce monde.

####### PERILLO.

Pourquoi ces cruelles pensées? vous ne parliez pas ainsi tout à l'heure.

CARMOSINE.

Songez que je suis ce qu'il aime le mieux, presque sa seule joie sur la terre. S'il venait à me perdre, je ne sais vraiment pas comment il supporterait ce malheur. [Votre père fut son dernier ami, et quand vous êtes resté orphelin, vous vous souvenez, Perillo, que cette maison est devenue la vôtre. En nous voyant grandir ensemble, on disait dans le voisinage que maître Bernard avait deux enfants. S'il devait aujourd'hui n'en avoir plus qu'un seul...

PERILLO.

Mais vous nous disiez d'espérer.

CARMOSINE.

Oui, mon ami, mais il faut me promettre de prendre soin de lui, de ne pas l'abandonner... Je sais que vous avez fait une demande, et que vous pensez à quitter Palerme... Mais, écoutez-moi, vous pouvez encore... Il m'a semblé entendre du bruit.

PERILLO.

Ce n'est rien; je ne vois personne.

CARMOSINE.

Vous pouvez encore revenir sur votre détermination,... j'en suis convaincue, je le sais. Je ne vous parle pas de cette démarche, ni du motif qui l'a dictée; mais] s'il est vrai que vous m'avez aimée, vous prendrez ma place après moi.

PERILLO.

Rien après vous!

CARMOSINE.

Vous la prendrez, si vous êtes honnête homme... Je vous lègue mon père.

PERILLO.

Carmosine!... Vous me parlez, en vérité, comme si vous aviez un pied dans la tombe. Cette romance que, tout à l'heure, vous vous plaisiez à répéter, je ne m'y suis pas trompé, j'en suis sûr, c'est votre histoire, c'est pour vous qu'elle est faite, c'est votre secret : vous voulez mourir.

CARMOSINE.

Prends garde! Ne parle pas si haut.

PERILLO.

[Et qu'importe que l'on m'entende si ce que je dis est la vérité! Si vous avez dans l'âme cette affreuse idée de quitter volontairement la vie, et de nous cacher vos souffrances, jusqu'à ce qu'on vous voie tout à coup expirer au milieu de nous... Que dis-je, grand Dieu! quel soupçon horrible! S'il se pouvait que, lassée de souffrir, fidèle seulement à votre affreux silence, vous eussiez conçu la pensée...] Vous me recommandiez votre père... Vous ne voudriez pas tuer sa fille!

CARMOSINE.

Ce n'est pas la peine, mon ami; la mort n'a que faire d'une main si faible.

PERILLO.

Mais vous souhaitez donc qu'elle vienne? Pourquoi trompez-vous votre père? Pourquoi affectez-vous devant lui ce repos, cet espoir que vous n'avez pas, cette sorte de joie qui est si loin de vous?

CARMOSINE.

Non, pas si loin que tu peux le croire. Lorsque Dieu nous appelle à lui, il nous envoie, n'en doute point, des messagers secrets qui nous avertissent. [Je n'ai pas fait beaucoup de bien, mais je n'ai pas non plus fait grand mal. L'idée de paraître devant le Juge suprême ne m'a jamais inspiré de crainte; il le sait, je le lui ai dit; il me pardonne et m'encourage.] J'espère, j'espère être heureuse. J'en ai déjà de charmants présages.

PERILLO.

Vous l'aimez beaucoup, Carmosine.

CARMOSINE.

De qui parles-tu?

PERILLO.

Je n'en sais rien; mais la mort seule n'a point tant d'attraits.

CARMOSINE.

Écoute. Ne fais pas de vaines conjectures, et ne cherche pas à pénétrer un secret qui ne saurait être bon à personne; tu l'apprendras quand je ne serai plus. [Tu me demandes pourquoi je trompe mon père? C'est précisément par cette raison que je ne ferais, en m'ouvrant à lui, qu'une chose cruelle et inutile. Je ne t'aurais point non plus parlé comme je l'ai fait, si, en le faisant, je n'eusse rempli un devoir. Je te demande de ne point trahir la confiance que j'ai en toi.

PERILLO.

Soyez sans crainte; mais, de votre côté, promettez-moi du moins...

CARMOSINE.

Il suffit. Songe, mon ami, qu'il y a des maux sans remède.] Tu vas maintenant aller dans ma chambre; voici une clef, tu ouvriras un coffre qui est derrière le chevet de mon lit, tu y trouveras une robe de fête;... je ne la porterai plus, celle-là, je l'ai portée aux fêtes de la reine, lorsque pour la première fois... Il y a dessous un papier écrit, que tu prendras et que tu garderas; je te le confie,... à toi seul, n'est-ce pas?

PERILLO.

Votre testament, Carmosine?

CARMOSINE.

Oh! cela ne mérite pas d'être appelé ainsi. De quoi puis-je disposer au monde? C'est bien peu de chose que ces adieux qu'on laisse malgré soi à la vie, et qu'on nomme dernières volontés! Tu y trouveras ta part, Perillo.

PERILLO.

Ma part! Dieu juste, quelle horreur!... Et vous pensez qu'il est possible...

CARMOSINE.

Épargne-moi, épargne-moi. Nous en reparlerons tout à l'heure, [dans ma chambre, car je vais rentrer;] il se fait tard, [voici l'heure des vêpres.']

SCÈNE VI

CARMOSINE, seule..

Ta part! pauvre et excellent cœur! — Elle eût été plus douce, et tu la méritais, si l'impitoyable hasard ne m'eût fait rencontrer... Dieu puissant! quel blasphème sort donc de mes lèvres! O ma douleur, ma chère douleur, j'oserais me plaindre de toi? Toi mon seul bien, toi ma vie et ma mort, toi qu'il connaît maintenant? O bon Minuccio, digne, loyal ami! il t'a écouté, tu lui as tout dit, il a souri, il a été touché, il m'a envoyé une bague...

Elle la baise.

Tu reposeras avec moi! Ah! quelle joie, quel bonheur ce matin quand j'ai entendu ces mots : Il sait tout! Qu'importent maintenant et mes larmes, et ma souffrance, et toutes les tortures de la mort! Il sait que je pleure, il sait que je souffre! [Oui, Perillo avait raison; — cette joie devant mon père a été cruelle, mais pouvais-je la contenir? Rien qu'en regardant Minuccio, le cœur me battait avec tant de force! Il l'avait vu, lui, il lui avait parlé!] O mon amour! ô charme inconcevable! délicieuse souffrance, tu es satisfaite! je meurs tranquille, et mes vœux sont comblés. — L'a-t-il compris en m'envoyant cette bague? A-t-il senti qu'en disant que j'aimais, je disais que j'allais mourir? Oui, il m'a comprise, il m'a devinée. Il m'a mis au doigt cet anneau qui restera seul dans ma tombe quand je ne serai plus qu'un peu de poussière... Grâces te soient rendues, ô mon Dieu! je vais mourir, et je puis mourir!

<small>On entend sonner à la grille du jardin.</small>

On sonne à la grille, je crois? — Holà! Michel! personne ici? Comment m'a-t-on laissée toute seule?

<small>Elle s'approche de la maison.</small>

[Ah! ils sont tous là, dans la salle basse, ils lisent quelque chose attentivement, et paraissent se consulter. Minuccio semble les retenir... Perillo m'aurait-il trahie?

<small>On sonne une seconde fois.</small>

Ce sont deux dames voilées qui sonnent. Michel, où es-tu? Ouvre donc.]

SCÈNE VII

CARMOSINE, LA REINE, MICHEL, <small>ouvrant la grille.</small>
<small>Une femme, qui accompagne la reine, reste au fond du théâtre.</small>

LA REINE.

N'est-ce pas ici que demeure maître Bernard, le médecin?

MICHEL.

Oui, madame.

LA REINE.

Puis-je lui parler?

MICHEL.

Je vais l'avertir.

LA REINE.

Attends un instant. Qui est cette jeune fille?

MICHEL.

C'est mademoiselle Carmosine.

LA REINE.

La fille de ton maître?

MICHEL.

Oui, madame.

LA REINE.

Cela suffit, c'est à elle que j'ai affaire.

SCÈNE VIII

CARMOSINE, LA REINE.

LA REINE.

Pardon, mademoiselle...

A part.

Elle est bien jolie.

Haut.

Vous êtes la fille de maître Bernard?

CARMOSINE.

Oui, madame.

LA REINE.

Puis-je, sans être indiscrète, vous demander un moment d'entretien?

Carmosine lui fait signe de s'asseoir.

Vous ne me connaissez pas?

CARMOSINE.

Je ne saurais dire...

LA REINE, s'asseyant.

Je suis parente... un peu éloignée... d'un jeune homme qui demeure ici, je crois, et qui se nomme Perillo.

CARMOSINE.

Il est à la maison, si vous voulez le voir...

LA REINE.

Tout à l'heure, si vous le permettez. — Je suis étrangère, mademoiselle, et j'occupe à la cour d'Espagne une position assez élevée. Je porte à ce jeune homme beaucoup d'intérêt, et il serait possible qu'un jour le crédit dont je puis disposer devînt utile à sa fortune.

CARMOSINE.

Il le mérite à tous égards.

Maître Bernard et Minuccio paraissent sur le seuil de la maison.

MAITRE BERNARD, bas à Minuccio.

Qui donc est là avec ma fille?

MINUCCIO.

Ne dites mot, venez avec moi.

Il l'emmène.

LA REINE.

C'est précisément sur ce point que je désire être éclairée, [et je vous demande encore une fois pardon de ce que ma démarche peut avoir d'étrange.

CARMOSINE.

Elle est toute simple, madame, mais mon père serait plus en état de vous répondre que moi; je vais, s'il vous plaît...

LA REINE.

Non, je vous en prie, à moins que je ne vous importune. Vous êtes souffrante, m'a-t-on dit.

CARMOSINE.

Un peu, madame.

LA REINE.

On ne le croirait pas.

CARMOSINE.

Le mal dont je souffre ne se voit pas toujours, bien qu'il ne me quitte jamais.

LA REINE.

Il ne saurait être bien sérieux, à votre âge.

CARMOSINE.

En tout temps, Dieu fait ce qu'il veut.

LA REINE.

Je suis sûre qu'il ne veut pas vous faire grand mal. — Mais la crainte que j'ai de vous fatiguer me force à préciser mes questions, car je ne veux point vous le cacher, c'est de vous, et de vous seulement, que je désirerais une réponse, et je suis persuadée, si vous me la faites, qu'elle sera sincère.] Vous avez été élevée avec ce jeune homme; vous le connaissez depuis son enfance. — Est-ce un honnête homme? est-ce un homme de cœur?

CARMOSINE.

Je le crois ainsi; mais, madame, je ne suis pas un assez bon juge...

LA REINE.

Je m'en rapporte entièrement à vous.

[CARMOSINE.

D'où me vient l'honneur que vous me faites? Je ne comprends pas bien que, sans me connaître...

LA REINE.

Je vous connais plus que vous ne pensez, et la preuve que j'ai toute confiance en vous, c'est la question que je vais vous faire, en vous priant de l'excuser, mais d'y répondre avec franchise. Vous êtes belle, jeune et riche, dit-on.] Si ce jeune homme [dont nous parlons] demandait votre main, l'épouseriez-vous?

CARMOSINE.

Mais, madame...

LA REINE.

En supposant, bien entendu, que votre cœur fût libre, et qu'aucun engagement ne vînt s'opposer à cette alliance.

CARMOSINE.

Mais, madame, dans quel but me demandez-vous cela?

LA REINE.

C'est que j'ai pour amie une jeune fille, belle comme vous, qui a votre âge, qui est, comme vous, un peu souffrante; c'est de la mélancolie ou peut-être quelque chagrin secret qu'elle dissimule, je ne sais trop, mais j'ai le projet, si cela se peut, de la marier, et de la mener à la cour, afin d'essayer de la distraire; car elle vit dans la solitude, et vous savez de quel danger cela est pour une jeune tête qui s'exalte, se nourrit de désirs, d'illusions; [qui prend pour l'espérance tout ce qu'elle entrevoit, pour l'avenir tout ce qu'elle ne peut voir; qui s'attache à un rêve dont elle se fait un monde, innocemment, sans y réfléchir, par un penchant naturel du cœur,] et qui, hélas! en cherchant l'impossible, passe bien souvent à côté du bonheur.

[CARMOSINE.

Cela est cruel.

LA REINE.

Plus qu'on ne peut dire.] Combien j'en ai vu, des plus belles, des plus nobles et des plus sages, perdre leur jeunesse, et quelquefois la vie, pour avoir gardé de pareils secrets!

CARMOSINE.

On peut donc en mourir, madame?

LA REINE.

Oui, on le peut, et ceux qui le nient ou qui s'en raillent, n'ont jamais su ce que c'est que l'amour, [ni en rêve ni autrement. Un homme, sans doute, doit s'en défendre. La réflexion, le courage, la force, l'habitude de l'activité, le métier des armes surtout, doivent le sauver; mais une femme! — Privée de ce qu'elle aime, où est son soutien? Si elle a du courage, où est sa force? Si elle a un métier, fût-ce le plus dur, celui qui exige le plus d'application, qui peut dire où est sa pensée pendant que ses yeux suivent l'aiguille, ou que son pied fait tourner le rouet?]

CARMOSINE.

Que vous me charmez de parler ainsi!

LA REINE.

C'est que je dis ce que je pense. C'est pour n'être pas obligé de les plaindre qu'on ne veut pas croire à nos chagrins. Ils sont réels, et d'autant plus profonds, que ce monde qui en rit nous force à les cacher; notre résignation est une pudeur; nous ne voulons pas qu'on touche à ce voile, nous aimons mieux nous y ensevelir; de jour en jour on se fait à sa souffrance, on s'y livre, on s'y abandonne, on s'y dévoue, on l'aime, on aime la mort... Voilà pourquoi je voudrais tâcher d'en préserver ma jeune amie.

CARMOSINE.

Et vous songez à la marier; est-ce que c'est Perillo qu'elle aime?

LA REINE.

Non, mon enfant, ce n'est pas lui; mais s'il est tel qu'on me l'a dit, bon, brave, honnête (savant, peu importe), sa femme ne serait-elle pas heureuse?

CARMOSINE.

Heureuse, si elle en aime un autre!

LA REINE.

Vous ne répondez pas à ma question première. [Je

vous avais demandé de me dire si, à votre avis personnel, Perillo vous semble, en effet, digne d'être chargé du bonheur d'une femme. Répondez, je vous en conjure.]

CARMOSINE.

Mais, si elle en aime un autre, madame, il lui faudra donc l'oublier?

LA REINE, à part.

Je n'en obtiendrai pas davantage.
Haut.
[Pourquoi l'oublier? Qui le lui demande?

CARMOSINE.

Dès qu'elle se marie, il me semble...

LA REINE.

Eh bien! achevez votre pensée.

CARMOSINE.

Ne commet-elle pas un crime, si elle ne peut donner tout son cœur, toute son âme?...]

LA REINE.

Je ne vous ai pas tout dit. Mais je craindrais...

CARMOSINE.

Parlez, de grâce, je vous écoute; je m'intéresse aussi à votre amie.

LA REINE.

Eh bien! supposez que celui qu'elle aime, ou croit aimer, ne puisse être à elle; supposez qu'il soit marié lui-même.

CARMOSINE.

Que dites-vous?

LA REINE.

Supposez plus encore. Imaginez que c'est un très-grand seigneur, un prince; que le rang qu'il occupe, que le nom seul qu'il porte, mettent à jamais entre elle et lui une barrière infranchissable... Imaginez que c'est le roi.

CARMOSINE.

Ah! madame! qui êtes-vous?

LA REINE.

Imaginez que la sœur de ce prince, ou sa femme, si vous voulez, soit instruite de cet amour, qui est le secret de ma jeune amie, et que, loin de ressentir pour elle ni aversion ni jalousie, elle ait entrepris de la consoler, de la persuader, de lui servir d'appui, de l'arracher à sa retraite, pour lui donner une place auprès d'elle dans le palais même de son époux; imaginez qu'elle trouve tout simple que cet époux victorieux, le plus vaillant chevalier de son royaume, ait inspiré un sentiment que tout le monde comprendra sans peine; figurez-vous qu'elle n'a aucune défiance, aucune crainte de sa jeune rivale, non qu'elle fasse injure à sa beauté, mais parce qu'elle croit à son honneur; supposez qu'elle veuille enfin que cette enfant, qui a osé aimer un si grand prince, ose l'avouer, afin que cet amour, tristement caché dans la solidude, s'épure en se montrant au grand jour, et s'ennoblisse par sa cause même.

CARMOSINE, fléchissant le genou.

Ah! madame, vous êtes la reine!

LA REINE.

Vous voyez donc bien, mon enfant, que je ne vous dis pas d'oublier don Pèdre.

CARMOSINE.

Je l'oublierai, n'en doutez pas, madame, si la mort peut faire oublier. Votre bonté est si grande, qu'elle ressemble à Dieu! Elle me pénètre d'admiration, de respect et de reconnaissance; mais elle m'accable, elle me confond. Elle me fait trop vivement sentir combien je suis peu digne d'en être l'objet... Pardonnez-moi, je ne puis exprimer... Permettez que je me retire, que je me cache à tous les yeux.

LA REINE.

Remettez-vous, ma belle, calmez-vous. Ai-je rien dit qui vous effraie?

CARMOSINE.

Ce n'est pas de la frayeur que je ressens. O mon Dieu! vous ici! la reine! Comment avez-vous pu savoir?... Minuccio m'a trahie sans doute... Comment pouvez-vous jeter les yeux sur moi?... Vous me tendez la main, madame! Ne me croyez-vous pas insensée?... Moi, la fille de maître Bernard, avoir osé élever mes regards!... Ne croyez-vous pas que ma démence est un crime, et que vous devez m'en punir?... Ah! sans nul doute, vous le voyez; mais vous avez pitié d'une infortunée dont la raison est égarée, et vous ne voulez pas que cette pauvre folle soit plongée au fond d'un cachot, ou livrée à la risée publique !

LA REINE.

A quoi songez-vous, juste ciel !

CARMOSINE.

Ah ! je mériterais d'être ainsi traitée, si je m'étais abusée un moment, si mon amour avait été autre chose qu'une souffrance ! Dieu m'est témoin, Dieu qui voit tout, qu'à l'instant même où j'ai aimé, je me suis souvenue qu'il était le roi. Dieu sait aussi que j'ai tout essayé pour me sauver de ma faiblesse, et pour chasser de ma mémoire ce qui m'est plus cher que ma vie. Hélas ! madame, vous le savez sans doute, que personne ici-bas ne répond de son cœur, et qu'on ne choisit pas ce qu'on aime. [Mais croyez-moi, je vous en supplie ; puisque vous connaissez mon secret, connaissez-le du moins tout entier. Croyez, madame, et soyez convaincue, je vous le demande les mains jointes, croyez qu'il n'est entré dans mon âme ni espoir, ni orgueil, ni la moindre illusion.] C'est malgré mes efforts, malgré ma raison, malgré mon orgueil même, que j'ai été impitoyablement, misérablement accablée par une puissance invincible, qui a fait de moi son jouet et sa victime. Personne n'a compté mes nuits, personne n'a vu toutes mes larmes, pas même mon père. Ah ! je ne croyais pas que j'en viendrais jamais à en parler moi-même. J'ai souhaité, il est vrai, quand j'ai senti la mort, de ne point partir sans un adieu; je n'ai pas eu la force d'emporter dans la tombe ce secret qui me dévorait. Ce secret! c'était ma vie elle-même, et je la lui ai envoyée. Voilà mon histoire, madame, je voulais qu'il la sût, et mourir.

LA REINE.

Eh bien! mon enfant, il la sait, car c'est lui qui me l'a racontée; Minuccio ne vous a point trahie.

CARMOSINE.

Quoi! madame, c'est le roi lui-même...

LA REINE.

Qui m'a tout dit. [Votre reconnaissance allait beaucoup trop loin pour moi.] C'est le roi qui veut que vous repreniez courage, que vous guérissiez, que vous soyez heureuse. Je ne vous demandais, moi, qu'un peu d'amitié.

CARMOSINE, d'une voix faible.

C'est lui qui veut que je reprenne courage?

LA REINE.

Oui; je vous répète ses propres paroles.

CARMOSINE.

Ses propres paroles? Et que je guérisse?

LA REINE.

Il le désire.

CARMOSINE.

Il le désire? Et que je sois heureuse, n'est-ce pas?

LA REINE.

Oui, si nous y pouvons quelque chose.

CARMOSINE.

Et que j'épouse Perillo? Vous me le proposiez tout à l'heure;... car je comprends tout à présent,... votre jeune amie, c'était moi.

LA REINE.

Oui, c'était vous, c'est à ce titre que je vous ai envoyé cette bague. Minuccio ne vous l'a-t-il pas dit?

CARMOSINE.

C'était vous?... Je vous remercie,... et je suis prête à obéir.

Elle tombe sur le banc.

LA REINE.

Qu'avez-vous, mon enfant? Grand Dieu! quelle pâleur! Vous ne me répondez pas? je vais appeler.

CARMOSINE.

Non, je vous en prie! ce n'est rien; pardonnez-moi.

[LA REINE.

Je vous ai affligée? Vous me feriez croire que j'ai eu tort de venir ici, et de vous parler comme je l'ai fait.

CARMOSINE, se levant.

Tort de venir! ai-je dit cela, lorsque j'en suis encore à comprendre que la bonté humaine puisse inspirer une générosité pareille à la vôtre! Tort de venir, vous, ma souveraine, quand je devrais vous parler à genoux! lorsqu'en vous voyant devant moi, je me demande si ce n'est point un rêve! Ah! madame, je serais plus qu'ingrate en manquant de reconnaissance. Que puis-je faire pour vous remercier dignement? je n'ai que la ressource d'obéir. Il veut que je l'oublie, n'est-ce pas?... Dites-lui que je l'oublierai.

LA REINE.

Vous m'avez donc bien mal comprise, ou je me suis bien mal exprimée. Je suis votre reine, il est vrai, mais si je ne voulais qu'être obéie, enfant que vous êtes, je ne serais pas venue. Voulez-vous m'écouter une dernière fois ?

CARMOSINE.

Oui, madame;] je vois maintenant que ce secret qui était ma souffrance, et qui était aussi mon seul bien, tout le monde le connaît. Le roi me méprise, [et je pensais bien qu'il en devait être ainsi, mais je n'en étais pas certaine.] Ma triste histoire, il l'a racontée ; ma romance, on la chante à table, devant ses chevaliers et ses barons. Cette bague, elle ne vient pas de lui; Minuccio me l'avait laissé croire. A présent, il ne me reste rien; ma douleur même ne m'appartient plus. Parlez, madame, tout ce que je puis dire, c'est que vous me voyez résignée à obéir, ou à mourir.

LA REINE.

Et c'est précisément ce que nous ne voulons pas, et je vais vous dire ce que nous voulons. Écoutez donc : oui, c'est le roi qui veut d'abord que vous guérissiez, et que vous reveniez à la vie; c'est lui qui trouve que ce serait grand dommage qu'une si belle créature vînt à mourir d'un si vaillant amour; — ce sont là ses propres paroles. — Appelez-vous cela du mépris? — Et c'est moi qui veux vous emmener, que vous restiez près de moi, que vous ayez une place parmi mes filles d'honneur, qui, elles aussi, sont mes bonnes amies ; c'est moi qui veux que, loin d'oublier don Pèdre, vous puissiez le voir tous les jours; qu'au lieu de combattre un penchant dont vous n'avez pas à vous défendre, vous cédiez à cette franche impulsion de votre âme vers ce qui est beau, noble et généreux, car on devient meilleur avec un tel amour; c'est moi, Carmosine, qui veux vous apprendre que l'on peut aimer sans souffrir, lorsque l'on aime sans rougir, qu'il n'y a que la honte ou le remords qui doivent donner de la tristesse, car elle est faite pour le coupable, et, à coup sûr, votre pensée ne l'est pas.

CARMOSINE.

Bonté du ciel !

LA REINE.

C'est encore moi qui veux qu'un époux digne de vous, qu'un homme loyal, honnête et brave, vous donne la main pour entrer chez moi; qu'il sache comme moi, comme tout le monde, le secret de votre souffrance passée; qu'il vous croie fidèle sur ma parole, que je vous croie heureuse sur la sienne, et que votre cœur puisse guérir ainsi, par l'amitié de votre reine, et par l'estime de votre époux... Prêtez l'oreille, n'est-ce pas le bruit du clairon ?

ACTE III, SCÈNE VIII.

CARMOSINE.

C'est le roi qui sort du palais.

LA REINE.

Vous savez cela, jeune fille?

CARMOSINE.

Oui, madame; nous demeurons si près! nous sommes habitués à entendre ce bruit.

LA REINE.

C'est le roi qui vient, en effet, et il vient ici.

CARMOSINE.

Est-ce possible?

LA REINE.

Il vient nous chercher toutes deux. Entendez-vous aussi ces cloches?

CARMOSINE.

Oui, et j'aperçois derrière la grille une foule immense qui se rend à l'église. Aujourd'hui,... je me rappelle,... n'est-ce pas un jour de fête? Comme ils accourent de tous côtés! Ah! mon rêve! je vois mon rêve!

LA REINE.

C'est l'heure de la bénédiction.

CARMOSINE.

Oui, en ce moment le prêtre est à l'autel, et tous s'inclinent devant lui. Il se retourne vers la foule, il tient entre ses mains l'image du Sauveur, il l'élève... Pardonnez-moi!

Elle s'agenouille.

LA REINE.

Prions ensemble, mon enfant; demandons à Dieu quelle réponse vous allez faire à votre roi.

On entend de nouveau le son des clairons. Des écuyers et des hommes d'armes s'arrêtent à la grille, le roi paraît bientôt après.

SCÈNE IX

Les Précédents, LE ROI, PERILLO, près de lui, MAITRE BERNARD, DAME PAQUE, SER VESPASIANO, MINUCCIO.

[LE ROI.

Vous avez là un grand jardin, cela est commode et agréable.

MAITRE BERNARD.

Oui, Sire, cela est commode, et, en effet...]

LE ROI.

Où est votre fille ?

MAITRE BERNARD.

La voilà, Sire, devant Votre Majesté...

[LE ROI.

Est-elle mariée ?

MAITRE BERNARD.

Non, Sire, pas encore,... c'est-à-dire,... si Votre Majesté...]

LE ROI, à Carmosine.

C'est donc vous, gentille demoiselle, qui êtes souf-

frante et en danger, dit-on ? [Vous n'avez pas le visage
à cela.

MAITRE BERNARD.

Elle a été, Sire, et elle est encore gravement malade.
Il est vrai que, depuis ce matin à peu près, l'amélioration est notable.

LE ROI.

Je m'en réjouis. En bonne foi, il serait fâcheux que
le monde fût sitôt privé d'une si belle enfant.]

A Carmosine.

Approchez un peu, je vous prie.

[SER VESPASIANO, à Minuccio.

Voyez-vous ce que je vous ai dit ? Il va arranger toute
l'affaire. Calatabellotte est à moi.

MINUCCIO.

Point, c'est une simple consultation, qu'ils vont faire
en particulier. Les Espagnols tiennent cela des Arabes.
Le roi est un grand médecin ; c'est la méthode d'Albucassis.]

LE ROI, à Carmosine.

Vous tremblez, je crois. Vous défiez-vous de moi ?

CARMOSINE.

Non, Sire.

LE ROI.

Eh bien ! donc, donnez-moi la main. Que veut dire
ceci, la belle fille ? Vous qui êtes jeune et qui êtes faite
pour réjouir le cœur des autres, vous vous laissez avoir
du chagrin ? Nous vous prions, pour l'amour de nous,

qu'il vous plaise de prendre courage, et que vous soyez bientôt guérie.

CARMOSINE.

Sire, c'est mon trop peu de force à supporter une trop grande peine qui est la cause de ma souffrance. Puisque vous avez pu m'en plaindre, j'espère que Dieu m'en délivrera.

LE ROI.

Voilà qui est bien, mais ce n'est pas tout. Il faut m'obéir sur un autre point. Quelqu'un vous en a-t-il parlé ?

CARMOSINE.

Sire, on m'a dit toute la bonté, toute la pitié qu'on daignait avoir...

LE ROI.

Pas autre chose ?

A la reine.

Est-ce vrai, Constance ?

LA REINE.

Pas tout à fait.

LE ROI.

Belle Carmosine, je parlerai en roi et en ami. Le grand amour que vous nous avez porté vous a, près de nous, mise en grand honneur; et celui qu'en retour nous voulons vous rendre, c'est de vous donner de notre main, en vous priant de l'accepter, l'époux que nous vous avons choisi.

Il fait signe à Perillo, qui s'avance et s'incline.

Après quoi, nous voulons toujours nous appeler votre chevalier, et porter dans nos passes d'armes votre devise et vos couleurs, sans demander autre chose de vous, pour cette promesse, qu'un seul baiser.

LA REINE, à Carmosine.

Donne-le, mon enfant, je ne suis pas jalouse.

CARMOSINE, donnant son front à baiser au roi.

Sire, la reine a répondu pour moi.

FIN DE CARMOSINE.

ADDITIONS ET VARIANTES

EXÉCUTÉES

POUR LA REPRÉSENTATION.

———

1. — PAGE 369.

La première cause de ta fortune aura été, etc.

2. — PAGE 377.

TROISIÈME DEMOISELLE.
Et nous n'en aurons jamais d'autres.
TOUTES LES DEMOISELLES, ensemble.
Et nous n'en aurons jamais d'autres.

3. — PAGE 384.

Je crains que votre présence.
LE ROI.
J'irai, te dis-je. Je la verrai, je lui parlerai. Je ne veux pas que cette jeune fille meure ; je ne le veux pas.
MINUCCIO.
Il ne sera pas facile de l'en empêcher, car elle l'a résolu,

et la besogne est à moitié faite. Sire, prenez garde de l'achever en cherchant à la sauver.

LE ROI.

Ne disais-tu pas tout à l'heure, etc.

4. — PAGE 398.

Il se fait tard. Va, mon ami, fais ce que je t'ai dit.

PERILLO, en sortant.

Ah ! cela est horrible !

FIN DES ADDITIONS ET VARIANTES.

Le sujet de *Carmosine* se trouve dans une nouvelle du *Décaméron* (la septième de la dixième journée). En voici le sommaire :

« Le roi Pierre, ayant appris le fervent amour que lui portait Lise, et dont elle était malade, va la consoler et la marie avec un jeune gentilhomme ; après quoi il lui donne un baiser sur le front et se déclare pour toujours son chevalier. »

Cette anecdote, que Boccace raconte avec beaucoup de grandeur et de simplicité, n'a que huit pages, et les caractères n'y sont pas même indiqués, hormis pourtant celui du roi, dont la conduite fait assez connaître la générosité chevaleresque. Le jeune gentilhomme qui, dans la nouvelle, n'arrive qu'à la fin pour épouser Lise, devient dans la comédie un ami d'enfance et un fiancé de la jeune fille, ce qui ajoute beaucoup à l'intérêt du sujet en compliquant les situations. Le personnage de ser Vespasiano est aussi une création nouvelle qui vient jeter de temps à autre, au milieu de cette mélopée amoureuse, une note comique, indispensable au théâtre bien plus qu'à la lecture.

En examinant les débris du manuscrit autographe, j'y remarque que l'héroïne s'appelle Lise, pendant tout le premier acte, comme dans le récit de Boccace. Probablement, lorsqu'il eut imaginé la belle scène du second acte où Perillo entend le nom de sa maîtresse mêlé aux forfanteries de ser Vespasiano, Alfred de Musset aura pensé que ce nom n'avait pas assez d'originalité pour frapper l'oreille du spectateur et éveiller son attention, comme celle de Perillo. De même, lorsque Minuccio, seul avec le roi, lui confie le secret de la jeune malade, l'auteur aura senti qu'il fallait à cette jeune fille un nom plus pittoresque et moins vulgaire que celui de Lise. Peut-être aussi a-t-il compris, à mesure qu'il avançait dans son œuvre, que l'esquisse légère de Boccace allait devenir entre ses mains un type complet. Le nom un peu bizarre, mais sicilien, de Carmosine, qu'il substitua sur le manuscrit au nom de Lise, à partir du second acte, fut en quelque sorte une prise de possession.

Pour peu qu'on sache ce que c'est qu'une pièce de théâtre, on reconnaît que celle-ci a été écrite avec la pensée qu'elle serait représentée tôt ou tard. On ne voit point dans *Carmosine* de brusques changements de lieu; les scènes s'enchaînent sans interruption. L'auteur a soin de prolonger le mystère qui règne sur tout le premier acte jusqu'au moment où cet acte va finir. Le procédé employé pour faire entendre à Perillo, de la bouche même de Carmosine, le mot cruel qui lui apprend qu'elle ne l'aime plus; la scène du second acte où la sottise de ser Vespasiano donne le coup de grâce à ce pauvre amant déjà si malheureux; l'habileté avec laquelle l'auteur rapproche Perillo de Carmosine au début du troisième acte; ses précautions pour dissimuler jusqu'au dernier moment le dénoûment heureux, en montrant la mort de l'héroïne comme inévitable, tandis qu'au contraire il prépare sa guérison et son mariage; enfin la grande scène entre Carmosine et la reine, qui semble conduire tout droit vers un but opposé à celui qu'on voudrait atteindre, tout cela est conçu et traité dramatiquement, selon les règles de l'art et même du métier. Il faudrait être aveugle pour ne point le voir. Cependant on s'est si bien accoutumé à dire que les comédies d'Alfred de Musset n'étaient pas destinées au théâtre qu'on l'a répété de celle-ci, comme des précédentes, sans y regarder et contrairement à l'évidence.

Carmosine parut pour la première fois, en 1850, dans le *Constitutionnel*. Une erreur de ponctuation, commise par les compositeurs de ce journal et qui changeait le sens d'un vers dans la romance de Minuccio, fut pour l'auteur un sujet de grand chagrin. Il écrivit à M. Véron, sur ce vers estropié, une lettre curieuse qu'on trouvera dans la Correspondance.

La mise en scène de cette comédie n'a présenté aucune difficulté sérieuse. On n'y a éprouvé d'autre embarras que celui des richesses. La trop grande abondance des idées, qui ajoute au charme de la lecture, a rendu nécessaires quelques coupures à la représentation. Cette pièce a été jouée sur le théâtre de l'Odéon, le 7 novembre 1865, et le public de Paris a témoigné ce jour-là qu'il n'avait point perdu le goût des sentiments élevés ni du beau langage. Mademoiselle Thuillier a donné au personnage de Carmosine un caractère de douce passion et de mélancolie poétique dont ses auditeurs garderont longtemps le souvenir.

FIN DU TOME CINQUIÈME.

TABLE GÉNÉRALE

DES

COMÉDIES ET PROVERBES

TOME PREMIER

Avant-Propos	1
La Nuit vénitienne	9
André del Sarto	49
Additions et Variantes exécutées par l'auteur pour la représentation	128
Les Caprices de Marianne	141
Additions et Variantes	201
Fantasio	213
On ne badine pas avec l'Amour	279
Additions et Variantes	367
Barberine	375

TOME DEUXIÈME

Lorenzaccio	1
Traduction du fragment du livre XV des *Chroniques florentines*	214
Le Chandelier	223
Additions et Variantes	314
Il ne faut jurer de rien	321
Additions et Variantes	406

TOME TROISIÈME

Un Caprice.	1
Il faut qu'une porte soit ouverte ou fermée.	61
Louison.	97
On ne saurait penser a tout.	163
Bettine.	227
Carmosine.	311
Additions et Variantes.	420

www.ingramcontent.com/pod-product-compliance
Lightning Source LLC
Chambersburg PA
CBHW050914230426
43666CB00010B/2158